RENEWALS 458-4574

**WITHDRAWN
UTSA LIBRARIES**

TRABAJO FEMENINO
Y VIDA FAMILIAR EN MÉXICO

CENTRO DE ESTUDIOS DEMOGRÁFICOS
Y DE DESARROLLO URBANO

CENTRO DE ESTUDIOS SOCIOLÓGICOS

TRABAJO FEMENINO Y VIDA FAMILIAR EN MÉXICO

Brígida García
Orlandina de Oliveira

EL COLEGIO DE MÉXICO

331.40972
G216t

　　García Guzmán, Brígida.
　　　　Trabajo femenino y vida familiar en México / Brígida García
　　y Orlandina de Oliveira. — México : El Colegio de México, 1994.
　　　　301 p. : il. ; 21 cm.

　　　　ISBN 968-12-0580-4

　　　　　　1. Mujeres-Empleo-México. 2. Vida Familiar-México. I. Olivei-
　　ra, Orlandina de.

Portada de Mónica Diez-Martínez
Fotografía de Jorge Contreras Chacel

D.R. © El Colegio de México
　　　Camino al Ajusco 20
　　　Pedregal de Santa Teresa
　　　México, D.F.

ISBN 968-12-0580-4

Impreso en México/*Printed in Mexico*

ÍNDICE

Agradecimientos   15

Primera Parte

I. Trabajo femenino, dinámica familiar y condición de
la mujer: antecedentes y organización del estudio   19
    Introducción   19
    El contexto económico, demográfico y social   20
    Aspectos teóricos y metodológicos   22
    Antecedentes en nuestra línea de estudio   24
        Acerca del trabajo femenino   25
        Acerca de la vida familiar   30
        Acerca de la posición de hombres y mujeres en el hogar   32
    Organización del libro   35

II. Cambios en la presencia femenina en el mercado de
trabajo (1976-1987)   39
    Introducción   39
    Participación económica y edad   42
    Estado civil, fecundidad y trabajo   46
    Escolaridad y participación económica   52
    Consideraciones finales   56

III. Inserción laboral femenina en el periodo 1976-1987   57
    Introducción   57
    Cambios en la inserción económica femenina:
        1976-1987   58
        Las trabajadoras agrícolas   59
        Las trabajadoras no manuales   62
        Las trabajadoras manuales no asalariadas   65
        Las trabajadoras manuales asalariadas   67
    Consideraciones finales   72

IV. Recesión económica y cambio en los determinantes
　　　del trabajo femenino 75
　　Introducción 75
　　Acerca de los sectores sociales 76
　　El trabajo femenino en diferentes sectores sociales en
　　　1982 y 1987 79
　　　La mayor propensión a trabajar de las mujeres adultas 86
　　　Variaciones en la importancia de la escolaridad 87
　　　El papel del estado civil 88
　　　La presencia y edad de los hijos 90
　　Consideraciones finales 93
　　Nota estadística 94

Segunda Parte

V. El significado del trabajo femenino en sectores medios
　　　y populares urbanos 99
　　Introducción 99
　　Estudios sobre el significado del trabajo femenino.
　　　Algunos antecedentes 101
　　Criterios de selección e información recolectada en
　　　las entrevistas en profundidad 103
　　El significado del trabajo en los sectores medios 106
　　　El trabajo como carrera (tipo 1) 106
　　　El trabajo como actividad complementaria
　　　　(tipo 2) 115
　　　El trabajo necesario para mantener el *status* social
　　　　(tipo 3) 118
　　　La permanencia en la casa en los sectores medios
　　　　(tipo 4) 122
　　El significado del trabajo en los sectores populares
　　　urbanos 127
　　　El trabajo útil y satisfactorio (tipo 5) 127
　　　El trabajo como actividad secundaria (tipo 6) 136
　　　El trabajo necesario para el bienestar y la educación
　　　　de los hijos (tipo 7) 139
　　　La permanencia en la casa en los sectores populares
　　　　(tipo 8) 142

Consideraciones finales 145
El ingreso del marido y su contribución a la
 manutención del hogar 147
La actitud del marido frente al trabajo de la esposa
 y los conflictos familiares 147
La actitud de la mujer frente a su propio trabajo 148

VI. Jefas de hogar y violencia doméstica 151
Introducción 151
Antecedentes de investigación sobre jefas de hogar 152
Las jefas económicas: el trabajo femenino como
 actividad indispensable para la sobrevivencia
 familiar 155
Relaciones de pareja y violencia doméstica 160
Rasgos familiares e individuales propiciadores de la
 subordinación femenina en el ámbito doméstico 163
Las precarias condiciones materiales de existencia 164
El inicio azaroso de la unión y las características
 del cónyuge 165
Vivencias de la maternidad 166
La ausencia de redes familiares de apoyo y el cuidado
 de los hijos 167
Percepciones de las jefas sobre la condición de las
 mujeres 168
Consideraciones finales 169

VII. Maternidad y trabajo 171
Introducción 171
Acerca de las interrelaciones entre fecundidad,
 maternidad y trabajo 171
Estudios sobre fecundidad y trabajo 172
Estudios sobre maternidad y trabajo 173
Concepciones y vivencias de la maternidad y del
 trabajo en diferentes sectores sociales en México 179
Acerca de los sectores medios 180
Acerca de los sectores populares urbanos 186
Consideraciones finales 193

VIII. Relaciones de género en familias de sectores medios
  y populares urbanos ... 197
  Introducción ... 197
  Dimensiones de la vida familiar que han estado o no
    sujetas a cambios. Su significado en la vida de las
    mujeres ... 199
  La división intrafamiliar del trabajo masculino y
    femenino ... 201
  Participación masculina en el trabajo doméstico ... 206
  Los patrones de autoridad y poder imperantes
    en el hogar ... 209
  El grado de autonomía femenina frente a los cónyuges ... 214
Consideraciones finales ... 220

Conclusiones

El impacto de la recesión económica sobre el mercado
  de trabajo femenino ... 225
Vivencias femeninas en torno al trabajo extradoméstico, la maternidad y la relación entre los
  géneros ... 232
El significado del trabajo y la maternidad en la vida
  de las mujeres ... 233
Grados de compromiso establecidos con el trabajo
  extradoméstico: su impacto sobre la vida familiar ... 235
Relaciones de género y diferenciación social ... 238

Apéndices

Apéndice I ... 245
  Aspectos metodológicos y ajustes realizados ... 245
Apéndice II ... 253
  Criterios de selección para las entrevistas en
    profundidad y características generales de
    las ciudades elegidas ... 253
Cuestionario y guía de entrevista ... 261
Bibliografía ... 283

ÍNDICE DE CUADROS Y GRÁFICAS

II-1: Tasas específicas de participación femenina por edad (20 - 49 años: 1976, 1982, 1987)   43

II-2: Tasas específicas de participación femenina por edad (12 años y más: 1970, 1979, 1980)   44

II-3: Tasas específicas de participación femenina por edad y estado civil (20 - 49 años: 1976, 1982, 1987)   48

II-4: Tasas específicas de participación femenina por número y edad de los hijos (mujeres unidas de 20-49 años: 1976, 1982, 1987)   49

II-5: Distribución de la población activa femenina según edad y escolaridad (20 - 49 años: 1976, 1982, 1987)   53

II-6: Tasas específicas de participación femenina por edad y escolaridad (20 - 49 años: 1976, 1982, 1987)   54

III-1: Porcentaje de trabajadoras agrícolas por edad, escolaridad, estado civil, número y edad de los hijos (20 - 49 años: 1976, 1982, 1987)   61

III-2: Porcentaje de trabajadoras no manuales por edad, escolaridad, estado civil, número y edad de los hijos (20 - 49 años: 1976, 1982, 1987)   63

III-3: Porcentaje de trabajadoras manuales no asalariadas por edad, escolaridad, estado civil, número y edad de los hijos (20 - 49 años: 1976, 1982, 1987)   66

III-4: Porcentaje de trabajadoras manuales asalariadas por edad, escolaridad, estado civil, número y edad de los hijos (20 - 49 años: 1976, 1982, 1987)   69

III-5: Números absolutos de mujeres activas según grupos de edad, escolaridad, estado civil, número y edad de los hijos (20 - 49 años: 1976, 1982, 1987)   70

IV-1: Porcentaje de mujeres que trabajan según sector social y características individuales y familiares (1982) — 80
IV-2: Porcentaje de mujeres que trabajan según sector social y características individuales y familiares (1987) — 81
IV-3: Comparación de ajustes entre diferentes modelos de regresión logística para la participación económica femenina por sectores sociales — 82
IV-4: Coeficientes de regresión logística de la participación femenina en distintos sectores sociales (modelo II) (1982) — 84
IV-5: Coeficientes de regresión logística de la participación femenina en distintos sectores sociales (modelo II) (1987) — 85
V-1: Características demográficas y económicas de las entrevistadas y sus cónyuges (tipo 1) — 107
V-2: Características demográficas y económicas de las entrevistadas y sus cónyuges (tipo 2) — 108
V-3: Características demográficas y económicas de las entrevistadas y sus cónyuges (tipo 3) — 109
V-4: Características demográficas y económicas de las entrevistadas y sus cónyuges (tipo 4) — 111
V-5: Características demográficas y económicas de las entrevistadas y sus cónyuges (tipo 5) — 128
V-6: Características demográficas y económicas de las entrevistadas y sus cónyuges (tipo 6) — 129
V-7: Características demográficas y económicas de las entrevistadas y sus cónyuges (tipo 7) — 130
V-8: Características demográficas y económicas de las entrevistadas y sus cónyuges (tipo 8) — 132
VI-1: Características demográficas y económicas de las entrevistadas y sus cónyuges — 156
AI-1: Concepto de trabajo femenino y periodo de referencia para cada encuesta de fecundidad — 247
AI-2: Construcción de la variable inserción económica en cada encuesta de fecundidad — 248

AI-3: Construcción de la variable escolaridad femenina en cada encuesta de fecundidad ... 251
AII-1: Entrevistadas en el Distrito Federal (Delegación Iztapalapa) según ocupación y edad ... 258
AII-2: Entrevistadas en Tijuana según ocupación y edad ... 259
AII-3: Entrevistadas en Mérida según ocupación y edad ... 260

GRÁFICA

II-1: Tasas específicas de participación femenina por edad ... 44

AGRADECIMIENTOS

Deseamos agradecer a un número importante de personas e instituciones que nos apoyaron en la elaboración de este libro, y en todo el transcurso de la investigación sobre trabajo femenino y vida familiar en México. En primer lugar, el apoyo financiero de la Fundación Rockefeller para el desarrollo de todo el proyecto, sin el cual no habría sido posible llevar a cabo el trabajo de campo en la ciudad de México, Tijuana y Mérida, mismo que nos permitió acercarnos a un número relevante de mujeres. Nuestra sincera gratitud para aquellas que compartieron con nosotras sus vidas. En este intercambio aprendimos mucho y nuestras entrevistadas nos contagiaron su energía para salir adelante en situaciones difíciles.

El procesamiento de la información para el análisis cuantitativo en la primera parte del libro estuvo a cargo de Virginia Levin; apreciamos su paciencia y dedicación profesional que fue esencial para obtener datos comparables de tres diferentes encuestas nacionales de fecundidad. Verónica Montes de Oca, nuestra asistente de investigación en esta etapa, nos apoyó de diferentes maneras, desde la revisión bibliográfica hasta la lectura atenta y bien intencionada del material preliminar.

El trabajo de campo fue apoyado por numerosas personas. Silvia López, Rodolfo Gutiérrez y Luis Alfonso Ramírez nos facilitaron nuestro acercamiento a las ciudades y colonias en donde realizamos este trabajo, mediante la recopilación y análisis de estudios e información previamente existente. Martha Loya, Beatriz Castilla, Silvia López, Esther Ponzo, Gudelia Rangel, Marita Rosado y Miriam Sánchez llevaron a cabo, junto con nosotras, de manera entusiasta y comprometida, las entrevistas en profundidad que sirven de base al análisis cualitativo en la segunda parte del libro. Finalmente, la transcripción de dichas entrevistas estuvo a cargo de Lourdes González, Alejandra Recillas, Martha Loya, Norma Reséndiz, Verónica Montes de Oca, Eva Ytuarte, Ana Lilia Hernández y Lía Rojas.

Asimismo, queremos hacer una mención especial al apoyo que recibimos de María Teresa Ejea y María Waleska Vivas, nuestras asistentes de investigación en la segunda etapa del proyecto, quienes desmenuzaron una y otra vez las transcripciones de las entrevistas; sistematizaron de diversas maneras el material con que contábamos; polemizaron con nosotras en numerosas ocasiones sobre la correcta interpretación del punto de vista de nuestras entrevistadas; leyeron con un cuidado especial las diferentes versiones de los distintos capítulos y, sobre todo, mostraron un alto *grado de compromiso* con nuestro proyecto de investigación. Para ellas un reconocimiento particular. Para Miguel Calderón nuestro agradecimiento por la colaboración prestada en la elaboración final de una amplia y variada bibliografía.

Nuestros colegas y el personal administrativo del Centro de Estudios Sociológicos y del Centro de Estudios Demográficos y de Desarrollo Urbano de El Colegio de México ofrecieron sus puntos de vista y prestaron su ayuda generosa en las distintas fases de la investigación. El estímulo de nuestros compañeros y amigos junto con la relevancia de nuestro objeto de estudio fueron cruciales para enfrentar los numerosos desafíos, tanto sustantivos como metodológicos, de este proyecto de investigación.

BRÍGIDA GARCÍA Y ORLANDINA DE OLIVEIRA
Octubre, 1993

PRIMERA PARTE

I. TRABAJO FEMENINO, DINÁMICA FAMILIAR Y CONDICIÓN DE LA MUJER: ANTECEDENTES Y ORGANIZACIÓN DEL ESTUDIO

Introducción

Las transformaciones económicas, sociales, políticas y demográficas ocurridas en México en las últimas décadas han influenciado positivamente la situación social de las mujeres. Además, diferentes sectores femeninos han demostrado su capacidad para organizarse y demandar una situación más equitativa frente a la población masculina; sin embargo, a pesar de los logros obtenidos, es claro que persisten fuertes desigualdades entre hombres y mujeres, así como entre mujeres que han tenido acceso a diferentes condiciones materiales de existencia.

En este libro analizamos el trabajo femenino extradoméstico, sus repercusiones sobre la vida familiar y la posición de las mujeres en el hogar. Nuestro centro de atención son las diferencias entre los sectores medios y populares urbanos, así como las situaciones que se dan en el interior de estos sectores sociales. Inicialmente, caracterizamos al trabajo femenino extradoméstico desde distintas facetas: sus cambios a lo largo de la historia reciente del país, los múltiples factores que llevan a las mujeres a trabajar en años de expansión y crisis económica y el significado que las propias mujeres de diferentes sectores sociales atribuyen a su actividad económica. En un segundo momento, tratamos de reconstruir las conexiones establecidas por las mujeres casadas o unidas entre su actividad extradoméstica, la maternidad y el cuidado de los hijos. Por último, analizamos los cambios en la posición de estas mujeres en varias dimensiones de la vida familiar: la división del trabajo, los patrones de autoridad y la autonomía en relación con los cónyuges.

Nuestro estudio intenta hacer aportes sustantivos, teóricos y metodológicos. En el primer aspecto, buscamos profundizar en las transformaciones que se están dando en diferentes ámbitos de la realidad mexicana: los mercados de trabajo, las familias, y las relaciones entre hombres y mujeres. En la perspectiva teórica y metodológica, el libro intenta ofrecer elementos para entender mejor la influencia de los cambios macroestructurales sobre el comportamiento sociodemográfico individual, y puntualizar la relevancia de la percepción de los actores, sus acciones y decisiones.

El contexto económico, demográfico y social

Este estudio sobre trabajo femenino y vida familiar se inserta en un contexto de importantes transformaciones sociales. En el largo plazo, vale la pena mencionar la urbanización creciente del país; la intensificación y diversificación de los procesos migratorios; el descenso de la mortalidad; el mejoramiento de los niveles educacionales de la población mexicana, y la progresiva igualdad jurídica de la mujer frente al hombre. En el aspecto económico interesa tener en cuenta la industrialización del país y la expansión secular y heterogeneidad del comercio y los servicios.

En los lustros más recientes, los cambios relevantes para nuestro objeto de estudio son también de diversos órdenes. Por un lado, interesa mencionar la puesta en práctica de una política de población que lleva a intensificar la reducción de la fecundidad. Las nuevas pautas reproductivas pueden haber creado condiciones más favorables para el trabajo extradoméstico femenino, así como propiciado cambios en la dinámica familiar y en la posición de la mujer. Como es conocido, la tasa global de fecundidad que representa el número final de hijos que tendrían las mujeres si se conservara el patrón de fecundidad del momento, era de 6.3 en 1973 y pasó a 3.8 en 1986. La reducción fue más marcada al inicio del descenso que en años posteriores (Palma, 1988). Las prácticas de control natal han tenido amplia incidencia en la explicación de la disminución de la fecundidad en el país. La aceptación de métodos anticonceptivos se ha incrementado en forma notable a partir de mediados de los setenta: el porcentaje de mujeres unidas que los usan pasó de 30.2 en 1976 a 52.7 en 1987 (Cervantes y Sandoval, 1988).

Por otro lado, tenemos las diversas transformaciones económicas, cuyo eje central ha sido el agotamiento del modelo de desarrollo por sustitución de importaciones, y la subsecuente puesta en práctica de las políticas de ajuste y restructuración en la década de los ochenta. Dentro de este panorama general, el programa de industrias maquiladoras es especialmente relevante para el estudio del trabajo femenino.

Los años setenta se caracterizaron en México por momentos de recesión a mediados de la década y por una recuperación parcial de la economía hacia el final de la misma, durante la cual se alcanzaron todavía niveles de 8% de crecimiento del producto interno bruto (PIB). El último trienio de los años setenta ha sido caracterizado como un periodo de recuperación "parcial y tardía" (Tello, 1981), o de "restauración y transición" en el patrón de acumulación (Escalante, 1981).

A partir de 1982, México experimenta, al igual que otros países latinoamericanos, una severa crisis económica. La estrategia gubernamental en este periodo ha estado centrada en los programas de ajuste y en la restructuración de la economía con miras hacia el exterior. Este proceso ha traído como consecuencia descensos importantes en el producto por persona, en los salarios reales y en los niveles de vida. En 1989, el producto por persona se mantenía 9% por debajo de su nivel en 1980 y el salario mínimo real fue 47% menor. La inflación alcanzó su punto más alto en 1987, cuando algunas estimaciones la sitúan por encima del 150%; pero, desde entonces, se inició un descenso sostenido en los niveles de precios. Estos aspectos, aunados a la deficiencia en los sistemas de seguridad social y a la reducción de los subsidios otorgados a los productos básicos, han traído como consecuencia un claro deterioro en los niveles de vida de la población (véase Lustig, 1986 y 1992; Casar y Ros, 1987; Tello, 1987; CEPAL, 1990; Sheahan, 1991).

En situaciones económicas difíciles, las familias intensifican el uso de diferentes mecanismos de reproducción cotidiana. Es conocido el papel de las mujeres de los sectores populares en la obtención de recursos monetarios mediante el incremento de su participación en diferentes formas de trabajo. Este libro se centra en la movilización, frente a la crisis económica, de la oferta potencial de mano de obra constituida por mujeres, con diferentes niveles de escolaridad, estado civil y número de hijos. Pero reconocemos que la participación de las mujeres con mayor educación en los mercados de trabajo, se ha incrementado desde décadas atrás en el país como resultado de los múltiples cambios señalados. Interesa, entonces, conocer las repercusiones de la mayor presencia económica femenina sobre la vida familiar y la posición de la mujer en el hogar en diferentes sectores sociales.

Aspectos teóricos y metodológicos

Un breve recorrido por los estudios sociodemográficos realizados en los últimos veinte años en México y América Latina permite detectar avances teóricos y metodológicos de envergadura (Oliveira y García, 1986; Oliveira y Salles, 1989 y García y Oliveira, 1994). La explicación de los procesos sociodemográficos es actualmente concebida de manera más compleja, incorporando mayores elementos de la realidad social. Se dejan de lado posiciones unilaterales y deterministas y se busca articular los múltiples condicionantes de la acción individual que se gestan en diferentes niveles: estructuras, instituciones, vida cotidiana, y prácticas y subjetividad de los actores. El intento por considerar diversos niveles con temporalidades diferenciales ha llevado a varios autores a elaborar, desde fines de los setenta, la problemática de las mediaciones. El concepto de mediación alude a diferentes aspectos de la realidad social —el orden cultural, las relaciones e instituciones sociales, la subjetividad de los actores— que funcionan como un "filtro" que puede acentuar, conformar o matizar la relación entre los condicionantes estructurales y las acciones individuales o grupales. La consideración de las mediaciones, por lo tanto, vuelve más complejos los planteamientos sobre las determinaciones de clase (Bourdieu, 1979 y 1980b; Przeworski, 1982; Zemelman, 1982; Jelin, Llovet y Ramos, 1986).[1]

---

[1] En los planteamientos de Przeworski (1982), las relaciones sociales, de producción y reproducción estructuran las opciones posibles para los individuos ubicados en puntos distintos de estas relaciones, y por lo tanto, hacen más complejas las determinaciones sociales. Jelin, Llovet y Ramos (1986), por su parte, incorporan la interpretación o el sentido que los sujetos individuales o colectivos otorgan a sus

La familia y la unidad doméstica han sido privilegiadas como ámbitos de interacción que constituyen mediaciones entre los individuos y las estructuras. Esta perspectiva trae implícita una crítica a los estudios basados en agregados de individuos conceptuados como entes aislados. Se argumenta que los individuos, al organizar de forma conjunta su reproducción cotidiana y generacional, crean y recrean relaciones sociales que, a su vez, contribuyen a moldear sus acciones (véase *Reproducción de la población y desarrollo*, 1974 a 1985; Aldunate, 1982; Mertens *et al.*, 1982; Montali y Patarra, 1982; Jelin, 1984; Oliveira y García, 1986; Oliveira y Salles, 1989). Otro aspecto de interés central es la complementación del análisis de las tendencias estructurales y de los condicionantes del comportamiento sociodemográfico individual, con las percepciones y vivencias de los actores. Importa analizar el significado que le atribuyen los sujetos a sus comportamientos. Aquí, la perspectiva interdisciplinaria es indispensable, lo cual añade dificultad a la realización de las investigaciones; pero también riqueza a sus resultados.

Esta postura generó la necesidad de complementar diferentes tipos de datos para abordar en forma más adecuada las diferentes unidades consideradas. Se buscó el enriquecimiento de los análisis cuantitativos basados en censos y encuestas con un acercamiento cualitativo a las interpretaciones que los sujetos dan a sus acciones. Los análisis cualitativos con base en entrevistas en profundidad se han utilizado en la sociodemografía en México en los estudios sobre formación familiar, migración temporal, salud y mortalidad, aborto y métodos anticonceptivos, además del campo que nos ocupa sobre trabajo y familia (véase Quesnel y Lerner, 1989; Martínez, 1993; Mummert, 1990; Castro *et al.*, 1991; Szasz, 1993; García y Oliveira, 1994).

Con base en las consideraciones anteriores, hemos planteado como eje organizador de nuestro análisis la hipótesis de que los cambios en la participación económica femenina, su influencia sobre la vida familiar y la posición de la mujer son resultado de múltiples condicionantes que se gestan en diferentes ámbitos y niveles de la realidad. Esta postura nos ha llevado a articular los

---

condiciones materiales de existencia como una dimensión analítica mediadora que conforma la acción.

análisis *macrosociales* sobre las principales transformaciones ocurridas en los mercados de trabajo, con el estudio *microsocial*, donde se ponen de relieve las relaciones familiares, las percepciones de las mujeres y sus experiencias de vida. Se complementan datos cuantitativos de encuestas con información cualitativa proveniente de entrevistas en profundidad a un importante grupo de mujeres casadas o unidas.

Concebimos la estrategia microsocial como un acercamiento metodológico pertinente en sí mismo por el tipo de conocimiento que permite obtener, y no exclusivamente como una etapa posterior de un análisis agregado donde se profundice en algunos aspectos considerados relevantes. En nuestro caso, con el análisis microsocial se intenta lograr: *a*) la reconstrucción del significado atribuido por las mujeres a su participación económica y las conexiones que establecen entre el trabajo, la maternidad y las relaciones de pareja en el interior de las unidades domésticas; *b*) el análisis de las estrategias de acción (diferentes tipos de lucha y transformación, así como la aceptación o el acomodo) que llevan a ratificar o cuestionar las pautas establecidas en torno al trabajo extradoméstico, la vida familiar y la relación de pareja. Se trata de llevar a cabo análisis plausibles, que hagan hincapié en la búsqueda de sentido de las acciones individuales o colectivas, y que traten de captar el surgimiento de formas de "darse cuenta", pues esta dimensión es crucial en el logro de los cambios sociales. Partimos de una concepción en la cual los sujetos sociales enfrentan campos de opciones, ciertamente restringidos, pero también factibles de ser transformados por sus acciones concretas (véase Przeworski, 1982; Bourdieu, 1985; Giddens, 1981; Jelin, Llovet y Ramos, 1986; Gerson, 1985, Caldwell, 1988; Valdés, 1989).

Antecedentes en nuestra línea de estudio

Una vez explicitados algunos aspectos teóricos y metodológicos generales que nos permitieron definir nuestra estrategia analítica, queremos mencionar aquellas líneas de reflexión e investigación que nos han proporcionado elementos para delimitar nuestros intereses y objetos de estudio: el trabajo femenino, la vida familiar y la posición de la mujer en el hogar.

Acerca del trabajo femenino

Conceptuamos como trabajo extradoméstico al conjunto de actividades que permiten la obtención de recursos monetarios mediante la participación en la producción o comercialización de bienes y servicios para el mercado. Éste puede llevarse a cabo en el hogar (trabajo a domicilio) o fuera de la casa (asalariados de tiempo completo o parcial, patrones y trabajadores por cuenta propia).[2] Por su parte, el trabajo doméstico comprende las actividades requeridas para el mantenimiento cotidiano de las familias y la crianza de los niños. Éste no es remunerado y, generalmente, es llevado a cabo por mujeres.

Tradicionalmente, el concepto de trabajo empleado en los censos y encuestas de hogares excluye al trabajo doméstico. En este libro, al combinar el análisis de diferentes fuentes de datos, podemos estudiar el trabajo femenino doméstico y extradoméstico desde distintos ángulos. Cuatro aspectos reciben nuestra atención: cambios en los niveles de participación e inserción femenina en la actividad económica; modificaciones en los condicionantes del trabajo femenino extradoméstico; distintos significados atribuidos al trabajo extradoméstico, y posibles cambios en la distribución del trabajo doméstico en el seno de las familias.

Análisis agregados del trabajo femenino extradoméstico; el estudio de sus condicionantes

Un rasgo distintivo del mercado de trabajo en México hasta 1970 fue la reducida presencia de la mujeres en las actividades extradomésticas (asalariadas o por cuenta propia) destinadas a la producción de bienes o servicios. Los estudios sobre trabajo femenino realizados en esta época también son escasos.[3] Con la marcada

---

[2] Esta definición incluye al trabajo no remunerado en negocios o empresas familiares que contribuye a la producción de bienes o servicios que se intercambian en el mercado.

[3] Rendón y Pedrero (1976) son pioneras en este particular. Sobre este periodo también se cuenta con los análisis de Elú de Leñero (1975); García (1975); Tienda (1975); Pedrero y Rendón (1982); De Riz (1986), entre otros.

expansión de la presencia femenina en los mercados de trabajo en los años setenta y ochenta ganan importancia los análisis sobre el tema.[4] Ocupa un lugar central en esta línea de estudios la división del trabajo entre hombres y mujeres presente en los mercados y en las unidades domésticas. La explicación de este proceso se busca en la construcción social de los papeles masculinos y femeninos que consideran lo familiar y lo doméstico como espacios propios de la mujer. Las tradiciones, valores y normas culturales plantean como responsabilidad femenina los trabajos reproductivos: procreación, cuidado y socialización de los hijos y las tareas domésticas de manutención cotidiana (De Barbieri, 1984; Jelin, 1984; Oliveira y Gómez Montes, 1989). De esta suerte, la participación femenina en la actividad extradoméstica, sobre todo en décadas pasadas, tenía lugar principalmente en ocupaciones consideradas como una prolongación de las actividades desempeñadas en el hogar.

Diferentes acercamientos metodológicos se utilizan para profundizar en el estudio del trabajo femenino extradoméstico en el nivel agregado. Por un lado, están los estudios que comparan la población económicamente activa masculina y femenina en términos de ocupación, carácter formal o informal de la inserción laboral, y rama de actividad en que ambos se desempeñan. Están también los análisis sobre las industrias maquiladoras de exportación que contratan, sobre todo, a mujeres solteras y jóvenes, y aquellos sobre la pequeña producción a domicilio que dan preferencia a las mujeres casadas de mayor edad. Por lo general, estos estudios hacen hincapié en la situación desventajosa de las mujeres frente a los hombres en cuanto a las ocupaciones que desempeñan y los más bajos niveles salariales que aquéllas reciben (Rendón y Pedrero, 1976; Carrillo y Hernández, 1985; Iglesias, 1985; Alonso, 1984; Fernández Kelly, 1982; Arias, 1988; García, 1988; Macías, 1989).

Por otro lado, están las investigaciones que se centran en la población femenina. Éstas destacan la presencia creciente de las mujeres en los mercados de trabajo; señalan diferencias regionales y ocupacionales, y buscan entender los factores que dificultan o facilitan

---

[4] En años más recientes los trabajos se han multiplicado. Interesa mencionar los de Alonso, 1984; Pacheco, 1988; Gabayet, 1988; Oliveira, 1989; Cooper *et al.*, 1989; Ramírez y Dávila, 1990; Oliveira y García, 1990; y Pedrero, 1990, entre otros.

su participación económica. Este libro busca contribuir a esta línea de estudio, analizando el aumento de la fuerza de trabajo femenina en las últimas décadas en México. Utilizamos las encuestas de fecundidad por ser las únicas fuentes disponibles que nos permitieron construir series de tiempo a nivel nacional sobre niveles de participación, inserción laboral y condicionantes individuales y familiares de la participación económica de las mujeres.

Tradicionalmente, en estudios bivariados, se utilizan la edad, el estado civil y el número de los hijos como indicadores de los condicionantes familiares (véase Elú de Leñero, 1975 y 1986; Pedrero y Rendón, 1982; Pacheco, 1988; Welti, 1989; Pedrero, 1990). La edad de la mujer se emplea indirectamente como indicador de ciclo de vida por estar relacionada con las responsabilidades familiares y con su participación en el mercado de trabajo. El estado civil y el número de hijos son, a su vez, indicadores clásicos de la mayor carga de trabajo doméstico y de los obstáculos existentes para la contratación de mujeres con responsabilidades familiares. Los estudios multivariados de los años ochenta ganan complejidad al utilizar modelos de regresión que permiten incorporar aspectos estructurales, individuales y familiares como factores explicativos de la participación femenina. En relación con estos últimos se agregan, a los ya mencionados, la inserción ocupacional del jefe de la familia; los ingresos de los demás miembros del hogar; la presencia de otra mujer en el hogar además de la esposa, y la presencia de otros trabajadores en la unidad doméstica además del jefe (Smith, 1981; Zazueta, 1981; Wong y Levine, 1988; Christenson, García y Oliveira, 1989; Christenson, 1990; Cortés, 1992; Rubin-Kurtzman, 1991a).

Nosotras combinamos diversos elementos de esta rica trayectoria de investigación. Inicialmente, utilizamos una estrategia de análisis bivariado donde lo que importa es dar a conocer la evolución de la participación económica femenina y de la inserción laboral de las mujeres en el pasado reciente, en momentos de expansión y recesión económica, según algunos aspectos clave (edad, escolaridad, estado civil y número y edad de los hijos). El estudio de la inserción laboral nos permite acercarnos a la contribución de las mujeres activas a la expansión o contracción de diferentes sectores sociales. Posteriormente, empleamos regresiones logísticas para formalizar el estudio de los condicionantes del trabajo femenino. Aquí utilizamos indicadores tradicionales de las características individuales y de las responsabilidades familiares (edad, escolaridad, residencia rural-urbana, estado civil y número y edad de los hijos); pero tomamos en cuenta la inserción ocupacional de los jefes de los hogares para diferenciar al conjunto de la población femenina en sectores agrícolas, medios y populares urbanos.[5] Recurrimos al concepto de sector social para identificar subpoblaciones con diferentes niveles de vida y accesos a servicios sociales y comunitarios, que han disfrutado de distintos tipos de oportunidades, mismas que contribuyen a moldear formas de pensar y actuar.

El significado del trabajo extradoméstico en la vida de las mujeres

En México, en particular, y en América Latina, en general, existe poca tradición en el estudio del significado del trabajo en la vida de las mujeres; sin embargo, varios autores apuntan hacia lógicas distintas que las impulsan a trabajar —la necesidad económica, la realización personal— especialmente, cuando se investigan sectores sociales que enfrentan diferentes niveles de vida (véase García, Muñoz y Oliveira, 1982; De Barbieri, 1984; Arriagada, 1990; Bilac, 1990). Un aspecto central a discernir en este campo es si las mujeres casadas consideran su presencia económica como parte de un proyecto personal, o si sólo la conciben como ayuda al marido en condiciones difíciles. Asimismo, ha recibido atención especial la discusión de los logros que permite o no impulsar el trabajo extradoméstico en términos de independencia personal, autoimagen y mayores espacios de negociación en el ámbito doméstico (De Barbieri, 1984; Benería y Roldán, 1987; Gónzalez de la Rocha, 1986 y 1989; Chant, 1991; Lailson, 1990).

[5] La identificación del sector social de pertenencia de las mujeres a partir de la inserción ocupacional del cónyuge o padre ha sido ampliamente criticada en la literatura feminista (Crompton, 1989). Sin embargo, al estudiar los condicionamientos del trabajo femenino en el contexto mexicano, este indicador todavía tiene importancia, pues dos terceras partes de las mujeres no desempeñan actividades económicas extradomésticas y dependen económicamente de sus cónyuges o padres.

En esta investigación, estudiamos el significado del trabajo en la vida femenina mediante la reconstrucción de los *grados de compromiso* que las mujeres adoptan frente a la actividad económica. Este análisis se basa en entrevistas en profundidad aplicadas a mediados de 1990 a un grupo de 93 mujeres casadas o unidas, con hijos presentes en el hogar, con el objetivo de reconstruir los nexos entre el trabajo extradoméstico, la maternidad y la posición de las mujeres en el hogar. El eje central de esta parte es la comparación entre sectores medios y populares urbanos, así como una consideración detallada de lo que sucede en su interior. En este microanálisis, definimos el estrato social de las mujeres a partir de sus propias características, pues estudiamos principalmente mujeres que trabajan. Fueron considerados el carácter manual-no manual de la inserción ocupacional, la escolaridad y la ubicación intraurbana de la residencia. Ha sido ampliamente demostrada la relevancia teórica y empírica de estas dimensiones en los estudios de estratificación social a nivel internacional y nacional (véase Blau y Duncan, 1967; Giddens, 1973; Wearing, 1984; para el caso de México, véase Muñoz, Oliveira y Stern, 1981; García, Muñoz y Oliveira, 1982).

La perspectiva comparativa entre grupos sociales es poco frecuente en el caso de México, en lo que respecta a estudios cualitativos o de caso; una excepción en este sentido es el trabajo pionero de De Barbieri (1984) sobre mujeres y vida cotidiana entre sectores medios y obreros de la ciudad de México. Nos proponemos ubicar el significado del trabajo en la vida de mujeres que se enfrentan a distintas condiciones materiales y sociales de existencia; la medida en que dicho significado se asocia con actitudes específicas frente a la maternidad y el cuidado de los hijos, y qué tipo de cambios se producen en la relación entre hombres y mujeres en el interior de los hogares.

El interés por estudiar el significado del trabajo se origina en el planteamiento general de nuestro estudio, que pretende conocer las múltiples determinaciones de la actividad económica femenina. Primero examinamos la compleja red de condicionantes en el nivel agregado; luego buscamos enriquecer el análisis con las interpretaciones que las mujeres ofrecen sobre su trabajo extradoméstico, y las conexiones que establecen entre esta dimensión y otras referentes a su vida familiar.

Acerca de la vida familiar

Partimos del valor analítico de la familia y la unidad doméstica para el estudio de las interrelaciones entre el trabajo extradoméstico, la maternidad y la condición de la mujer. Buscamos, de esta manera, relacionar el papel femenino en las esferas de la producción y la reproducción (Yanagisako, 1979; Harris, 1981; Benería y Sen, 1982; Jelin, 1984). Desde esta perspectiva, compartimos con muchos autores la conceptuación de las unidades domésticas como un ámbito de interacción y organización de los procesos de reproducción cotidiana y generacional de los individuos vinculados o no por relaciones de parentesco. Allí se crean y recrean relaciones sociales de autoridad, solidaridad y conflicto; de intercambio y poder. En las unidades domésticas, tiene lugar la socialización de los nuevos miembros y el reforzamiento de los significados y motivaciones que fundamentan las actividades grupales (Lomnitz, 1975; Yanagisako, 1979; Jelin, 1984; González de la Rocha, 1986; Oliveira y Salles, 1989; Salles, 1991).

El interés por el estudio de las familias y unidades domésticas ha estado presente en las investigaciones sobre población en México desde los años setenta. Se han utilizado distintas ópticas. Así, por ejemplo, la demografía de la familia se preocupa principalmente por el estudio de la estructura, el tamaño y la etapa del ciclo vital de los hogares, así como de los factores que los condicionan. Otros estudios se centran en las estrategias familiares de organización de la reproduccion cotidiana (García, Muñoz y Oliveira, 1982; Quesnel y Lerner, 1982; Pepin-Lehalleur y Rendón, 1983; Margulis y Tuirán, 1986; González de la Rocha, 1986; Oliveira y Salles, 1989; De la Peña *et al.*, 1990).

En muchas investigaciones también se destaca el papel de la unidad doméstica en la formación de la oferta de mano de obra. En esta perspectiva se estima la participación económica de los diferentes integrantes de las unidades domésticas, teniendo en cuenta las características socioeconómicas y demográficas de dichas unidades. Reciben especial atención el ciclo vital y la composición de parentesco de las familias como aspectos que condicionan el uso de la mano de obra en distintos grupos sociales (véase, por ejemplo, Margulis, Rendón y Pedrero, 1981; García,

Muñoz y Oliveira, 1982; Pepin-Lehalleur y Rendón, 1983; Margulis y Tuirán, 1986). Actualmente, también se cuenta con investigaciones que complementan los análisis de mercado de trabajo en el nivel agregado con estudios de las unidades domésticas de donde proviene la mano de obra. Se trata de análisis llevados a cabo en diferentes áreas urbanas y rurales del país (Zúñiga *et al.*, 1986; Benites, 1990; Chant, 1991; Izazola, 1991; Selby *et al.*, 1990a; Sheridan, 1991; Cortés, 1992).

En este libro, los aspectos valorativos, normativos y de organización de la vida cotidiana reciben más atención que los rasgos sociodemográficos de las unidades domésticas y sus condiciones materiales de existencia. En el análisis microsocial, estudiamos primeramente las concepciones de las mujeres sobre la maternidad; posteriormente, examinamos también las vivencias cotidianas en torno al cuidado de los hijos y sus variaciones entre las mujeres que atribuyen distintos significados al trabajo en sus vidas. Destacamos el papel de las redes sociales en la crianza de los hijos y las diferentes estrategias desarrolladas por las mujeres para combinar su doble papel de madres y trabajadoras. El concepto de estrategias individuales o familiares nos permite acercarnos a las opciones disponibles para las mujeres de diferentes sectores sociales. Se parte de la idea de que el comportamiento de los individuos no está totalmente determinado por las estructuras y existe cierto margen de acción aun frente a condiciones adversas. No obstante, es importante puntualizar que, en ocasiones, el concepto de estrategia puede encubrir los conflictos y tensiones que enfrentan las mujeres para trabajar, cuidar de la casa y de los hijos.[6]

Hay que destacar la importancia de la perspectiva microsocial en el estudio del conflicto presente en las estrategias individuales o familiares. La utilización de información proveniente de entrevistas en profundidad permite analizar y no asumir *a priori* la intencionalidad de los actores. Al incorporar los puntos de vista de las mujeres se hace, patente la complejidad de la articulación entre los intereses individuales y grupales en el interior de las

---

[6] Para una discusión sobre el uso del concepto de *estrategias de sobrevivencia o de reproducción* en la investigación realizada en México, véase, Oliveira y Salles, 1989; Selby *et al.*, 1990b; García y Oliveira, 1994.

unidades domésticas, así como la dosis de autoridad y a veces de violencia que está presente detrás de algunos comportamientos observados.

Las evidencias disponibles indican que, por lo general, las mujeres desarrollan múltiples estrategias para combinar la maternidad y el trabajo: buscan trabajos "compatibles" que presentan flexibilidad de horario, a corta distancia del hogar, o que pueden realizarse en la casa "sin descuidar" su función socialmente definida como responsables de los trabajos de la reproducción; utilizan el apoyo de familiares, amigos y vecinos; cuando es financieramente posible, contratan servicio doméstico remunerado, y, en algunos sectores, hacen uso de las facilidades de guarderías. Las estrategias anteriores dependen del tipo de trabajo realizado, de las características de la familia residencial y del apoyo que se recibe por parte de la pareja (Roldán, 1984; González de la Rocha, 1986; Benería y Roldán, 1987; Oliveira, 1989; Blanco Sánchez, 1989; De la Peña *et al.*, 1990; Mummert, 1990).

Al analizar el cúmulo de estrategias señaladas, adoptamos una actitud crítica frente a conceptos y concepciones que plantean la necesidad de elección entre trabajo y familia como actividades incompatibles, y que se basan en la aceptación de la división del trabajo existente como "natural". Retomamos de autoras tales como Boulton (1983), Wearing (1984), Gerson (1985) y Valdés (1989) una perspectiva que permite captar *formas alternativas* (aunque minoritarias) de organización del trabajo extradoméstico de las labores de la casa y del cuidado de los hijos, y cuestiona la visión de la maternidad como el rasgo definitorio del ser mujer.

Acerca de la posición de hombres y mujeres en el hogar

En los años ochenta y principios de los noventa se consolida en México el estudio del papel subordinado que desempeñan las mujeres, en relación con los hombres, en las familias y las unidades domésticas. El interés se centra en la contribución femenina a la reproducción cotidiana de su familia mediante su participación en el trabajo doméstico o en actividades extradomésticas, y en las relaciones de género en el interior de los hogares (De Barbieri,

1984; Benería y Roldán, 1987; González de la Rocha, 1986 y 1989; De la Peña *et al.*, 1990; Mummert, 1990).

El concepto de género se refiere a la interpretación social y cultural de las diferencias entre los sexos, o sea, a la construcción de lo femenino y lo masculino en sociedades históricas concretas. La categoría género involucra una jerarquización en la cual las características y actividades asociadas con lo masculino reciben una mayor valoración social. El género se construye simultáneamente con otros sistemas de diferenciación social —clase, raza y etnicidad— y, por lo tanto, puede ser percibido de manera diferente por hombres y mujeres con distintas experiencias de vida. No se trata de una categoría individual, sino de una relación social, que moldea la identidad personal (Rubin, 1975; Lamas, 1986; Benería y Roldán, 1987; Laslett y Brenner, 1989; De Barbieri, 1992; Cervantes Carson, 1993).

La relación entre los géneros se reconoce como asimétrica, jerárquica; pero en muchos trabajos también se concibe explícitamente como sujeta a transformación. Se trata de hacer visible la creación de espacios de participación que puedan permitir a las mujeres darse cuenta de la subordinación y aislamiento social en que están inmersas, y posibilitar a su vez respuestas colectivas e individuales, mediante la reorganización de sus proyectos de vida (Elú de Leñero, 1975; Ortega, 1985; Massolo y Díaz Ronner, 1985; Acosta, 1985; Acosta *et al.*, 1985; Gerson, 1985; De Barbieri y Oliveira, 1986; Jelin, 1987; Oliveira y Gómez Montes, 1989; Tarrés, 1989 y 1991). Dentro de esta perspectiva, buscamos profundizar en los cambios que están teniendo lugar en las relaciones entre hombres y mujeres en el interior de las unidades domésticas. El análisis de entrevistas en profundidad a mujeres casadas o unidas de sectores medios y populares urbanos se centra en: *a*) la división intrafamiliar del trabajo, especialmente lo relacionado con la contribución económica de las mujeres al presupuesto familiar y la participación de los cónyuges en el trabajo doméstico; *b*) los patrones de autoridad imperantes en el hogar, y *c*) el grado de autonomía femenina frente al cónyuge.

Respecto a la contribución femenina al presupuesto familiar, interesa ubicar los tipos de transformaciones en el patrón tradicional que hace a los hombres responsables exclusivos por el sostenimiento económico del hogar. Algunos estudios realizados en el país a nivel intraurbano son estimulantes en este sentido, ya que indican que no es posible seguir considerando *a priori* como marginal la contribución femenina a los recursos monetarios de las unidades domésticas (Dávila Ibáñez, 1990). Asimismo, nos interesa saber si las mujeres buscan el trabajo remunerado sólo para ayudar al marido, o en qué medida intentan hacer una aportación igualitaria al presupuesto familiar que permita transformar los patrones de división del trabajo imperantes.

En relación con el trabajo doméstico, es importante conocer qué tipo de rupturas se están dando en el patrón que asigna a las mujeres esta responsabilidad. Los distintos estudios realizados dentro y fuera del país sobre el trabajo doméstico, los cuales cubren las diferentes tareas realizadas, horas consumidas y la asignación intrafamiliar por géneros y generaciones, indican que ésta es un área de escasas transformaciones sustantivas (De Barbieri, 1984; Blanco Sánchez, 1989). Partiendo de este hecho, al comparar diferentes sectores sociales, buscamos ubicar situaciones que den lugar a transformaciones incipientes como sería la participación no esporádica de los varones en diferentes tareas (cocinar, limpiar, asear la ropa, transportar a los hijos). Bajo este ángulo, interesa también identificar si se presentan diferencias entre los padres y los hijos varones en el desempeño de las distintas tareas comprendidas en el trabajo doméstico.

Los patrones de autoridad y la toma de decisiones en las unidades domésticas han sido áreas tradicionales de interés en la sociología de la familia (Leñero, 1983 y 1987; Ribeiro, 1989). Los distintos estudios realizados mediante encuestas con grandes muestras o los basados en reducidos números de casos, indican que hombres y mujeres tienen espacios diferenciados en lo que respecta a la toma de decisiones, aunque las dimensiones consideradas no son siempre las mismas (Elú de Leñero, 1969 y 1975; Leñero, 1983 y 1987; De Barbieri, 1984; Benería y Roldán, 1987; Ribeiro, 1989). Los hijos, su educación, incluso la decisión de tenerlos o espaciarlos, han sido señalados como áreas de gran influencia femenina en el contexto mexicano, especialmente en décadas recientes. En nuestro estudio hacemos hincapié en este ángulo, pues nos interesa ubicar las transformaciones que están ocurriendo a nivel de las familias frente al cambio en la política de población y en el papel de los hijos en la reproducción familiar y social. Como en otras ocasiones, también es relevante para nosotras identificar el significado del descenso en el número de hijos sobre la condición de las mujeres, dado el papel central de la maternidad en sus vidas.

Por último, el análisis del grado de autonomía femenina frente al cónyuge nos remite a los estudios globales sobre subordinación. Sobre todo, nos interesa retomar aquellos trabajos que visualizan la subordinación en términos de relaciones de poder que abarcan no sólo el dominio, sino las posibilidades de romperlo. Bajo esta perspectiva, son centrales las resistencias de mujeres que luchan cotidianamente contra su subordinación. En una revisión reciente sobre el tema, Oliveira y Gómez Montes (1989) plantean como una de las líneas prioritarias de investigación "las formas concretas que asumen las relaciones de poder y la resistencia entre géneros y el papel que desempeñan diferentes instituciones sociales (familia, escuela, Iglesia) en la reproducción de estas relaciones" (p. 46). Basadas en estos planteamientos, en este libro nos interesa identificar los elementos que definen la subordinación o autonomía de las mujeres trabajadoras o amas de casa en distintas situaciones sociales, y las acciones concretas que se llevan o no a cabo para enfrentar el dominio masculino dentro de las unidades domésticas. Es conocido que las resistencias no siempre van acompañadas de una conciencia clara de cambio de las relaciones entre hombres y mujeres; por lo tanto, dedicamos también atención prioritaria a la identificación de las ambivalencias que caracterizan a estas acciones femeninas.

Organización del libro

En este libro ofrecemos los resultados de una investigación sobre los cambios en el trabajo femenino extradoméstico en los últimos lustros; el significado de la maternidad y el trabajo en la vida de las mujeres; la reproducción cotidiana de las madres trabajadoras, y las relaciones de género en el interior de los hogares. En el estudio combinamos análisis cuantitativos y cualitativos basados en encuestas por muestreo probabilístico y en entrevistas en profundidad. El libro está organizado en nueve capítulos, incluyendo esta introducción y las conclusiones.

Las tendencias básicas de expansión de los niveles de participación económica femenina y los cambios en el perfil de esta mano de obra en el periodo 1976-1987 son analizados en el capítulo II. La disponibilidad de series de datos provenientes de encuestas de fecundidad para los años de 1976 (*Encuesta mexicana de fecundidad*), 1982 (*Encuesta nacional demográfica*) y 1987 (*Encuesta nacional de fecundidad y salud*), nos permitió elaborar análisis comparativos sobre la participación económica de las mujeres, y, sobre todo, caracterizar el perfil de la mano de obra femenina antes y después del agravamiento de la recesión económica de los años ochenta. Posteriormente, en el capítulo III, examinamos las transformaciones en la inserción laboral de la mano de obra femenina con diferentes características en cuanto a edad, escolaridad, estado civil y número y edad de los hijos, para el mismo lapso 1976-1987. En el capítulo IV se analizan los condicionantes de la participación económica femenina para 1982 y 1987 en el interior de diferentes sectores sociales (agrícolas, medios y populares urbanos), identificados a partir de la inserción ocupacional del jefe del hogar. En este caso, los sectores son considerados como "subpoblaciones" en cuyo interior, aspectos tales como la edad, el estado civil, la residencia rural-urbana, la escolaridad y el número de hijos pueden adquirir un papel distinto en momentos de expansión y de recesión económicas.

El análisis *microsocial* de la segunda parte del libro busca complementar el estudio de las transformaciones en los mercados de trabajo, y las respuestas de participación económica de mujeres de diferentes sectores sociales, con el estudio de las percepciones individuales, las conexiones de sentido y las estrategias de acción o acomodo en torno al trabajo y la vida familiar. Mediante el análisis de entrevistas en profundidad, a 93 mujeres casadas o unidas que conviven en familias con sus cónyuges e hijos, y que pertenecen a los sectores medios y populares urbanos de tres ciudades mexicanas (ciudad de México, Tijuana y Mérida), pudimos acercarnos a diversos aspectos relevantes para nuestro estudio. A partir de las verbalizaciones de las mujeres reconstruimos sus trayectorias de vida. Recibieron atención los principales eventos o transiciones (matrimonio, maternidad y trabajo) y las percepciones sobre la importancia y trascendencia de estos eventos vitales. Asimismo, en el análisis de las entrevistas centramos nuestra atención en las diversas facetas de la reproducción cotidiana, relaciones de género y redes familiares de ayuda para la crianza de los hijos. Ponemos de manifiesto la aceptación, la negociación y el conflicto presentes en los momentos clave de la historia de vida de las mujeres.

Con base en esta información, elaboramos inicialmente en el capítulo V una tipología sobre los distintos significados que las mujeres atribuyen a su trabajo extradoméstico en diferentes sectores sociales. Esta tipología, como mencionamos, descansa en el criterio básico del *grado de compromiso* que las mujeres adoptan frente a la actividad económica en el curso de sus vidas de casadas o unidas. Asimismo, buscamos aproximarnos al estudio de los valores, normas y pautas culturales (cristalizadas en estereotipos sociales y reflejadas en las percepciones individuales), que subyacen en la formación de la subjetividad. En este capítulo también revisamos estudios realizados en otros países que muestran cuán fructífera puede ser la construcción de tipos para captar las diferencias y los matices en las vivencias del trabajo, la maternidad y los proyectos de vida. Las jefas económicas, que mantienen a sus familias aun en presencia de sus cónyuges, reciben atención especial en el capítulo VI. Analizamos aquí el significado que ellas atribuyen a su trabajo, sus relaciones de pareja cargadas de violencia familiar y los factores que propician la subordinación frente a sus cónyuges. En el capítulo VII reconstruimos las concepciones sobre la maternidad y examinamos distintas vivencias en torno al cuidado de los hijos. Señalamos cómo dichas vivencias se hacen posibles debido a la presencia conjunta de factores sociales, culturales y políticos. Privilegiamos el análisis de las interrelaciones entre el significado que las mujeres atribuyen al trabajo extradoméstico y las percepciones sobre la maternidad y el campo de opciones considerado como legítimo. Asimismo, consideramos las diversas alternativas disponibles para el control de la reproducción y el cuidado de los hijos, las cuales hacen o no viable la puesta en práctica de estrategias específicas de planificación familiar y de combinación de la maternidad y el trabajo. En el capítulo VIII exploramos los cambios en la vida familiar o la ausencia de ellos en los sectores medios y populares urbanos. Consideramos tres dimensiones relevantes para el estudio de lo cotidiano: la división intrafamiliar del trabajo, los patrones de autoridad imperantes en el hogar y el grado de autonomía femenina frente a los cónyuges.

En lo que respecta a la división del trabajo, reciben atención especial la contribución central o secundaria de las mujeres al presupuesto familiar y la distribución del trabajo doméstico entre los integrantes de la familia. En el análisis de la toma de decisiones, nos detenemos en la manera en que ambos cónyuges deciden o no sobre el número de hijos que desean y su crianza, así como en la percepción acerca de quién asume la máxima autoridad en las cuestiones importantes. Por último, se analizan los logros alcanzados en cuanto a la libertad de acción y movimiento, y se identifican las resistencias, negociaciones y eventuales enfrentamientos en la vida familiar para lograr una situación más igualitaria entre hombres y mujeres.

En las conclusiones resumimos los resultados principales alrededor de tres diferentes problemáticas: el impacto de la crisis económica sobre el mercado de trabajo femenino; el significado de la maternidad y el trabajo extradoméstico en la vida femenina, y la diferenciación social y las relaciones de género.

II. CAMBIOS EN LA PRESENCIA FEMENINA EN EL MERCADO DE TRABAJO (1976-1987)

Introducción

Durante el presente siglo, el incremento de la participación femenina en los mercados de trabajo en los países industrializados se ha acelerado en forma marcada. En los años ochenta, la proporción de mujeres activas en países tales como Estados Unidos, Canadá e Inglaterra era alrededor de 60%, y en Suecia ya estaba por encima de 80% desde mediados de los setenta. Algunos autores se refieren a esta creciente presencia femenina en la economía como una revolución que todavía está en marcha, que implica un cambio estructural y cultural fundamental (Davis, 1984; Bell, 1988; McLanahan, Sorensen y Casper, 1992).

En los países en vías de desarrollo, los niveles de participación económica femenina todavía están muy por debajo de los registrados en los países desarrollados. No obstante, en años recientes, las mujeres de aquellos países se han incorporado en forma creciente a las actividades extradomésticas y no agrícolas. Un análisis indica que, en los años setenta, la cifra más elevada de mujeres en actividades no agrícolas se observa en América Latina y el Caribe (Anker y Hein, 1987).

La situación de México en el contexto regional latinoamericano es conocida en sus rasgos más generales. Por ejemplo, ha sido documentado que el país presenta niveles de participación económica femenina que se expanden en forma rápida; pero que aún se ubican dentro del nivel promedio para la región (Katzman, 1984; Anker y Hein, 1987; Arriagada, 1990). En un trabajo reciente, examinamos la expansión de la fuerza de trabajo femenina mexicana en distintos momentos históricos entre 1950 y 1987 y pudimos observar las diferencias según contextos regionales y urbanos en las tasas de participación, distribución por ramas de actividad y categorías ocupacionales (Oliveira y García, 1990).

En los años anteriores a 1980, las fuentes de información a nivel nacional permiten evidenciar un claro aumento del trabajo femenino. En 1950, según el *Censo general de población*, 13% de las mujeres mexicanas de 12 años y más se declararon como económicamente activas; en 1970, dicha cifra ascendió a 16%, según esta misma fuente; y en 1979 alcanzó alrededor de 21%, conforme a la *Encuesta continua de ocupación* (ECSO). La tendencia seguida por la participación masculina en las últimas décadas no registra variaciones tan importantes como la de las mujeres. Esto se debe, en parte, a los niveles tan altos que la actividad económica masculina usualmente alcanza, y que sólo se han visto contrarrestados en el largo plazo por la mayor permanencia de los hombres en el sistema escolar y el incremento en las posibilidades de jubilación.

Para finales de los ochenta, una década de crisis y restructuración económica, la comparación entre distintas fuentes permite concluir que la participación económica femenina a nivel nacional se ubica alrededor de 30% (García, 1993). El incremento en la presencia económica femenina en este decenio fue inicialmente señalado para las principales áreas metropolitanas del país, con base en la *Encuesta nacional de empleo urbano* (ENEU) (Cruz y Zenteno, 1987; Pacheco Gómez Muñoz, 1988; Oliveira, 1989; Pedrero, 1990; Oliveira y García, 1990). Para el nivel nacional, el análisis detallado del mercado de trabajo durante los años ochenta se ha dificultado por la falta de información oportuna sobre el conjunto de la República mexicana. Tanto los datos provenientes de la ENEU de 1988, como los del *Censo de población* de 1990, vieron la luz pública ya avanzado el año de 1992.

En este libro, nosotras exploramos las encuestas de fecundidad como una de las pocas fuentes de información disponibles que permiten un estudio de tendencias y determinantes del trabajo femenino en momentos de expansión y de recesión económica (1976-1987).[1] Utilizamos para este trabajo la *Encuesta mundial de fecundidad* (EMF) de 1976, la *Encuesta nacional demográfica* (END) de 1982, y la *Encuesta nacional de fecundidad y salud* (ENFES) de 1987.

---

[1] También es posible documentar algunos aspectos de la expansión del trabajo femenino en los años setenta y ochenta con base en la información sobre establecimientos fijos que captan los censos económicos (véase Rendón y Salas, 1992).

Éstas incluyeron una importante cantidad de información sobre la actividad económica de las entrevistadas, sus compañeros o padres. Asimismo, desde el punto de vista social, económico y político, se encuentran estratégicamente situadas para un estudio de mercado de trabajo, en épocas de expansión y crisis económica; como es conocido, entre 1976 y 1982 ocurrió el último repunte de crecimiento económico en el país, y entre 1982 y 1987 se profundizó probablemente la más importante recesión del México moderno.

En este capítulo y los siguientes utilizamos información de estas tres encuestas para analizar los cambios en la participación económica femenina entre 1976, 1982 y 1987 en el nivel nacional, según algunos aspectos básicos como son edad, estado civil, número y edad de los hijos y escolaridad. El análisis hace hincapié en las variaciones en el tiempo, y siempre que contamos con la información correspondiente, tratamos de comparar las tendencias encontradas en el país con lo ocurrido en otras realidades.

En la interpretación de los resultados reciben atención destacada diversos procesos sociodemográficos y económicos ocurridos en el país en años recientes. Entre los más importantes cabe mencionar el descenso de la fecundidad mexicana; los incrementos en los niveles de escolaridad femenina; el agravamiento de la crisis económica, y la puesta en marcha de políticas de ajuste, que trajeron consigo una fuerte reducción de los niveles salariales e influyeron en el aumento del número de trabajadores por familia.

Para fines de un estudio que descansa en fuentes secundarias, conviene tener presente que el concepto de población económicamente activa que utilizan los censos, las encuestas de ocupación y las encuestas de fecundidad, constituye una aproximación a las condiciones que imperan en el mercado de trabajo. Este concepto engloba desde empleados de tiempo completo que obtienen un salario, hasta trabajadores por cuenta propia de tiempo parcial y desempleados. Asimismo, los tiempos de referencia y las preguntas utilizadas en cada fuente pueden incidir de manera importante en las estimaciones de los niveles de actividad. Esto es especialmente cierto en el caso de las mujeres y los(as) jóvenes que en muchos casos desempeñan tareas esporádicas o de tiempo parcial, que ellos mismos pueden no considerar como actividad económica.

Los censos mexicanos y las encuestas de ocupación generalmente utilizan la semana anterior como el periodo de referencia para captar la actividad económica, el cual es un tiempo considerado como muy restringido en el caso del trabajo femenino (Wainerman y Recchini de Lattes, 1981). En cambio, las encuestas de fecundidad establecen periodos de referencia más amplios o menos precisos. La EMF de 1976 y la ENFES de 1987 son, estrictamente, las más comparables, debido a que captan la actividad económica "actual". Este concepto se refiere al desempeño presente de alguna ocupación y es similar al de "trabajador remunerado", utilizado en los primeros censos de población mexicanos. Por su parte, el tiempo de referencia de la END de 1982 es el año anterior al levantamiento de la encuesta (véase el cuadro AI-1). Conviene recordar también que el concepto de población económicamente activa no incluye el trabajo doméstico, requerido para el mantenimiento y reposición cotidiana de los hogares, y llevado a cabo casi exclusivamente por mujeres. Las tendencias de participación económica constituyen indicadores del involucramiento de la población femenina en tareas adicionales a las actividades domésticas; por lo tanto, señalan en la mayoría de los casos el acceso a algún ingreso monetario, por muy magro que éste sea.

Participación económica y edad

Hasta principios de los años setenta, la mayoría de las mujeres mexicanas que trabajaban fuera de su casa lo hacían en edades jóvenes, es decir, antes de unirse o tener hijos. Durante las dos décadas siguientes, esta situación se ha visto sustancialmente modificada: desde 1976 hasta 1987, las mujeres de 20 a 49 años han incrementado en forma considerable su participación en el mercado de trabajo, sobre todo en las edades 25-44 años (cuadro II-1).[2]

---

[2] Los grupos de edad comprendidos entre 20 y 49 años son los que nos permiten una comparabilidad básica entre las tres encuestas. El tramo de edad 15-19 es comparable para la END y la ENFES, pero no así para la EMF, pues en esta

Cuadro II-1
**Tasas específicas de participación femenina por edad
(20-49 años: 1976, 1982, 1987)**

Edad	Tasas de participación femenina		
	1976	1982	1987
20-49	26.9 (6 826)*	31.5 (7 786)	37.4 (7 017)
20-24	28.7 (1 701)	38.6 (2 022)	35.0 (1 657)
25-29	24.2 (1 415)	33.5 (1 602)	37.5 (1 595)
30-34	26.2 (1 148)	29.0 (1 343)	41.6 (1 296)
35-39	28.8 (1 054)	28.0 (1 109)	41.5 (1 018)
40-44	26.1 (820)	25.9 (950)	37.0 (814)
45-49	27.1 (682)	25.5 (759)	29.3 (636)

* Los números entre paréntesis corresponden al número absoluto de mujeres en cada casilla.

Fuentes: 1976, *Encuesta mundial de fecundidad*; 1982, *Encuesta nacional demográfica*, muestra ponderada; 1987, *Encuesta nacional de fecundidad y salud*, muestra ponderada.

En la gráfica II-1, basada en los datos de los cuadros II-1 y II-2, las tasas de participación económica femenina para 1976, 1982 y 1987 derivadas de las encuestas de fecundidad se comparan con otras provenientes de distintas fuentes para años cercanos, con el fin de evaluar la bondad de las tendencias que nos presentan. Ccmo es de esperar, el conjunto de indicadores que ofrecemos en la gráfica II-1 muestra algunos puntos discordantes, situación previsible porque provienen de fuentes diferentes —censos, encuestas de ocupación y encuestas de fecundidad—, en donde las definiciones de participación económica, los tiempos de referencia, los problemas de cobertura poblacional y el tiempo y espacio dedicados a la captación de información sobre el trabajo femenino son distintos.[3]

última no se incluyeron en este grupo de edad las solteras sin hijos nacidos vivos. Entre las edades 20-49 estaban comprendidas 60.6% de las mujeres activas en 1970 y 65% en 1980, según los respectivos censos de población.

[3] Todas las fuentes analizadas en la gráfica II-1 son para el conjunto de la República mexicana; sin embargo, los marcos muestrales usados en las diferentes encuestas no tienen el mismo grado de precisión por estar más o menos alejados de las fechas censales, entre otros aspectos. Para mayor información al respecto, véase el apéndice I.

Cuadro II-2
Tasas específicas de participación femenina por edad
(12 años y más: 1970, 1979, 1980)

Grupos de edad	Tasas de participación femenina		
	1970	1979	1980
12 y más	16.4	21.5	27.8
12-14	5.1	15.4	9.7
15-19	20.9	33.4	26.8
20-24	24.1	33.4	37.3
25-29	17.4	27.3	34.9
30-34	15.7	27.3	32.5
35-39	15.8	24.5	31.3
40-44	16.2	24.5	30.2
45-49	16.4	21.2	29.1
50-54	15.9	21.2	27.5
55-59	15.1	16.3	25.8
60-64	14.1	16.3	24.1
65-69	12.9	9.3	21.1
70-74	11.5	9.3	19.7
75 y más	8.3	9.3	15.8

Fuentes: 1970, *Censo general de población*; 1979, *Encuesta continua de ocupación*, 1er. trimestre; 1980, *Censo general de población*.

Gráfica II-1
Tasas específicas de participación femenina por edad

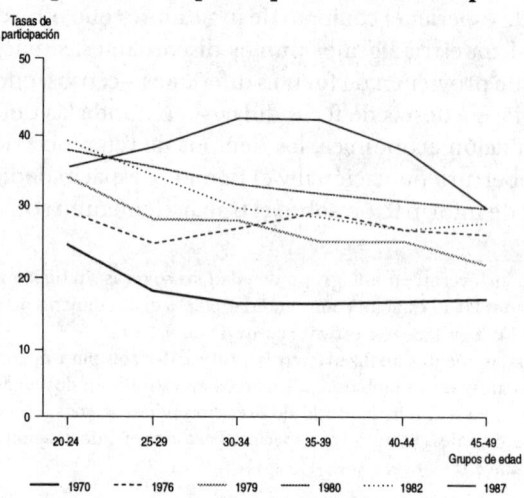

A pesar de los problemas de comparabilidad de la información, de acuerdo con las distintas fuentes, es evidente el incremento en la tasa de participación femenina en el periodo 1970-1987, y es notoria, además, la mayor presencia en el mercado de trabajo de mujeres mayores de 25 años. Las de 20-24 años también aumentan nítidamente su participación económica, por lo menos hasta 1982; después de esa fecha, durante la recesión económica de los ochenta, parecen haber comenzado a tener dificultades para mantener su ritmo de incremento en la entrada al mercado de trabajo. Según la ENFES, las tasas de participación para las jóvenes de 20-24 años en 1987 caen por debajo del nivel de las de 1982. Por su parte, los indicadores correspondientes para las edades 25-44 años en 1987 muestran que entre 37 y 41% de estas mujeres estaban ocupadas en alguna medida en el mercado de trabajo, cifras muy altas en comparación con lo hasta ahora conocido en el país (cuadro II-1). Si se evalúan estos niveles teniendo en consideración la tendencia histórica, y si se los compara con los que arroja la ENEU para 16 de las principales áreas urbanas del país en el mismo año de 1987, existe cierta base para plantear que la ENFES presenta una sobrestimación en ambos sentidos, esto es, en el aumento en la participación de las mujeres mayores y en el descenso entre las jóvenes. Sin embargo, consideramos como válida *la tendencia general* que esta fuente presenta. Los datos de la ENEU para 1987 sí apoyan la mayor presencia de la población femenina de más edad en el mercado de trabajo de algunas ciudades (México y Guadalajara, por ejemplo). Asimismo, se observa en esta encuesta de ocupación un descenso en la participación de las jóvenes en ciudades como Monterrey, en donde es posible conjeturar que, con la recesión económica de los ochenta, se ha contraído el mercado de trabajo asalariado en el que esas mujeres participan mayormente (véase Pedrero, 1990).

Los cambios en el trabajo femenino ocurridos en México cobran mayor relevancia al situarlos en el contexto internacional. En muchos países desarrollados se registra con claridad una importante participación económica de las mujeres de mayor edad; éste se relaciona con los incrementos en la escolaridad y con la expansión de oportunidades en el sector de los servicios y en las ocupaciones no manuales (véase Standing, 1978; Davis, 1984 y Roos, 1985, entre otros). En el caso de América Latina en los sesenta y setenta, lo más frecuente era que las tasas de actividad alcanzaran su nivel máximo entre mujeres cercanas a los 20 años y después descendieran aceleradamente; sin embargo, en países tales como Argentina ya comenzaba a delinearse desde la década de los sesenta el crecimiento de la participación económica de las mujeres de mayor edad (véase Pantelides, 1976; Wainerman y Recchini de Lattes, 1981, entre otros).

Como ya hemos indicado, México sigue claramente el patrón de las tasas más altas de actividad en el grupo de 20-24 años en 1970; pero nuestros datos muestran que esta situación se comienza a modificar en la década de los ochenta con la participación de las mujeres de más edad. Este punto es de gran trascendencia, ya que las mujeres mayores son las que se han unido o subsecuentemente separado o divorciado y, por lo tanto, adquirido responsabilidades familiares. Un incremento en su participación económica implica la posibilidad de una reorganización importante en la vida cotidiana al tener que delegar en otras personas las tareas de la casa (parientes o empleadas domésticas en los sectores medios), o realizarlas a la par que las obligaciones ocupacionales, con lo que esto supone en términos de aumento en su carga de trabajo. Para comenzar a profundizar en el panorama descrito, conviene precisar entonces los cambios en la participación económica teniendo en cuenta el estado civil y la presencia de los hijos.

Estado civil, fecundidad y trabajo

Como es conocido, el matrimonio o la unión libre representa para las mujeres un momento de cambio fundamental en su curso de vida; constituye el inicio del proceso de formación de la familia de procreación y conlleva casi siempre mayores responsabilidades. En México, al igual que en otros países de América Latina, la distribución de la población femenina de 12 años y más por estado civil no ha variado mucho en las últimas décadas: las casadas y en unión consensual constituyen 54.1 y 53.8% en 1970 y 1980, respectivamente, según los censos de población. Siguen en importancia porcentual las solteras (36.8 en 1970 y 37.4 en 1980), y por último, las viudas, separadas y divorciadas que representan cerca de 9% en ambas fechas.

Por lo general, en México, las uniones se realizan antes de los 30 años y se caracterizan por una elevada estabilidad: conforme a los datos de la ENFES de 1987, solamente 7.4% de las mujeres en edad fértil, alguna vez unidas, lo han estado en más de una ocasión (Echarri, 1988). Con frecuencia, la mayor carga de trabajo doméstico que involucra el matrimonio o la unión libre y los obstáculos existentes en el mercado de trabajo para la contratación de mujeres casadas contribuyen para que éstas tengan menor participación en actividades extradomésticas, en comparación con las solteras, viudas, divorciadas y separadas en diferentes países.[4] Sin embargo, estudios recientes ponen de manifiesto que la participación económica de las mujeres casadas se ha incrementado en forma marcada en países desarrollados y en América Latina. Una comparación hecha en Estados Unidos señala que la tasa de participación de este sector de mujeres pasó de 35 a 51% entre 1966 y 1981 (Blau y Ferber, 1985). En países de América Latina, tales como Argentina, por ejemplo, las cohortes de casadas jóvenes hicieron la mayor contribución al crecimiento del número de mujeres en la fuerza de trabajo entre 1960 y 1970, tanto debido al aumento de sus tasas de participación económica, como por su aportación al número de casadas, porque la mayoría de las mujeres contraen matrimonio en edades jóvenes (Recchini de Lattes, 1983).

México no es una excepción en esta tendencia: las mujeres unidas (entre 20 y 49 años) presentan 62% de aumento en su participación en el mercado de trabajo entre 1976 y 1987; éste es más importante entre las mujeres de 20 a 34 años, como puede apreciarse en el cuadro II-3. Por su parte, las separadas, divorciadas y viudas experimentaron incrementos también relevantes, teniendo en cuenta el alto nivel ya alcanzado en 1976; por último, las solteras elevaron su nivel de participación de manera mucho más modesta que los otros dos subconjuntos poblacionales.

[4] Véase, para México, Elú de Leñero, 1975 y 1986; Rendón y Pedrero, 1976; De Riz, 1986 y Christenson, García y Oliveira, 1989. Para otros países de América Latina: Elizaga, 1976; Covarrubias y Muñoz, 1978; Jelin, 1978; Terrazas Salinas, 1979; Wainerman y Recchini de Lattes, 1981.

Cuadro II-3
Tasas específicas de participación femenina por edad y estado civil (20-49 años: 1976, 1982, 1987)

Edad y estado civil	Tasas de participación femenina		
	1976	1982	1987
TOTAL	26.9 (6 826)*	31.5 (7 775)*	37.4 (7 017)*
Solteras	56.1 (1 041)	60.6 (1 319)	60.7 (1 252)
Unidas	17.4 (5 208)	21.3 (5 788)	28.2 (5 188)
Separadas/viudas/ divorciadas	60.0 (577)	63.0 (668)	70.7 (574)
20-34 años	26.5 (4 270)	34.3 (4 963)	37.8 (4 548)
Solteras	55.7 (901)	59.8 (1 145)	60.0 (1 098)
Unidas	15.1 (3 131)	23.2 (3 530)	27.1 (3 200)
Separadas/viudas/ divorciadas	66.0 (238)	68.7 (288)	76.0 (247)
35-49 años	27.5 (2 556)	26.6 (2 812)	36.9 (2 469)
Solteras	58.6 (140)	65.4 (174)	65.3 (153)
Unidas	20.8 (2 077)	18.2 (2 258)	29.8 (1 989)
Separadas/viudas/ divorciadas	55.8 (339)	58.7 (380)	66.6 (327)

* Los números entre paréntesis corresponden al número absoluto de mujeres en cada casilla.

Fuentes: 1976, *Encuesta mexicana de fecundidad*; 1982, *Encuesta nacional demográfica*, muestra ponderada; 1987, *Encuesta nacional de fecundidad y salud*, muestra ponderada.

El aumento en la participación de las mujeres unidas en edad reproductiva nos lleva a retomar la amplia y compleja discusión sobre la interrelación entre fecundidad y trabajo. En muchas investigaciones se ha considerado importante establecer si la fecundidad condiciona el trabajo o viceversa, o si más bien ambos aspectos se condicionan mutuamente. Como sintetizamos en otro texto, muchos de los análisis recientes sobre el tema llegan a la conclusión de que es la fecundidad la que influencia la participación económica, y se destaca el efecto limitante del número de hijos sobre el tipo de trabajo que las mujeres desempeñan (véase Naciones Unidas, 1987; García y Oliveira, 1989).

El examen del cuadro II-4 reafirma, en primer lugar, la influencia inhibidora del número de hijos sobre el trabajo femenino: en los tres momentos analizados sobresale que las mujeres sin hijos participan más en el mercado de trabajo que las que tienen hijos; además, incrementan su presencia en dicho mercado para el conjunto del periodo considerado. No obstante, entre las mujeres con hijos también se observan importantes aumentos en la participación económica, aunque sus niveles permanezcan por debajo de las que no tienen. En un primer momento (1976-1982), se presenta un fuerte incremento en la participación económica de aquellas con uno y dos hijos, teniendo el menor de 0 a 3 años. En el segundo periodo (1982-1987), la elevación más notable tiene lugar entre las mujeres que tienen tres hijos y más, teniendo el menor de 0 a 3 años.

En países desarrollados como Estados Unidos, resulta claro que las mujeres con hijos pequeños también han incrementado notablemente su participación; pero su entrada al mercado de trabajo ha seguido ritmos distintos al reseñado. Como destacan Fox

Cuadro II-4
Tasas específicas de participación femenina por número y edad de los hijos (mujeres unidas de 20-49 años: 1976, 1982, 1987)

	Tasas de participación femenina					
Número y edad de los hijos	1976		1982		1987	
TOTAL	17.4	(5 208)*	21.3	(5 788)*	28.2	(5 188)*
Sin hijos	28.0	(379)	44.3	(379)	41.9	(338)
Con 1 y 2 hijos, el menor de 0-3 años	15.2	(999)	26.0	(1 065)	25.0	(1 057)
Con 1 y 2 hijos, el menor de 4 años y más	24.9	(374)	26.9	(727)	34.4	(799)
Con 3 hijos y más, el menor de 0-3 años	14.2	(2 332)	13.8	(1 806)	24.6	(1 458)
Con 3 hijos y más, el menor de 4 años y más	19.9	(1 124)	18.6	(1 802)	27.4	(1 536)

* Los números entre paréntesis corresponden al número absoluto de mujeres en cada casilla.
Fuentes: 1976, *Encuesta mundial de fecundidad*; 1982, *Encuesta nacional demográfica*, muestra ponderada; 1987, *Encuesta nacional de fecundidad y salud*, muestra ponderada.

y Hesse-Biber (1984), inicialmente, de los años cuarenta a los sesenta, entraron al mercado de trabajo las mujeres casadas de mayor edad, mientras que a partir de los sesenta ingresan las casadas jóvenes con hijos pequeños. Para otros países industrializados se han encontrado tendencias que apuntan en esta misma dirección (Roos, 1985).

Aunque el resultado final en México y en otras realidades nacionales sea un incremento en la participación económica de mujeres con hijos, conviene hacer hincapié en las diferentes situaciones sociales que le pueden haber dado origen. A diferencia de lo que sucede en algunos países desarrollados, en el nuestro no existen políticas públicas orientadas explícitamente a reclutar mujeres casadas para actividades específicas —como ha ocurrido en Suecia y Finlandia—; tampoco se han dado modificaciones importantes en la división del trabajo por géneros, ni ha habido un incremento considerable en la infraestructura de guarderías (véase Roos, 1985). En cambio, ocurrió en México un importante descenso de la fecundidad en el periodo señalado, el cual pudo haber liberado tiempo del usualmente dedicado a la crianza de los hijos. Este descenso está bien documentado en la literatura (Palma, 1988). Las prácticas de control natal han sido importantes en la explicación de la disminución de la fecundidad en el país. El porcentaje de mujeres unidas que los usan pasó de 30.2 a 44.7 entre 1976 y 1982, y se incrementó a 52.7 en 1987 (Bronfman, López y Tuirán, 1986; Cervantes y Sandoval, 1988).

El cambio en la conducta reproductiva se ha observado entre mujeres de diferentes edades, pero con intensidades distintas. Las de mediana edad (35-39 años) fueron las primeras en disminuir su fecundidad. La tasa específica para este grupo de edad presenta una reducción de 27.8% entre 1974 y 1978, y de 17.1 y 16.3% entre 1978-1982 y 1982-1986, respectivamente. Por su parte, las más jóvenes (15-19 años) bajan su fecundidad en un segundo momento: para este grupo la tasa específica descendió 35% entre 1978 y 1986, mientras que en los cuatro años anteriores había registrado un ligero aumento. Las mujeres en las edades de mayor reproducción (20-34) han presentado un menor descenso a lo largo del periodo analizado, sobre todo las de 20 a 24 años de edad (Palma, 1988).

Esta información, aunada a los datos analizados en este trabajo, nos permite cuestionar la posible influencia de la baja en la fecundidad sobre el incremento en la participación económica de las mujeres unidas. En primer término, tienen lugar aumentos importantes de participación en mujeres unidas jóvenes de 20 a 34 años, entre quienes se ha observado el menor descenso de la fecundidad. Recuérdese, además, que entre 1976 y 1982 aumenta notablemente la participación económica de mujeres con uno y dos hijos chicos. Estos hallazgos le restarían poder explicativo al posible impacto del control reproductivo sobre el aumento en la participación económica femenina. Sin embargo, se podría contraargumentar que entre 1982 y 1987 aumenta la presencia económica de las mujeres con tres hijos y más. Aunque ésta es una agrupación muy amplia, se podría conjeturar que en ella se ubican las mujeres que controlan su fecundidad, lo que les proporcionaría un apoyo para su entrada al mercado de trabajo. Pero aun contemplando esa situación, la presencia de los hijos ya nacidos, tres por lo menos, puede haber sido un factor más importante para explicar la mayor participación económica de las mujeres involucradas, sobre todo en condiciones económicas tan difíciles como las que se presentaron en el periodo 1982-1987.[5]

La recesión económica de la década de los ochenta se señala a menudo como un factor que ha incidido en el aumento reciente de la participación económica femenina, aunque ciertamente por motivos distintos a los observados en épocas de auge, en las que se ponía el acento en la modernización de la economía y la ampliación de ocupaciones femeninas. Indiscutiblemente, la fuerte contracción del salario ha hecho indispensable la obtención de varios ingresos para mantener una familia, elemento que posiblemente ha movilizado una oferta potencial de mano de obra constituida principalmente por mujeres unidas, las cuales salen al mercado en búsqueda de un trabajo o crean su propio empleo.

---

[5] Para un análisis más detallado de la relación entre fecundidad y participación laboral femenina en el periodo 1976-1987, véase Mier y Terán, 1994.

Escolaridad y participación económica

La escolaridad es un aspecto clave para entender la participación femenina y masculina en la fuerza de trabajo. Son suficientemente conocidos los argumentos y evidencias en torno a una mayor participación económica de la mujer con mayor escolaridad, debido a los requisitos cada vez más formales que impone el mercado de trabajo para el desempeño de distintos tipos de ocupaciones. Asimismo, por el lado de la oferta, se señala con frecuencia el cambio en valores y actitudes que desencadena el proceso de instrucción formal, el cual contribuye a romper las barreras tradicionales que impiden la incorporación femenina al mercado de trabajo.

La escolaridad de la población femenina en México ha experimentado importantes avances en el periodo estudiado. Las mujeres sin escolaridad o con primaria incompleta constituían la mitad de la población activa en 1976 y descendieron a 36% en 1987. En contrapartida, aquellas con secundaria aumentaron de 16 a 25% y las mujeres con preparatoria y más de 11 a 17% (cuadro II-5).

En lo que respecta a las tasas de participación por escolaridad, se tiene, de conformidad con la tendencia internacionalmente conocida, un aumento de la participación económica a medida que se incrementa el nivel de escolaridad en los tres años analizados (cuadro II-6). No obstante, se presentan diferencias importantes en la magnitud y dirección de las variaciones en las tasas para cada nivel.

En primer lugar, es relevante el aumento inesperado de la participación económica de las mujeres sin escolaridad o con primaria incompleta, de diferentes edades, en la década de los ochenta. Dicho aumento trae como consecuencia que en 1987 las tasas para este nivel de escolaridad se igualen con las de primaria completa. Esta tendencia probablemente tenga su origen en el deterioro de los niveles de vida en estos años, que ha hecho cada vez más necesario para la población de bajos ingresos la búsqueda y diversificación de las estrategias para sobrevivir. En segundo, la participación económica de las mujeres de mediana escolaridad, con al menos secundaria completa, que desempeñan las ocupaciones femeninas típicas de secretarias y oficinistas, acompaña nítidamente los cambios en las pautas de crecimiento económico en el

Cuadro II-5
Distribución de la población activa femenina según edad y escolaridad (20-49 años: 1976, 1982, 1987)

Edad y escolaridad	1976	1982	1987
TOTAL	100.0 (1 831)	99.9 (2 386)	100.0 (2 628)
Sin escolaridad y primaria incompleta	50.8	30.5	36.4
Al menos primaria completa	22.1	21.3	22.0
Al menos secundaria completa	15.7	36.7	24.6
Preparatoria y más	11.4	11.4	16.9
20-34 años	100.0 (1 130)	99.9 (1 647)	100.0 (1 715)
Sin escolaridad y primaria incompleta	37.5	22.0	28.6
Al menos primaria completa	27.0	22.0	22.2
Al menos secundaria completa	20.6	43.2	28.6
Preparatoria y más	14.8	12.7	20.6
35-49 años	100.0 (701)	99.9 (737)	100.0 (909)
Sin escolaridad y primaria incompleta	72.4	49.7	51.5
Al menos primaria completa	14.1	19.5	21.6
Al menos secundaria completa	7.8	22.2	17.0
Preparatoria y más	5.7	8.5	9.9

Fuentes: 1976, *Encuesta mexicana de fecundidad*; 1982, *Encuesta nacional demográfica*, muestra ponderada; 1987, *Encuesta nacional de fecundidad y salud*, muestra ponderada.

Cuadro II-6
Tasas específicas de participación femenina por edad y escolaridad (20-49 años: 1976, 1982, 1987)

Edad y escolaridad	Tasas de participación femenina		
	1976	1982	1987
TOTAL	26.9 (6 826)*	31.2 (7 654)*	37.4 (7 017)*
Sin escolaridad y primaria incompleta	21.5 (4 339)	18.9 (3 861)	31.6 (3 035)
Al menos primaria completa	27.8 (1 456)	30.6 (1 659)	30.9 (1 865)
Al menos secundaria completa	40.2 (717)	52.5 (1 670)	46.7 (1 384)
Preparatoria y más	66.2 (314)	59.7 (457)	60.9 (732)
20-34 años	26.5 (4 270)	33.9 (4 858)	37.8 (4 548)
Sin escolaridad y primaria incompleta	18.1 (2 354)	18.3 (1 982)	31.2 (1 571)
Al menos primaria completa	28.1 (1 090)	30.8 (1 178)	30.3 (1 257)
Al menos secundaria completa	40.9 (569)	54.0 (1 318)	44.7 (1 100)
Preparatoria y más	65.4 (257)	56.4 (373)	57.2 (620)
35-49 años	27.5 (2 556)	26.4 (2 796)	36.9 (2 469)
Sin escolaridad y primaria incompleta	25.6 (1 985)	19.5 (1 878)	31.9 (1 464)
Al menos primaria completa	27.0 (366)	30.0 (481)	32.3 (608)
Al menos secundaria completa	37.2 (148)	46.6 (353)	54.7 (284)
Preparatoria y más	70.2 (57)	74.6 (84)	80.9 (112)

* Los números entre paréntesis corresponden al número absoluto de mujeres en cada casilla.

Fuentes: 1976, *Encuesta mundial de fecundidad*; 1982, *Encuesta nacional demográfica*, muestra ponderada; 1987, *Encuesta nacional de fecundidad y salud*, muestra ponderada.

periodo analizado. Dicha participación se incrementa de manera importante en los años 1976-1982 y experimenta un descenso en 1982-1987.[6] Por último, cabe destacar el descenso y estancamiento a lo largo del periodo en los niveles de participación de los sectores de mayor escolaridad (preparatoria y más); sin embargo, es necesario aclarar que estos sectores ya han alcanzado niveles bastante elevados de participación económica (66 en 1976 y 61% en 1987).

Es importante aclarar que son las mujeres jóvenes (20-34 años) con mediana y alta escolaridad las que han enfrentado mayores dificultades para incrementar su presencia en el mercado de trabajo, en un contexto de crisis económica y contracción del empleo no manual. Éste es un dato que nos aparta visiblemente de otras realidades donde está suficientemente documentado que un nivel de escolaridad mayor se asocia a un nivel de participación elevado y creciente a lo largo del tiempo (véase Blau y Ferber, 1985, para el caso de Estados Unidos, por lo menos hasta mediados de los ochenta).

Para las mujeres de 35 años y más de mediana y alta escolaridad, se observa que los indicadores de participación crecen de manera sostenida entre 1976 y 1987. Esta tendencia es difícil de explicar. Lo más factible es que se deba a la mayor necesidad económica, a una etapa del ciclo vital en que los hijos ya se encuentran en edad escolar, a la preferencia que pueda darse a mujeres con experiencia laboral previa, o a la mayor prevalencia del autoempleo, aun entre mujeres más educadas.

---

[6] Es probable que el aumento de la participación en 1982 para las mujeres de "al menos secundaria completa" esté sobreestimado por los ajustes que tuvieron que realizarse para lograr una comparabilidad básica entre las tres encuestas. Al captar la escolaridad de las entrevistadas, en la END de 1982 se consideró la opción "otros estudios" de manera separada. Por considerar que "otros estudios" en el caso de la actividad femenina significa carreras cortas que sólo requieren mediana escolaridad, atribuimos el total de este rubro al renglón de "al menos secundaria completa". Éste es, por cierto, un procedimiento aproximado que no sustituye a la captación precisa del nivel de instrucción formal requerido para las carreras cortas, lo cual se hizo en las otras encuestas. En la ENFES de 1987, la distribución de los requisitos para las carreras cortas es como sigue: 39% requieren primaria, 57.2, secundaria y 3.7, preparatoria.

Consideraciones finales

El objetivo de este capítulo ha sido documentar las principales características de la participación femenina en el mercado de trabajo durante el periodo 1976-1987. Utilizamos como fuentes de información las encuestas de fecundidad, que ofrecen gran cantidad de datos sobre el mercado laboral en el nivel nacional, aunque sólo cubren un segmento específico de la población activa femenina: las mujeres en edad reproductiva. El panorama que nos permite configurar es internamente coherente y presenta asimismo puntos de contacto importantes con las demás fuentes de información existentes.

En el aumento reciente de la participación económica femenina en el país han tenido un lugar importante las mujeres de mayor edad, aquellas unidas con hijos, y las de más baja escolaridad. Se trata de sectores de mujeres que hasta los años setenta habían tenido escasa presencia en el mercado de trabajo mexicano. La creciente participación económica de mujeres con mayor carga familiar es un fenómeno conocido en los países más desarrollados; sin embargo, no es común que se incremente la participación económica de la población femenina menos calificada. Éste es, probablemente, un resultado atribuible a la crisis y restructuración económica de los años ochenta, pues la diversificación del uso de la fuerza de trabajo familiar entre los hogares menos privilegiados es un fenómeno documentado en situaciones como ésta. Entre los grupos que han enfrentado mayores problemas para mantener su ritmo de entrada al mercado de trabajo en la década de los ochenta, se encuentran las mujeres jóvenes con mediana y alta escolaridad. Por su parte, las mujeres mayores mejor calificadas han mantenido su presencia en el mercado en los años de crisis, tal vez por el reconocimiento de la importancia de su participación económica para mantener sus niveles de vida y el de sus familias.

III. INSERCIÓN LABORAL FEMENINA EN EL PERIODO 1976-1987

INTRODUCCIÓN

En este capítulo profundizamos en el estudio de los cambios ocurridos en la inserción laboral de las mujeres en años de crecimiento (1976-1982) y recesión de la economía mexicana (1982-1987).[1] Analizamos la presencia de las mujeres con diferentes características sociodemográficas (edad, escolaridad, estado civil, número y edad de los hijos) en actividades agrícolas y no agrícolas, manuales y no manuales, asalariadas y no asalariadas (por cuenta propia y familiares no remuneradas). Nuestro propósito es ubicar las principales transformaciones ocurridas en el mercado de trabajo femenino y analizar qué sectores de mujeres han contribuido con su presencia o ausencia, según el caso, a la expansión o contracción de diferentes sectores sociales. Para ello contamos con la información de las tres encuestas de fecundidad mencionadas en el capítulo II: la *Encuesta mexicana de fecundidad* de 1976, la *Encuesta nacional demográfica* de 1982,[2] y la *Encuesta nacional de fecundidad y salud* de 1987.

---

[1] Como mencionamos con anterioridad, en el inicio del periodo 1976-1982 se observaron los primeros síntomas de agotamiento del modelo de desarrollo mexicano puesto en práctica en las últimas décadas. Sin embargo, hacia el final de este lustro se dio un importante repunte de la actividad económica impulsado por el petróleo, de modo que nos referimos a estos años en conjunto como una etapa de crecimiento, en comparación con la crisis y restructuración que caracterizaron a los años ochenta.

[2] La información sobre ocupación de la END se refiere a 1981, el último año en que se dio un claro crecimiento del producto en el periodo que analizamos.

Cambios en la inserción económica femenina: 1976-1987

El acentuado incremento de la participación económica de las mujeres con baja escolaridad y casadas con hijos, en los años de crisis económica, ha estado acompañado de modificaciones importantes en las ocupaciones que se desempeñan. Veremos a continuación que las actividades menos privilegiadas como las agrícolas y las no asalariadas manuales (vendedoras ambulantes, prestadoras de servicios en pequeña escala) se han constituido en fuentes importantes de trabajo para amplios sectores de la población femenina, es decir, la fuerte contracción de las oportunidades de empleo asalariado en los años de crisis ha contribuido a la expansión del autoempleo, como ha sido también documentado en otros trabajos (Oliveira, 1989; Selby et al., 1990a; Chant, 1991; González de la Rocha y Escobar Latapí, 1991). Asimismo, muchas de las mujeres que han ingresado al mercado de trabajo no han podido desempeñar actividades asalariadas por no contar con la calificación adecuada o por la carga de trabajo doméstico existente en sus hogares. Para agregar nuevos elementos en la descripción e interpretación de las marcadas transformaciones del trabajo femenino ocurridas en el país en los años de crisis, presentamos las variaciones en la incorporación económica de las mujeres activas de 20 a 49 años en 1976, 1982 y 1987, y destacamos las diferencias por edad, niveles de escolaridad, estado civil y número y edad de los hijos.

Con la finalidad de comparar las diferentes encuestas, agrupamos en categorías amplias las variables de ocupación y posición en la ocupación, que combinadas conforman cuatro sectores de trabajadoras: agrícolas, no manuales, manuales no asalariadas y manuales asalariadas (en el apéndice I detallamos los procedimientos utilizados para obtener la comparabilidad básica entre las tres encuestas en lo que respecta a las variables de inserción laboral). Hemos diferenciado las actividades agrícolas de las no agrícolas. En países como México, los contrastes entre el campo y la ciudad constituyen una de las expresiones más patentes de la desigualdad social imperante. La actividad económica femenina, por lo general, es más elevada y se capta en forma más precisa en las ramas no agrícolas. En el campo, donde en muchos casos la unidad doméstica es a la vez la unidad de producción agrícola, se tiene más dificultad para diferenciar entre las actividades domésticas y las extradomésticas.[3] Entre las actividades no agrícolas separamos las no manuales de las manuales porque ha sido ampliamente documentado en la bibliografía sobre estratificación y desigualdad social, así como en trabajos anteriores nuestros, que ésta es una distinción básica que resume diferencias en cuanto a la calificación de la fuerza de trabajo, remuneraciones, niveles y estilos de vida (Muñoz, Oliveira y Stern, 1981; García, Muñoz y Oliveira, 1982). En las ocupaciones no manuales se incluye a las profesionistas y técnicas, administradoras y funcionarias superiores y medias, trabajadoras de oficina, comerciantes y vendedoras en establecimientos fijos. Las manuales, a su vez, comprenden a las comerciantes ambulantes, trabajadoras de la producción y los servicios, incluyendo a las empleadas domésticas. Las ocupaciones manuales han sido subsecuentemente divididas en asalariadas y no asalariadas, por la importancia que estas últimas han adquirido en el panorama nacional, especialmente en la década de los ochenta.

Las trabajadoras agrícolas

De acuerdo con las cifras de los censos de población de 1970 y 1980, el peso relativo de las trabajadoras agrícolas en la población activa femenina se ha incrementado ligeramente en el país de 9.5 a 11.1%. Estudios para algunas regiones en particular han confirmado este aumento durante la década pasada, aunque señalan con claridad que pudo haberse debido a un cambio en los criterios de captación censal del trabajo agrícola (García, 1984; Mummert, 1987).

La información proveniente de las encuestas de fecundidad pone de manifiesto que la presencia relativa de las mujeres en las actividades agrícolas desciende de manera importante desde 1976 hasta 1982; pero experimenta un pequeño aumento en el periodo

---

[3] Para una discusión sobre las dificultades de captación del trabajo femenino, véase Wainerman y Recchini de Lattes, 1981.

subsecuente que va desde 1982 hasta 1987.[4] Son las entrevistadas de mayor edad, sin escolaridad o con primaria incompleta, las unidas, y en forma especial aquellas con menos hijos, el menor de 0 a 3 años, las que mayormente incrementan su participación en las actividades agrícolas entre 1982 y 1987 (cuadro III-1).

Este incremento relativo se ha dado en un contexto de mayor utilización de la mano de obra femenina en el campo en general. De acuerdo con cifras presentadas por Rendón y Salas (1990), la tasa neta de participación femenina rural aumentó de 14.7 en 1979 a 31.3% en 1988. (Cálculos hechos por los autores a partir de los resultados de la ECSO de 1979 y de la ENEU de 1988). Tuñón, Riquer y Velázquez (1990) destacan las siguientes formas de diversificación del trabajo femenino en las áreas rurales:

a) incorporación de las mujeres jóvenes a las agroindustrias en regiones de agricultura de exportación o como obreras en los talleres de manufactura rural;

b) creciente participación de las mujeres casadas y con hijos en el trabajo a domicilio por subcontratación. Se trata de trabajo a destajo, mal pagado y sin protección laboral, y

c) feminización de la agricultura de minifundio. En muchos casos, las mujeres se han vuelto las principales responsables del cultivo de la parcela familiar, mientras que los demás integrantes de la familia venden su fuerza de trabajo, ya sea en el mercado local, regional o internacional.

Esta mayor presencia de las mujeres casadas con hijos en los mercados agrícolas apoya algunas hipótesis sobre cambios en la división de trabajo por género en épocas difíciles cuando las unidades domésticas agrícolas tienen que diversificar sus estrategias de sobrevivencia (Oliveira y Salles, 1989). Estudios para varios países del tercer mundo ilustran cómo la emigración masculina contribuye

[4] El incremento registrado en 1987 no parece ser resultado de una mejor captación de las actividades agrícolas en esta fecha. Al comparar las preguntas y los periodos de referencia utilizados en las encuestas de 1982 y 1987, todo parece indicar que la participación económica femenina podría haber sido mejor captada en 1982; aun bajo estas circunstancias se presentó el aumento señalado en 1987 (véase el apéndice I). Sin embargo, también habría que tener en cuenta una posible subestimación de la población agrícola en 1982, resultado del diseño muestral utilizado.

Cuadro III-1
Porcentaje de trabajadoras agrícolas por edad, escolaridad, estado civil, número y edad de los hijos[*]
(20-49 años: 1976, 1982 y 1987)

	1976	1982	1987
TOTAL	10.5	3.0	8.1
Edad			
20-34	7.3	3.2	8.0
35-49	15.5	2.5	8.2
Escolaridad			
Sin escolaridad y primaria incompleta	20.1	8.4	20.5
Cuando menos primaria completa	0.7	1.8	2.1
Cuando menos secundaria completa	0.3	-	0.5
Preparatoria y más	0.5	-	-
Estado civil			
Solteras	2.7	0.8	2.1
Unidas	17.5	4.2	12.3
Separadas/viudas/divorciadas	5.2	3.1	4.0
Número y edad de los hijos[**]			
Sin hijos	6.6	1.1	5.3
Con 1 y 2 hijos, el menor de 0-3 años	9.9	1.0	14.5
Con 1 y 2 hijos, el menor de 4 años y más	15.1	2.6	5.3
Con 3 hijos y más, el menor de 0-3 años	24.2	14.4	20.6
Con 3 hijos y más, el menor de 4 años y más	18.8	1.7	10.8

[*] En el cuadro III-5 presentamos los números absolutos utilizados en el cálculo de los porcentajes.
[**] Mujeres unidas de 20 a 49 años.
Fuentes: 1976, *Encuesta mexicana de fecundidad*; 1982, *Encuesta nacional demográfica*, muestra ponderada; 1987, *Encuesta nacional de fecundidad y salud*, muestra ponderada.

a aumentar la carga de trabajo de las mujeres (Simmons, 1984). En México, en los años ochenta, la mayor participación femenina en las parcelas ha producido una sobrecarga de trabajo para las campesinas, quienes tienen que realizar las tareas productivas y reproductivas (tareas domésticas y cuidado de los hijos) en condiciones de elevada precariedad de los servicios de infraestructura (Tuñón, Riquer y Velázquez, 1990 y Mummert, 1990).

Las trabajadoras no manuales

Tradicionalmente, las actividades no manuales de enfermeras, maestras, secretarias, vendedoras y trabajadoras de oficina en general, han concentrado a gran parte de la mano de obra femenina. En países desarrollados donde es posible construir series históricas confiables de diferenciación ocupacional entre hombres y mujeres, los estudios generalmente concluyen que han ocurrido sólo modestos avances en la modificación de la concentración señalada (véase Blau y Ferber, 1985).

Según datos censales, las actividades no manuales en 1970 agrupaban a 39.2% de la fuerza de trabajo femenina del país, y en 1979 la cifra subió a 50% (ECSO, 1979). La presencia relativa de las mujeres de 20 a 49 años en las actividades no manuales es creciente si observamos el conjunto del periodo 1976-1987. Asimismo, es claro que las solteras, jóvenes y con más escolaridad, desempeñaban en forma mayoritaria estas actividades, tanto en épocas de expansión económica (1976-1982), como en tiempos menos privilegiados (1982-1987) (cuadro III-2).

No obstante, hay diferencias importantes entre los dos subperiodos analizados que queremos destacar. Entre 1976 y 1982 la elevada demanda de mano de obra con alguna calificación contribuyó a que, además de las solteras, las unidas (especialmente aquellas con más hijos, el menor de 0 a 3 años) y las mujeres con uniones interrumpidas también elevaran su presencia relativa en las actividades no manuales. Esta tendencia se asocia a un aumento de las mujeres activas que por lo menos han cursado el ciclo medio o alguna carrera corta. Conviene recordar que el peso relativo de las mujeres con escolaridad media en la población activa se incre-

Cuadro III-2
Porcentaje de trabajadoras no manuales por edad, escolaridad, estado civil, número y edad de los hijos*
(20-49 años: 1976, 1982 y 1987)

	1976	1982	1987
TOTAL	47.9	60.7	53.1
Edad			
20-34	51.9	63.2	55.1
35-49	41.6	55.2	49.5
Escolaridad			
Sin escolaridad y primaria incompleta	22.1	23.6	20.4
Cuando menos primaria completa	54.4	49.9	43.8
Cuando menos secundaria completa	87.1	86.3	80.1
Preparatoria y más	96.6	97.4	96.4
Estado civil			
Solteras	57.2	70.9	68.2
Unidas	47.2	59.9	49.0
Separadas/viudas/divorciadas	33.8	47.6	39.7
*Número y edad de los hijos***			
Sin hijos	59.4	69.7	70.9
Con 1 y 2 hijos, el menor de 0-3 años	59.9	74.3	62.6
Con 1 y 2 hijos, el menor de 4 años y más	59.1	61.5	53.0
Con 3 hijos y más, el menor de 0-3 años	35.2	47.7	28.5
Con 3 hijos y más, el menor de 4 años y más	45.5	52.4	47.9

* En el cuadro III-5 presentamos los números absolutos utilizados en el cálculo de los porcentajes.
** Mujeres unidas de 20 a 49 años.
Fuentes: 1976, *Encuesta mexicana de fecundidad*; 1982, *Encuesta nacional demográfica*, muestra ponderada; 1987, *Encuesta nacional de fecundidad y salud*, muestra ponderada.

mentó notoriamente entre 1976 y 1982 (capítulo II). Este sector de la población femenina casi siempre cuenta con las credenciales mínimas para el desempeño de diferentes actividades no manuales.

Consideradas las ocupaciones no manuales de manera desglosada, el aumento entre 1976 y 1982 se debió, tanto al incremento de las profesionistas y técnicas, como al de las trabajadoras de oficina, contrario a la experiencia internacional reciente para los países de América Latina, en donde sólo estas últimas crecen de manera relevante (véase Anker y Hein, 1987). Esto demuestra logros importantes en la incorporación femenina al mercado de trabajo en los años de auge, aunque debemos aclarar que la concentración en las ocupaciones de enfermeras y maestras se mantiene aún muy elevada en esos años (información no presentada en los cuadros).

La situación es muy distinta entre 1982 y 1987. La presencia relativa de las trabajadoras no manuales en la población activa desciende de manera importante, y a dicho proceso contribuyen por igual las profesionales y técnicas y las trabajadoras de oficina. Las actividades no manuales pierden importancia relativa, sobre todo, entre las mujeres con escolaridad primaria y media, las unidas, aquellas con uniones interrumpidas, y las mujeres con más hijos, el menor de 0 a 3 años.[5] Este resultado apunta hacia un mayor credencialismo y hacia requisitos más rígidos de contratación de mano de obra en el mercado de trabajo en épocas de recesión. Por un lado, con un mismo nivel de escolaridad (mediano) las mujeres desempeñaban en menor medida actividades no manuales en 1987 que en 1982. Por otro lado, en 1987 las trabajadoras con mayores responsabilidades domésticas no tenían tanta cabida en el desempeño de actividades no manuales como en 1982.

---

[5] Resultados para 16 áreas metropolitanas del país también muestran una disminución de la participación femenina en actividades no manuales desde 1984 hasta 1987 (Oliveira, 1989).

Las trabajadoras manuales no asalariadas

Análisis sobre los cambios globales del mercado de trabajo indican que las actividades no asalariadas descendieron de manera sistemática y clara en el país hasta 1970, debido principalmente a lo ocurrido en el sector agrícola (García, 1988). La actividad no asalariada en las ramas no agrícolas se mantuvo constante o con ligeros aumentos en términos relativos hasta 1979; pero, a partir de entonces, los diversos estudios y la vivencia cotidiana nos indican que ha cobrado un auge especial en la década de los ochenta.[6] Los trabajadores por cuenta propia y familiares no remunerados representaban 14.8% de la población ocupada no agrícola en 1970, 17.9 en 1983 y 21.4 en 1988 (Rendón y Salas, 1990).[7] Datos sobre las principales áreas metropolitanas en el periodo 1983-1987 ponen de manifiesto que en el centro del país y en las regiones menos desarrolladas del sur y sureste, el número relativo de trabajadores por cuenta propia aumenta en mayor medida entre la población femenina que entre la masculina (Oliveira, 1989).

Las mujeres de 20 a 49 años redujeron su importancia relativa en las *actividades manuales no asalariadas* entre 1976 y 1982, y la aumentaron en forma no despreciable en el quinquenio siguiente al pasar de 7.6 a 18.5%. Todas las trabajadoras con distintos niveles de escolaridad participaron de este aumento relativo de las actividades manuales no asalariadas desde 1982 hasta 1987, especialmente aquellas con escolaridad mínima. También lo hicieron de manera relevante las unidas (en particular aquellas con más hijos, el menor de 0 a 3 años) y las separadas, divorciadas y viudas. Conviene subrayar, además, que todas estas mujeres por lo general desempeñan mayor cantidad relativa de actividades no asalariadas en el conjunto del periodo analizado (cuadro III-3).

---

[6] Véase García, 1988; Oliveira, 1989; Pedrero, 1990; Oliveira y García, 1990; Selby *et al.*, 1990; Chant, 1991; González de la Rocha y Escobar Latapí, 1991; Rendón y Salas, 1992.
[7] Las cifras de 1970 son de STYPS/PREALC/PNUD (1975); las de 1983 son de la *Encuesta nacional de ingreso-gasto*, y las de 1988 de la *Encuesta nacional de empleo*.

Cuadro III-3
Porcentaje de trabajadoras manuales no asalariadas por edad, escolaridad, estado civil, número y edad de los hijos*
(20-49 años: 1976, 1982 y 1987)

	1976	1982	1987
TOTAL	14.5	7.6	18.5
Edad			
20-34	10.8	5.3	15.7
35-49	20.4	12.8	24.0
Escolaridad			
Sin escolaridad y primaria incompleta	22.6	19.4	35.5
Cuando menos primaria completa	10.6	4.5	17.5
Cuando menos secundaria completa	3.5	1.8	6.0
Preparatoria y más	0.9	0.5	1.3
Estado civil			
Solteras	4.3	2.7	6.0
Unidas	19.7	9.8	23.5
Separadas/viudas /divorciadas	17.9	9.5	24.2
Número y edad de los hijos **			
Sin hijos	10.4	3.4	14.0
Con 1 y 2 hijos, el menor de 0-3 años	13.2	4.2	14.4
Con 1 y 2 hijos, el menor de 4 años y más	17.2	5.5	17.6
Con 3 hijos y más, el menor de 0-3 años	25.5	11.1	35.2
Con 3 hijos y más, el menor de 4 años y más	21.0	17.2	26.2

* En el cuadro III-5 presentamos los números absolutos utilizados en el cálculo de los porcentajes.
** Mujeres unidas de 20 a 49 años.
Fuentes: 1976, *Encuesta mexicana de fecundidad*; 1982, *Encuesta nacional demográfica*, muestra ponderada; 1987, *Encuesta nacional de fecundidad y salud*, muestra ponderada.

El desglose de las *actividades manuales por cuenta propia* pone de manifiesto que durante los años de recesión se ampliaron, por un lado, las actividades de autoempleo vinculadas directamente con la mayor pobreza relativa de los hogares. Éste es, probablemente, el caso de gran parte de las vendedoras ambulantes que prácticamente doblaron su peso relativo desde 1982 hasta 1987 y es uno de los efectos más visibles de la crisis de los años ochenta. Por el otro lado, se encuentran las actividades de producción por cuenta propia que, al igual que las de venta ambulante, duplicaron su importancia relativa en los ochenta (información de la END y ENFES, no presentada en los cuadros). Es posible pensar que la expansión de estas últimas actividades no es el resultado exclusivo de la reactivación de mecanismos de subsistencia por parte de las familias; puede vincularse con procesos más amplios de subcontratación del trabajo a domicilio por parte de empresas o talleres industriales (Benería y Roldán, 1987; Arias, 1988). Estos resultados reafirman la heterogeneidad ampliamente documentada del sector de trabajadores por cuenta propia, retomada por algunos autores al hablar de la informalización de la economía.[8]

Las trabajadoras manuales asalariadas

Las ocupaciones manuales asalariadas son muy heterogéneas; incluyen trabajadoras de los servicios y de la producción. Estudios para varios países de América Latina destacan que, en las últimas dos décadas, la presencia femenina en las actividades manuales de los servicios va en descenso, mientras que en las actividades manuales asalariadas en la producción, la tendencia varía por países. En la mayoría de los casos analizados ha tenido lugar una caída de la participación de las mujeres en la producción, debido a la importancia cada vez más reducida de las industrias intensivas en mano de obra; mientras que en otros, entre los cuales se ubica México, se han registrado incrementos en dicha participación

---

[8] Véase Escobar Latapí, 1986; Tokman, 1987; Portes y Benton, 1984; Roberts, 1987; García, 1988; Portes, Castells y Benton 1989, entre otros.

sobre todo en las industrias electrónicas, del vestido y del calzado que se instalan en las zonas de procesamiento de exportaciones (Anker y Hein, 1987; UNCTAD, 1983).[9] Otros trabajos para México también muestran un ligero incremento de las mujeres en las actividades asalariadas industriales desde 1970 hasta 1979 (García, 1988).

La información de las encuestas que analizamos indica que la participación femenina en las *actividades manuales asalariadas* se modificó en forma importante en los años ochenta, y varía de acuerdo con la edad, escolaridad y responsabilidades familiares. Entre 1976 y 1982, las trabajadoras con mayor edad, baja escolaridad y unidas, aumentaron considerablemente su presencia relativa en el mercado de trabajo asalariado manual. En cambio, entre 1982 y 1987, estos mismos sectores de mujeres disminuyeron su presencia económica en forma marcada (cuadro III-4). La reducción en el caso de las mujeres de baja escolaridad, aunada al incremento entre las de escolaridad media, reafirma la hipótesis de un aumento del credencialismo, esto es, la preferencia por parte de los empleadores de mano de obra joven y con más escolaridad. Por su parte, la disminución de la presencia económica de las mujeres unidas (41% desde 1982 hasta 1987) también es un indicador de una situación económica más competitiva, ya que estas mujeres están en desventaja frente a otras que no tienen responsabilidades familiares, esto es, son más vulnerables a las fluctuaciones del mercado de trabajo en años recientes. Únicamente las mujeres cuyas características se acercan a los requisitos establecidos en el mercado de trabajo —las solteras y de mayor escolaridad relativa— cuentan con las condiciones para mantenerse en puestos asalariados, aunque sean manuales (cuadro III-4). Esto es una consecuencia directa de la mayor restricción del mercado de trabajo a mediados de los ochenta.

Al desglosar las *ocupaciones manuales asalariadas* encontramos distinciones importantes entre actividades industriales y diferentes tipos de servicios. Según nuestra información —no presentada en los cuadros— solamente las actividades asalariadas manuales *en los servicios no domésticos* mantuvieron sus niveles de incorporación de mano de obra. Este resultado apunta en la misma dirección de otros

---

[9] Para un análisis de la participación de las mujeres en la industria maquiladora en México, véase Iglesias, 1985; Carrillo y Hernández, 1985; Barajas y Rodríguez, 1989.

Cuadro III-4
**Porcentaje de trabajadoras manuales asalariadas por edad, escolaridad, estado civil, número y edad de los hijos*
(20-49 años: 1976, 1982 y 1987)**

	1976	1982	1987
TOTAL	27.1	28.1	20.3
Edad			
20-34	30.3	28.2	21.3
35-49	22.4	27.9	18.3
Escolaridad			
Sin escolaridad y primaria incompleta	35.2	47.2	23.6
Cuando menos primaria completa	34.2	43.4	36.6
Cuando menos secundaria completa	9.0	11.5	13.4
Preparatoria y más	1.9	2.0	2.2
Estado civil			
Solteras	35.4	25.3	23.8
Unidas	15.6	25.9	15.2
Separadas/viudas/divorciadas	42.8	37.7	32.2
*Número y edad de los hijos***			
Sin hijos	23.6	25.8	9.7
Con 1 y 2 hijos, el menor de 0-3 años	17.1	20.5	8.4
Con 1 y 2 hijos, el menor de 4 años y más	8.6	29.7	24.2
Con 3 hijos y más, el menor de 0-3 años	15.2	26.6	15.6
Con 3 hijos y más, el menor de 4 años y más	14.3	28.1	15.2

* En el cuadro III-5 presentamos los números absolutos, utilizados en el cálculo de los porcentajes.
** Mujeres unidas de 20 a 49 años.
Fuentes: 1976, *Encuesta mexicana de fecundidad*; 1982, *Encuesta nacional demográfica*, muestra ponderada; 1987, *Encuesta nacional de fecundidad y salud*, muestra ponderada.

Cuadro III-5
Números absolutos de mujeres activas según grupos de edad, escolaridad, estado civil y número y edad de los hijos (20-49 años: 1976, 1982 y 1987)

	1976	1982	1987
TOTAL	1831	2386	2628
Edad			
20-34	1 130	1 648	1 715
35-49	701	738	909
Escolaridad			
Sin escolaridad y primaria incompleta	931	729	956
Cuando menos primaria completa	404	508	577
Cuando menos secundaria completa	288	876	647
Preparatoria y más	208	273	445
Estado civil			
Solteras	582	799	760
Unidas	904	1 231	1 460
Separadas/viudas/divorciadas	345	421	405
Número y edad de los hijos[*]			
Sin hijos	106	168	142
Con 1 y 2 hijos, el menor de 0-3 años	152	277	264
Con 1 y 2 hijos, el menor de 4 años y más	93	196	275
Con 3 hijos y más, el menor de 0-3 años	330	250	359
Con 3 hijos y más, el menor de 4 años y más	224	334	421

[*] Mujeres unidas de 20 a 49 años.

Fuentes: 1976, *Encuesta mexicana de fecundidad*; 1982, *Encuesta nacional demográfica*, muestra ponderada; 1987, *Encuesta nacional de fecundidad y salud*, muestra ponderada.

trabajos que señalan la transferencia de las inversiones hacia las ramas más modernas del sector terciario durante la crisis (Rendón y Salas, 1992). En cambio, las oportunidades de *empleo doméstico* disminuyeron: en el periodo 1982-1987, el porcentaje de mujeres dedicadas a esa actividad bajó de 11.4 a 7.5% entre la población de 20 a 49 años de edad. Datos para las principales áreas metropolitanas del país muestran, incluso, una disminución en números absolutos de trabajadoras domésticas asalariadas en los ochenta (Pedrero, 1990). Tal parece que entre los mecanismos utilizados por las familias de clase media para reducir sus gastos en las épocas difíciles, estaría la no contratación de empleadas domésticas (De Barbieri y Oliveira, 1986; González de la Rocha, 1992).

En lo que respecta a las actividades manuales asalariadas *en la producción*, también se dio un descenso considerable en el periodo 1982-1987 (de 10.3 a 5.2%). A diferencia de otras ocasiones, en este caso no encontramos respaldo para esta tendencia en otras fuentes de información. La industria nacional se contrajo en forma importante en los años ochenta; pero las actividades orientadas a la exportación han mostrado dinamismo y han creado oportunidades de trabajo para la población femenina. Análisis de los censos económicos que captan la industria formalmente establecida reportan un aumento en el renglón de mujeres obreras entre 1980 y 1985, lo cual es explicado por la expansión de la industria maquiladora (Rendón, 1990). Asimismo, se han observado aumentos en la participación femenina en la industria manufacturera en varias ciudades mexicanas (Chihuahua, Tampico y Torreón en el norte del país; Guadalajara y León en la región centro; y las fronterizas con los Estados Unidos; véase Cruz y Zenteno, 1987; Oliveira, 1989; Pedrero, 1990). La discrepancia entre las distintas fuentes puede deberse al hecho de que los incrementos en la industria establecida se han concentrado regionalmente y, por lo tanto, no son de suficiente envergadura para establecer una tendencia nacional. Tampoco habría que descartar diferencias entre los marcos muestrales utilizados por los diferentes tipos de encuestas.

Consideraciones finales

El objetivo de este capítulo ha sido documentar las principales modificaciones en la inserción laboral de mujeres desde 20 hasta 49 años de edad con distintas características en años de crecimiento y crisis económica en México: 1976-1982 y 1982-1987. Vimos que la contracción de las oportunidades de empleo asalariado en los años de recesión, aunada a los cambios en las características de la mano de obra femenina y a la existencia de requisitos más rígidos para su contratación, ha producido transformaciones importantes en la inserción laboral de las mujeres.

Se pudo nítidamente comprobar que, entre 1982 y 1987, las actividades manuales no asalariadas aumentan en términos relativos a expensas de las manuales asalariadas y las no manuales en general. Se podría argumentar que la renovada presencia de las actividades por cuenta propia en el país es un fenómeno coyuntural, y que la salarización de la mano de obra retomará su ritmo de crecimiento con la reactivación de la economía. Sin embargo, aun en este caso, es posible esperar un aumento de las actividades por cuenta propia a corto y mediano plazos, resultante de la creciente oferta de mano de obra que no encuentra o no quiere desempeñar ocupaciones asalariadas. La disponibilidad de mano de obra en México seguirá en aumento por diferentes razones: la inercia demográfica, el rezago en la creación de empleos en los últimos años y la distribución regresiva del ingreso. Asimismo, factores adicionales como el posible aumento de la edad a la unión conyugal y el descenso reciente en los niveles de fecundidad pueden contribuir en un futuro próximo al incremento aún mayor de la oferta de mano de obra femenina. Otro aspecto crucial que llevaría a la ampliación del trabajo por cuenta propia y a la mayor incorporación de mujeres a la actividad económica sería el aumento y dispersión hacia varias regiones del país de las prácticas empresariales de subcontratación de las actividades intensivas en mano de obra, tan conocidas en el occidente de México para abaratar los costos de producción. Tampoco hay que descartar la puesta en marcha por parte del Estado de políticas específicas de creación de actividades por cuenta propia, para enfrentar los problemas de empleo en el país en el corto y mediano plazos (Oliveira y García, 1990).

El panorama de contracción y mayor credencialismo del mercado de trabajo asalariado también se pudo delinear con claridad al observar la evolución de las actividades no manuales. Por una parte, con un mismo nivel (mediano) de escolaridad se desempeñan en menor medida actividades no manuales en 1987 que en 1982; por la otra, las mujeres con mayores responsabilidades domésticas no tenían tanta cabida en estas actividades en el segundo momento como en el primero.

En suma, hay más mujeres que desempeñan actividades extradomésticas; pero, durante los años de crisis, la importancia relativa de las ocupaciones más calificadas y con mayor seguridad laboral disminuye en forma acentuada. Además, en México, al igual que en otros países de América Latina, paralelamente al incremento de la participación de las mujeres casadas con hijos en la actividad económica, no se han producido modificaciones importantes en la división del trabajo por géneros en los hogares, ni ha habido un aumento significativo en el número de guarderías.[10] Como consecuencia de estos hechos, la carga de trabajo de las mujeres se acrecienta y, frente a la falta de apoyo institucional para el cuidado adecuado de los hijos, las mujeres que trabajan por necesidad económica aceptan realizar actividades eventuales, de tiempo parcial o se dedican a las ocupaciones no asalariadas como una estrategia de acomodo del trabajo extradoméstico a sus responsabilidades socialmente asignadas de esposas, madres y amas de casa. Todo lo anterior contribuye a reforzar la situación desventajosa de la población femenina en el mercado de trabajo.

---

[10] Datos para la ciudad de México indican que las guarderías de los gobiernos federal y municipal atienden a 60 000 niños entre 45 días y 6 años de edad. Esta cifra representa menos de 12% de los niños de las madres trabajadoras, quienes son las usuarias potenciales del servicio de guarderías (Tolbert, 1990).

IV. RECESIÓN ECONÓMICA Y CAMBIO EN LOS DETERMINANTES DEL TRABAJO FEMENINO

Introducción

En los capítulos precedentes exploramos el incremento en la actividad económica femenina en el periodo 1976-1987 y las transformaciones que tuvieron lugar en ese lapso en la inserción laboral de las mujeres mexicanas. En este capítulo nos interesa especificar los cambios en los condicionantes del trabajo femenino en diferentes sectores sociales. En este caso utilizamos la inserción económica de los jefes de hogar para identificar la pertenencia del conjunto de mujeres (económicamente activas e inactivas) a dichos sectores sociales. Nos interesa efectuar comparaciones entre 1987, un año importante de la recesión de los años ochenta, y 1982, momento que marca el fin de la expansión económica.[1] La estrategia metodológica elegida considera a los sectores sociales como subpoblaciones, en cuyo interior es posible esperar diferentes efectos de los condicionantes individuales o familiares del trabajo femenino en los dos momentos estudiados. La END y la ENFES constituyen nuestras fuentes de información básica.[2]

En el siguiente apartado reflexionamos primero en torno al papel teórico y metodológico otorgado a los sectores sociales en nuestro estudio. En seguida presentamos la información analizada

---

[1] La tasa de crecimiento del PIB en México en el periodo 1978-1981 todavía alcanzó tasas anuales por encima del 8%. Por lo que toca a 1987, conviene recordar las altas tasas de inflación que se registraron ese año; asimismo, aunque el producto tuvo una leve recuperación en ese momento, si se toma el periodo 1982-1988 en su conjunto, su crecimiento fue negativo (-0.2%) (Acosta Díaz, 1991; Garza, 1992; CEPAL, 1990).

[2] Aunque la END fue levantada en 1982, ya hemos planteado que la información sobre actividad económica femenina se refiere al año anterior de 1981. Fue imposible realizar el mismo análisis por sector social para 1976 por la falta de comparabilidad de los datos.

mediante el empleo de modelos de regresión logística para los distintos grupos en 1982 y 1987. La regresión logística es la herramienta estadística adecuada cuando la variable dependiente es conceptuada en términos dicotómicos (trabajo-no trabajo), especialmente cuando su probabilidad media difiere de 0.5 (véase Hanushek y Jackson, 1977; Christenson, García y Oliveira, 1989 y la nota estadística al final de este capítulo).

ACERCA DE LOS SECTORES SOCIALES

Tenemos especial interés en conocer los condicionantes del trabajo femenino en diferentes sectores de la sociedad y en qué medida han variado en el tiempo. Escogimos esta estrategia porque consideramos que los condicionantes del comportamiento sociodemográfico deben buscarse, no sólo en el individuo, sino también en diferentes niveles de la realidad que condicionan la acción individual.

Como ya adelantamos, identificamos el *status* socioeconómico o grupo social de pertenencia de las mujeres haciendo referencia a la inserción laboral del jefe del hogar.[3] En muchas investigaciones, la ocupación de los jefes de hogar es considerada como una variable adicional a la escolaridad, en la búsqueda de explicaciones a los comportamientos sociodemográficos. Como gran parte de las diferencias entre grupos sociales se expresan en un acceso desigual a las oportunidades educativas, al controlar el efecto de la escolaridad se minimiza la importancia del *status* socioeconómico. Por ello en este trabajo utilizamos una estrategia metodológica distinta: los grupos de mujeres divididos según la inserción económica del jefe del hogar son considerados como subpoblaciones, dentro de las cuales es posible esperar influencias diferenciales de la escolaridad y otros condicionantes del trabajo femenino.[4]

---

[3] En este capítulo nos referimos a los hogares con jefes hombres, que son la gran mayoría de los incluidos en las encuestas.

[4] Una estrategia análoga en el estudio de factores que influyen en la fecundidad es utilizada por Naciones Unidas (1987) en donde se definen subpoblaciones de países de acuerdo con sus niveles de desarrollo. También es posible plantear

Resulta importante aclarar que no buscamos nexos causales directos entre pertenencia de grupo y distintas modalidades de trabajo femenino. Nuestro objetivo es ilustrar la manera en que la desigualdad en condiciones objetivas de vida puede implicar opciones y oportunidades diferentes, y de esa manera moldean los comportamientos estudiados (véase. Przeworski, 1982). Por esto resulta necesario tener en cuenta el efecto de diferentes características tales como la edad, la escolaridad, la zona de residencia, el estado civil y el número y edad de los hijos en la especificación de diferentes pautas de trabajo femenino dentro de cada subpoblación. Estos factores se conciben como mediaciones entre las condiciones materiales de existencia y el trabajo extradoméstico de las mujeres. De ese modo queda claro que no buscamos atribuir mecánicamente las diferencias encontradas a la pertenencia de grupo en detrimento de otros factores considerados relevantes. El objetivo es ver cómo se conjuga el efecto de distintos aspectos condicionantes en los diferentes grupos sociales.

La inserción económica del jefe del hogar se refiere al esposo o padre (END), o a la persona de la cual dependen económicamente las entrevistadas (ENFES). Al igual que en el capítulo III, inicialmente diferenciamos entre grupos socioeconómicos agrícolas y no agrícolas, una división básica en México en términos de niveles de vida de la población involucrada, vistos mediante indicadores tales como escolaridad, ingreso monetario, acceso a servicios de salud y comunicaciones. Así por ejemplo, en 1987, 80.8% de los jefes agrícolas, frente a 35% aproximadamente de los no agrícolas, no alcanzaron a completar la educación primaria (ENFES, 1987). Entre los grupos no agrícolas también hemos considerado a los sectores no manuales, que, por lo general, abarcan amplios segmentos de las llamadas clases medias, y a los sectores manuales, que más bien se acercan a los grupos populares urbanos. Estos últimos han sido subsecuentemente divididos en asalariados y no asalariados.

Los sectores medios, definidos a partir de la ocupación no manual de los jefes, generalmente son más privilegiados en térmi-

---

modelos jerarquizados que contemplen el efecto del *status* socioeconómico sobre la escolaridad y de ambos sobre los comportamientos sociodemográficos. Véase Rodríguez y Cleland, 1980.

nos de niveles educativos y de ingreso. Se trata de profesionistas, técnicos, maestros, funcionarios administrativos, funcionarios de oficina de distintos niveles, que en conjunto habían alcanzado en los dos momentos el nivel de secundaria y más, en aproximadamente 60% de los casos (ENFES, 1987 y END, 1982).

Los jefes manuales asalariados desempeñan ocupaciones tales como obreros, mecánicos, trabajadores de oficios diversos, choferes y prestadores de distintos tipos de servicios. Es posible esperar que aquí se ubiquen los trabajadores más afectados por la crisis de los años ochenta, debido a que dependen en importante medida de un salario con un descenso impresionante en sus posibilidades de compra. En este sector, 44% en 1987 y 50% en 1982 no lograron completar la primaria; sólo una quinta parte aproximadamente logró alcanzar niveles de secundaria completa y más en las dos encuestas (ENFES, 1987 y END, 1982). Por su parte, los jefes manuales no asalariados, aunque desempeñen el mismo tipo de ocupaciones, no poseen en principio acceso a contratos de trabajo y prestaciones sociales; sin embargo, también es cierto que se trata de un sector mucho más heterogéneo: reúne a grupos altamente empobrecidos que crean su propio empleo como estrategia de sobrevivencia y a otros más privilegiados que cuentan con cierto margen de maniobra frente a la crisis, al poder manipular los precios de los productos que elaboran y servicios que prestan dentro de los límites impuestos por el mercado. Entre ellos, aproximadamente la mitad no contaba con primaria completa y sólo una quinta parte alcanzó la educación media y superior en los dos momentos (ENFES, 1987 y END, 1982).

El estudio del comportamiento sociodemográfico de diferentes grupos sociales ha sido siempre una línea de interés para los investigadores latinoamericanos. Respecto a fuerza de trabajo, algunos antecedentes previos en el caso mexicano se encuentran en un estudio que efectuamos para la ciudad de México en 1970, y en otro llevado a cabo para el conjunto de las áreas rurales del país en 1981 (véase García, Muñoz y Oliveira, 1982, y Zúñiga *et al.*, 1986). Estos dos trabajos están más bien orientados a establecer diferentes pautas de trabajo juvenil, femenino y niveles de fecundidad por grupos sociales y tipos de hogares. En el estudio de la ciudad de México se encontró que el carácter de trabajador no manual, manual asalariado y manual por cuenta propia del jefe daba cuenta de variaciones importantes en la participación de las mujeres en el mercado de trabajo. Las tasas de participación femenina en unidades domésticas de jefes no manuales y manuales por cuenta propia eran, en ese entonces, considerablemente más elevadas que en los hogares de asalariados manuales, sobre todo en los nucleares de ciclo vital joven. En el estudio para las áreas rurales, las tasas de participación femenina favorecían a los hogares de jefes campesinos y por cuenta propia frente a los asalariados. A partir de estos resultados es posible pensar que la presencia de una unidad económica familiar de corte campesino, comercial u otra, favorece la integración de las mujeres al mercado de trabajo; sin embargo, la influencia positiva de la escolaridad también se aprecia en la mayor participación económica de mujeres de sectores medios. En todo caso, resulta de primera importancia analizar las transformaciones que se puedan presentar en etapas de cambio económico pronunciado como la que nos ocupa en este trabajo.

El trabajo femenino en diferentes sectores sociales en 1982 y 1987

En los cuadros IV-1 y IV-2 presentamos los porcentajes de mujeres que trabajan en distintos sectores sociales para 1982 y 1987 según diferentes características. Incluimos aspectos contextuales como el lugar de residencia; individuales, como la edad y la escolaridad, e indicadores indirectos de las responsabilidades familiares como son el estado civil y el número y edad de los hijos. A partir de estos cuadros también es posible apreciar incrementos notorios en la actividad femenina en casi todos los grupos sociales. Sin embargo, lo que interesa analizar en este capítulo es el conjunto de factores asociados a un determinado nivel de participación en los distintos sectores y años.

Los datos que se presentan en los cuadros IV-1 y IV-2 constituyen la información básica de los modelos logísticos (véase la nota estadística al final de este capítulo, en donde se especifica la forma algebraica de estos modelos y los criterios estadísticos para evaluar los ajustes que se llevan a cabo). Se ensayaron dos tipos de modelo para cada sector y año y los ajustes de ambos se comparan en el cuadro IV-3. El

Cuadro IV-1
Porcentaje de mujeres que trabajan según sector social y características individuales y familiares (1982)

	Agrícolas	No manuales	Manuales No asalariados	Manuales Asalariados
TOTAL	*19.0* (1 035)	*35.2* (2 755)*	*27.7* (958)*	*26.7* (4 670)*
Edad				
15-19	21.2 (267)	16.4 (577)	15.9 (231)	22.7 (1 022)
20-24	22.3 (165)	46.4 (631)	41.0 (164)	33.7 (912)
25-29	23.0 (159)	48.5 (452)	37.6 (124)	24.5 (779)
30-34	11.3 (114)	39.5 (365)	29.1 (126)	25.9 (698)
35-39	14.2 (125)	30.5 (287)	25.3 (142)	29.0 (500)
40-44	18.1 (92)	28.0 (267)	23.0 (99)	24.9 (455)
45-49	17.3 (113)	31.8 (177)	26.4 (72)	25.1 (304)
Escolaridad				
Sin escolaridad y primaria incompleta	14.6 (753)	17.5 (621)	18.7 (421)	20.0 (2 153)
Cuando menos primaria completa	20.2 (159)	28.0 (686)	25.1 (228)	26.6 (1 231)
Cuando menos secundaria completa	40.5 (92)	43.7 (1 035)	32.8 (245)	38.2 (1 080)
Preparatoria y más	44.0 (20)	51.6 (344)	76.9 (53)	42.9 (122)
Estado civil				
Solteras	28.0 (337)	36.2 (850)	38.1 (325)	36.4 (1 157)
Unidas	11.1 (619)	31.0 (1 745)	17.5 (572)	19.2 (3 160)
Separadas/viudas/divorciadas	43.1 (79)	76.9 (156)	69.7 (59)	63.4 (342)
Número y edad de los hijos				
Sin hijos	26.6 (376)	39.4 (1 056)	34.9 (360)	36.1 (1 407)
Con 1 y 2 hijos, el menor de 0-3 años	17.0 (104)	38.7 (507)	19.1 (108)	20.9 (735)
Con 1 y 2 hijos, el menor de 4 años y más	23.3 (94)	45.1 (302)	44.5 (65)	36.7 (507)
Con 3 hijos y más, el menor de 0-3 años	10.9 (251)	22.2 (390)	19.4 (195)	15.1 (952)
Con 3 hijos y más, el menor de 4 años y más	12.3 (205)	27.1 (498)	22.5 (229)	23.9 (1 066)
Lugar de residencia				
Rural	17.6 (944)	28.5 (1 049)	18.4 (407)	21.5 (1 854)
Urbano	33.8 (91)	39.3 (1 706)	34.5 (551)	30.0 (2 817)

* Números absolutos.
Fuente: 1982, *Encuesta nacional demográfica*, muestra ponderada.

Cuadro IV-2
Porcentaje de mujeres que trabajan según sector social y características individuales y familiares (1987)

	Agrícolas		No manuales		Manuales No asalariados		Asalariados	
TOTAL	27.7 (2 104)*		40.1 (2 605)*		35.2 (1 131)*		29.2 (2 968)*	
Edad								
15-19	26.3	(517)	15.9	(514)	25.8	(318)	20.0	(726)
20-24	31.4	(327)	41.3	(470)	34.4	(185)	28.4	(602)
25-29	24.0	(343)	47.5	(482)	41.7	(164)	30.7	(530)
30-34	27.9	(276)	49.2	(448)	34.3	(154)	42.7	(380)
35-39	30.4	(240)	51.3	(350)	45.3	(103)	35.5	(289)
40-44	32.3	(211)	41.6	(214)	47.8	(121)	30.8	(240)
45-49	22.9	(190)	40.5	(127)	30.6	(86)	24.9	(201)
Escolaridad								
Sin escolaridad y primaria incompleta	30.3	(1 423)	39.1	(305)	41.2	(433)	25.9	(1 004)
Cuando menos primaria completa	19.7	(423)	30.3	(738)	26.0	(356)	26.8	(1 041)
Cuando menos secundaria completa	23.4	(223)	38.3	(1 025)	35.0	(249)	33.2	(763)
Preparatoria y más	47.4	(35)	57.7	(537)	42.6	(93)	47.4	(160)
Estado civil								
Solteras	32.0	(593)	36.9	(814)	34.3	(446)	39.0	(846)
Unidas	23.5	(1 398)	36.9	(1 596)	32.4	(621)	20.4	(1 894)
Separadas/viudas/divorciadas	57.5	(112)	80.1	(195)	68.4	(63)	67.1	(226)
Número y edad de los hijos								
Sin hijos	30.7	(684)	39.0	(973)	35.8	(479)	35.4	(1 025)
Con 1 y 2, el menor de 0-3 años	29.9	(273)	32.4	(463)	26.1	(118)	16.2	(557)
Con 1 y 2, el menor de 4 años y más	36.3	(150)	51.1	(459)	46.0	(121)	42.9	(375)
Con 3 hijos y más, el menor de 0-3 años	23.6	(544)	38.2	(273)	32.5	(176)	19.7	(463)
Con 3 hijos y más, el menor de 4 años y más	23.9	(452)	40.7	(437)	34.7	(238)	29.7	(547)
Lugar de residencia								
Rural	26.3	(1 880)	36.4	(442)	30.6	(367)	21.4	(860)
Urbano	39.6	(224)	40.9	(2 163)	37.3	(764)	32.5	(2 108)

* Números absolutos.
Fuente: 1987, *Encuesta nacional de fecundidad y salud*, muestra ponderada.

Cuadro IV-3
Comparación de ajustes entre diferentes modelos de regresión logística para la participación económica femenina por sectores sociales

1982

	Agrícolas	No manuales	Manuales No asalariados	Asalariados
L^2 Modelo I*	907.98	3 106.74	976.36	5 143.62
L^2 Modelo II**	854.94	2 964.16	863.06	4 689.06
L^2I - L^2II	53.04ª	142.58ª	113.30ª	454.56ª
Diferencia en grados de libertad	6	6	6	6

1987

	Agrícolas	No manuales	Manuales No asalariados	Asalariados
L^2 Modelo I*	2 414.70	3 209.88	1 410.06	3 403.36
L^2 Modelo II**	2 331.58	3 018.90	1 350.00	3 022.34
L^2I - L^2II	83.12ª	190.98ª	60.06ª	381.02ª
Diferencia en grados de libertad	6	6	6	6

* L^2 Modelo I = −2 (logaritmo de verosimilitud) en el modelo I. Dicho modelo comprende las variales: lugar de residencia, edad y escolaridad.
** L^2 Modelo II = −2 (logaritmo de verosimilitud) en el modelo II. Además de las variables del modelo I, el modelo II comprende el estado civil y el número y edad de los hijos.
ª Significativa con 99% de confianza.
Fuentes: 1982, *Encuesta nacional demográfica*; 1987, *Encuesta nacional de fecundidad y salud*, muestras ponderadas.

modelo tipo I se restringe a la consideración de los factores contextuales e individuales (lugar de residencia, edad y escolaridad); el modelo tipo II evalúa la pertinencia de incluir los indicadores de responsabilidades familiares (estado civil y número y edad de los hijos). En todos los casos se obtiene un mejor ajuste mediante este último procedimiento, razón por la cual en los cuadros IV-4 y IV-5 sólo se presentan los coeficientes de los modelos tipo II.[5]

Para efectuar una lectura correcta de los cuadros IV-4 y IV-5 conviene tener presente que los modelos de regresión logística predicen logaritmos de momio (logitos) y no probabilidades. A fin de facilitar el análisis, establecimos como referencia una de las categorías de cada variable independiente y comparamos con ésta los valores de las demás. Por ejemplo, la categoría de referencia en la variable edad es el grupo 35-39 (categoría omitida); los coeficientes que se muestran en los cuadros IV-4 y IV-5 indican la diferencia, significativa o no desde el punto de vista estadístico, entre la participación económica de las mujeres de ese grupo y las de otras edades. Es importante subrayar que cada vez que destacamos el papel de una variable, el efecto de las demás está controlado.[6]

---

[5] Estudios similares al nuestro que ajustan modelos de regresión logística para el trabajo femenino en México en diferentes momentos históricos, sistemáticamente reafirman la pertinencia del estado civil. El número y la edad, o la presencia de los hijos, puede presentar resultados en distintas direcciones, lo cual muestra que es imposible atribuirle un sentido único en relación con la participación económica femenina. Véase Myung-Hye, 1987; Rubin-Kurtzman, 1991b.

[6] En el análisis que sigue se destacan los principales resultados referidos a la edad, escolaridad, estado civil y número y edad de los hijos. El lugar de residencia no presenta variaciones importantes.

Cuadro IV-4
Coeficientes de regresión logística de la participación femenina en distintos sectores sociales (Modelo II) (1982)

	Agrícolas	No manuales	Manuales No asalariados	Asalariados
Edad				
15-19	-.587	-2.265*	-2.781*	-1.575*
20-24	-.105	-.199	-1.037*	-.302
25-29	.459	.279	-.037	-.301
30-34	-.528	.191	-.267	-.132
35-39**	—	—	—	—
40-44	-.291	-.025	-.194	-.330
45-49	-.102	.077	-.437	-.391
Escolaridad				
Sin escolaridad y primaria incompleta	-.871*	-1.169*	-.364	-.745*
Cuando menos primaria completa	-.689	-.639*	-.131	-.476*
Cuando menos secundaria completa**	—	—	—	—
Preparatoria y más	.249	.020	1.679*	-.178
Estado civil				
Solteras	.996	.415	1.923*	.558*
Unidas**	—	—	—	—
Separadas/viudas/divorciadas	1.788*	-.936*	2.649*	1.994*
Número y edad de los hijos				
Sin hijos**	—	—	—	—
Con 1 y 2 hijos, el menor de 0-3 años	-.428	-.072	-.436	-.911*
Con 1 y 2 hijos, el menor de 4 años y más	-.147	-.155	-.475	-.469*
Con 3 hijos y más, el menor de 0-3 años	-.346	-.902*	-.303	-1.271*
Con 3 hijos y más, el menor de 4 años y más	-.326	-.642*	-.446	-.896*
Lugar de residencia				
Rural**	—	—	—	—
Urbano	.513	-.029	.636*	.248*
Constante	-1.088	.992	-1.098	.093
Logaritmo de verosimilitud	-427.469	-1 482.080	-431.535	-2 344.534

* Coeficiente significativo P < .01.
** Categoría de referencia omitida en los modelos.
Fuente: 1982, *Encuesta nacional demográfica*, muestra ponderada.

Cuadro IV-5
Coeficientes de regresión logística de la participación femenina en distintos sectores sociales (Modelo II) (1987)

	Agrícolas	No manuales	Manuales	
			No asalariados	Asalariados
Edad				
15-19	-.641*	-2.525*	-1.737*	-2.011*
20-24	-.246	-1.023*	-1.053*	-.774*
25-29	-.366	-.422*	-.166	-.250
30-34	-.079	-.071	-.325	.469
35-39**	—	—	—	—
40-44	-.008	-.306	-.109	-.380
45-49	-.545	-.341	-1.152*	-.949*
Escolaridad				
Sin escolaridad y primaria incompleta	.847*	-.255	.357	-.141
Cuando menos primaria completa	-.001	-.548*	-.422	-.181
Cuando menos secundaria completa**	—	—	—	—
Preparatoria y más	.831	.585*	-.100	.020
Estado civil				
Solteras	.933*	.512*	.206	1.681*
Unidas**	—	—	—	—
Separadas/viudas/divorciadas	1.333*	1.938*	1.407*	1.990*
Número y edad de los hijos				
Sin hijos**	—	—	—	—
Con 1 y 2 hijos, el menor 0-3 años	.267	-.673*	-.923*	-.517
Con 1 y 2 hijos, el menor de 4 años y más	.204	-.514*	-.690	.147
Con 3 hijos y más, el menor de 0-3 años	-.213	-.703*	-1.300*	-.629*
Con 3 hijos y más, el menor de 4 años y más	-.316	-.701*	-1.189*	-.068
Lugar de residencia				
Rural**	—	—	—	—
Urbano	.489*	-.076	.375	.414*
Constante	-1.606	.572	.374	-.952
Logaritmo de verosimilitud	-1 165.787	-1 509.449	-675.000	-1 511.169

* Coeficiente significativo P < .01.
** Categoría de referencia omitida en los modelos.
Fuente: 1987, *Encuesta nacional de fecundidad*, muestra ponderada.

La mayor propensión a trabajar de las mujeres adultas

Como está ampliamente documentado, la edad de la mujer, por lo general, se encuentra relacionada con las responsabilidades familiares y por lo tanto con su participación en el mercado de trabajo. En México y otros países de América Latina en las décadas de los sesenta y setenta, el mayor nivel de participación femenina todavía se alcanzaba en el grupo de edad 20-24 (véase García, 1975; Negrete, 1988; Christenson, García y Oliveira, 1989; Infante y Klein, 1991, y el capítulo II). No obstante, la comparación de la información de encuestas disponible para el periodo 1976-1987 sugiere que este patrón se ha modificado para fines de la década pasada con el aumento en la participación económica de las mujeres de 25 años y más (véase el capítulo II).

Cuando se controlan diversas variables que influyen en la participación por edad (modelos presentados en los cuadros IV-4 y IV-5), se confirma en términos generales la creciente importancia de las mujeres de 25 años y más en el mercado de trabajo. En 1982 estas mujeres presentaban igual propensión a trabajar que las de 20 a 24 años, en casi todos los grupos. En 1987, las mujeres de 25-44 años tienen mayor presencia económica que las de 20-24 o 15-19, en las tres subpoblaciones no agrícolas. Este cambio puede ser el resultado de la combinación de tres procesos, por lo menos:

a) es posible que las mujeres que entraron en edad joven al mercado de trabajo en años anteriores no se hayan retirado al unirse como solían hacerlo en décadas pasadas;

b) con la contracción del salario real, un número más elevado de mujeres mayores empezaron a trabajar en actividades extradomésticas, como por cuenta propia, para obtener recursos adicionales, y

c) las mujeres jóvenes pueden haber reducido el ritmo de incremento de su participación en el mercado, como resultado de la reducción en las oportunidades de empleos asalariados que se ha registrado en el país en años recientes.

Variaciones en la importancia de la escolaridad

Los análisis que consideran a la población femenina en su conjunto encuentran, por lo general, que a mayor escolaridad mayor participación económica femenina (véase el capítulo II). La importancia de la escolaridad como factor que propicia el trabajo extradoméstico femenino se fundamenta, tanto en aspectos vinculados con las aspiraciones de superación, la búsqueda de independencia económica y la realización personal, como en factores relativos a la operación de los mercados de trabajo. Se argumenta que la probabilidad de participación económica femenina se incrementa con los niveles de escolaridad, porque con la urbanización y la diversificación de la estructura ocupacional, las oportunidades de empleo y retribuciones son mejores para la población más calificada. No obstante, conviene hacer notar que no todos los sectores sociales comparten igualitariamente las oportunidades educativas.

En 1982, la relación entre escolaridad y trabajo no presenta sorpresas: en todos los sectores analizados, a mayor escolaridad correspondía una mayor propensión a trabajar. Entre las mujeres de familias agrícolas, el contar cuando menos con primaria completa ya implicaba mayor participación; para las mujeres de sectores medios y sectores manuales asalariados esto ocurría con una escolaridad equivalente a, cuando menos, secundaria completa. Por último, entre las mujeres de ubicación popular no asalariada, la mayor propensión a trabajar se hacía significativa a partir de preparatoria completa por lo menos. En 1987, la situación es distinta: únicamente para las mujeres de sectores medios, un nivel de escolaridad de preparatoria o más se traduce en mayor participación económica frente a las mujeres que tienen secundaria cuando menos.

Para las mujeres de familias agrícolas, el efecto de la escolaridad sobre el trabajo puede incluso llegar a ser negativo en algunos casos: las entrevistadas con primaria incompleta tienen mayor propensión a participar económicamente que aquellas con secundaria. Probablemente, se trata de mujeres que no contaron con recursos para estudiar y desempeñan actividades agrícolas por cuenta propia y trabajos manuales que no requieren de educación formal, tales como los servicios domésticos remunerados.

Entre las mujeres de los sectores populares —asalariados y no asalariados— no hay diferencias significativas en la propensión a trabajar a medida que aumenta la escolaridad. Esto es, en todos los niveles de educación formal se registra una presencia femenina equiparable en la actividad económica.

Estos hallazgos sugieren que la fuerte crisis económica por la que atraviesa el país ha vuelto más complejas las relaciones entre escolaridad y trabajo. Por un lado, la escolaridad entre los sectores no agrícolas más necesitados pierde importancia como factor explicativo de la condición de actividad. La propensión a trabajar de las mujeres de los sectores populares se asocia con la necesidad de obtención de ingresos monetarios para compensar los bajos salarios de los demás miembros de la familia, de manera independiente de los niveles de escolaridad. Por otro lado, entre los sectores medios, una elevada escolaridad contribuye significativamente a aumentar la propensión a trabajar de mujeres que pueden competir por los escasos puestos disponibles en los mercados de trabajo urbanos. Estos resultados apoyan la argumentación de que en situaciones particulares, de acuerdo con el tamaño y naturaleza del mercado de trabajo y a los ritmos de crecimiento de la economía, la relación entre nivel educativo y participación económica femenina puede asumir distintas modalidades (Wainerman y Recchini de Lattes, 1981).

El papel del estado civil

Está suficientemente documentado para América Latina que, para el conjunto de la población, las mujeres casadas presentan menor participación en actividades extradomésticas en comparación con las solteras, viudas, divorciadas y separadas (véase el capítulo II). Los argumentos explicativos son conocidos: la mayor carga de trabajo doméstico y los obstáculos existentes para la contratación de mujeres con responsabilidades familiares. Lo novedoso sobre el tema son los hallazgos de estudios recientes que ponen de manifiesto un incremento en la participación de las mujeres casadas en la economía de México y de otros países de América Latina, al igual que lo ocurrido en décadas anteriores en los países desarrollados

(Wainerman y Recchini de Lattes, 1981; Recchini de Lattes, 1983; Pedrero y Rendón, 1982; Blau y Ferber, 1985). Los resultados de los modelos logísticos nos permiten señalar que, a pesar del aumento registrado a lo largo del tiempo en la participación de las mujeres casadas, éstas todavía presentan, en términos generales, menor propensión a trabajar en actividades extradomésticas que las solteras. Por su parte, las viudas, divorciadas y separadas se caracterizan generalmente por una mayor presencia económica.

Algunas situaciones no se ajustan a este patrón general. Éste es el caso de las mujeres casadas de *sectores no manuales* en 1982 que presentaban igual propensión a trabajar que las solteras y mayor que las separadas, viudas y divorciadas; en 1987, sin embargo, se comportan de acuerdo con el patrón general, esto es, menor presencia económica que las no unidas. Los elementos explicativos de este cambio en los sectores medios habría que buscarlos, en parte, en la modificación de la dinámica del mercado de trabajo ocurrida en los años ochenta. Al inicio del periodo, años de expansión de la economía, hubo una elevada demanda de mano de obra con calificación para actividades no manuales que permitió que, además de las solteras, las mujeres unidas con escolaridad elevada también desempeñaran en forma creciente estas actividades. En años de recesión económica, en un contexto de contracción del empleo no manual, la situación cambia, y a las mujeres unidas de sectores medios se les dificulta mantener los altos niveles de participación registrados en años de auge de la economía.

En el caso de las mujeres casadas de *sectores manuales no asalariados*, la situación es distinta. En años de expansión, siguen la pauta general: menor presencia en el mercado de trabajo que las no unidas. Sin embargo, para finales de los ochenta (1987) trabajan en igual medida que las solteras, aunque menos que las viudas y separadas. Este cambio puede ser una consecuencia de la crisis económica en dos sentidos. Por un lado, se puede conjeturar que, frente a la contracción del empleo asalariado, estas mujeres tienen mayores posibilidades de conseguir trabajo en el "negocio" familiar;[7] por el otro, la participación de la mujer casada

---

[7] Según información de la ENFES, 53% de estas mujeres trabaja en actividades no asalariadas.

como mano de obra familiar se hace más importante para las empresas familiares en épocas difíciles, cuando seguramente otros miembros de la familia salen al mercado en la búsqueda de salarios complementarios.

La presencia y edad de los hijos

Como ya establecimos en los capítulos anteriores, la interrelación entre fecundidad y trabajo ha recibido atención creciente en la sociodemografía. Constituye un aspecto central de este campo de estudio deslindar la dirección y el sentido de la asociación, es decir, establecer si la fecundidad condiciona el trabajo o viceversa, con base en fuentes adecuadas de recolección de información y análisis estadístico. Tampoco se descarta, por supuesto, el estudio del condicionamiento mutuo (véase el capítulo II; Naciones Unidas, 1987; García y Oliveira, 1989).

A nosotras nos interesa explorar la influencia del número de hijos tenidos sobre la participación económica actual. En la literatura sobre el tema se pone de relieve la complejidad de esta relación, y es común llegar a la conclusión de que los resultados no apuntan siempre hacia la misma dirección. En algunos casos se establece la asociación negativa esperada; pero en otros no se encuentra ninguna relación o ésta es positiva en algunos sectores sociales (Standing, 1978; Wainerman y Recchini de Latter, 1981). En México hemos tenido oportunidad de constatar en análisis multivariados la existencia de una asociación negativa entre el número de hijos y el trabajo extradoméstico en 1982, para la población total de mujeres de 15 a 49 años (Christenson, García y Oliveira, 1989).[8]

Ahora, al comparar 1982 y 1987, encontramos diferencias importantes entre sectores sociales. Entre los *sectores agrícolas*, las mujeres con hijos, chicos o no, presentan igual propensión a trabajar que las sin hijos, tanto en periodos de auge, como de recesión

---

[8] Otros análisis que profundizan en el tema para México utilizando diferentes herramientas estadísticas multivariadas son: Smith, 1981; Zazueta, 1981; Wong y Levine, 1988.

económica. Este resultado no es sorprendente, pues es conocido que, en las áreas rurales, en muchos casos la separación entre la casa y el lugar de trabajo no es tan marcada, y las mujeres desempeñan ocupaciones que les permiten al mismo tiempo el cuidado de los hijos. En efecto, la información de la ENFES indica que en 1987 las mujeres de sectores agrícolas con hijos desempeñaban ocupaciones agrícolas y no asalariadas en 74% de los casos.

Para los sectores no agrícolas han ocurrido modificaciones importantes en el periodo analizado. Para unos, *sectores medios y manuales no asalariados*, el efecto inhibidor del número y edad de los hijos sobre el trabajo extradoméstico se incrementó con el agravamiento de la crisis económica; mientras que para *los sectores manuales asalariados* hubo una reducción del papel limitante de los hijos sobre el trabajo femenino. Vale la pena detenernos en los diferentes cambios registrados.

En 1982, las *mujeres de sectores medios* con uno y dos hijos, independientemente del estado civil y de los demás rasgos considerados, tenían igual presencia en el mercado de trabajo que las sin hijos, y solamente aquellas con tres hijos y más se caracterizaban por menor actividad económica. Entre las mujeres de *sectores manuales no asalariados*, en la misma época, existía igual propensión a trabajar sin importar el número y edad de los hijos.

En 1987 el panorama es otro: la propensión a trabajar de las mujeres con hijos de los *sectores medios y manuales no asalariados* se reduce significativamente. Conforme a los argumentos arriba señalados, es posible ofrecer una interpretación más coherente para lo que sucede con los *sectores medios*. Al reducirse la demanda por profesionales, técnicos y empleados de oficina, es probable que las mujeres unidas y con hijos chicos hayan sido las más afectadas. La contracción del empleo, aunado al mayor credencialismo, contribuye a que las mujeres más vulnerables, en este caso las unidas con hijos chicos, tengan mayor dificultad para mantener sus empleos o entrar a trabajar. El descenso correspondiente a los sectores *manuales no asalariados* es inesperado y no concuerda con las hipótesis avanzadas con anterioridad. Éste es un grupo muy heterogéneo y con un número de casos más reducido que los demás, lo cual puede dar cuenta de las fluctuaciones que se presentan.

Por último, el resultado encontrado para *los sectores manuales asalariados* llama poderosamente la atención. En los años de auge económico, la sola presencia de hijos en la casa contribuía a reducir la propensión a trabajar en forma significativa, seguramente, debido a que el salario de los miembros que trabajaban alcanzaba para mantener los niveles de vida familiar, y las mujeres con hijos participaban en la reproducción cotidiana del hogar con su trabajo doméstico. Nuestro estudio previo para la ciudad de México en momentos de expansión económica (1970) apuntaba en la misma dirección: las esposas de los jefes manuales asalariados con hijos chicos presentaban una de las más bajas tasas de participación económica (García, Muñoz y Oliveira, 1982). Ahora, a fines de los ochenta (1987), con la fuerte reducción de los salarios y la mayor necesidad de que la población femenina complemente los ingresos familiares, encontramos que solamente tienen menor presencia económica las mujeres con las responsabilidades familiares más acentuadas: aquellas con tres hijos y más, el menor de 0 a 3 años. Las demás mujeres de sectores asalariados manuales con hijos, chicos o no, tienen igual presencia en el mercado de trabajo que las sin hijos.

Según datos de la ENFES, las mujeres con hijos que pertenecen a los *sectores manuales asalariados*, recurren a diferentes estrategias en su trabajo extradoméstico en 1987: unas desempeñan ocupaciones no asalariadas (25%); esta actividad se ejerce de tiempo parcial, y les permite hacerse cargo de los hijos mientras trabajan, en un número importante de situaciones. Otras, al igual que el jefe de sus hogares, son trabajadoras asalariadas (35%); estas mujeres ejercen su actividad en mayor medida de tiempo completo, y cuentan de manera importante con la ayuda de familiares o instituciones para el cuidado de sus hijos. Por último, otras más desempeñan puestos no manuales (37%) y cuentan también muchas veces con ayuda familiar o institucional, sus hijos ya crecieron o no requieren cuidados especiales.

Consideraciones finales

La información que proporcionan las encuestas de fecundidad analizadas (END y ENFES) apunta a transformaciones importantes en los condicionantes del trabajo femenino hacia finales de los años ochenta en los diferentes sectores sociales. En cuanto al papel de la escolaridad apuntamos que, entre los sectores menos privilegiados, la crisis contribuyó al incremento de la presencia económica de las mujeres con baja escolaridad y, por ende, llevó a modificar el papel de la educación formal en la participación en el mercado de trabajo. También llama la atención que las mujeres casadas en situaciones particulares tengan igual presencia económica que las solteras, como encontramos entre las mujeres de sectores medios en 1982. En este caso, la fuerte expansión de las ocupaciones no manuales, ocurrida hasta los años ochenta, puede explicar la importante entrada de las mujeres casadas en los mercados de trabajo en el periodo mencionado.

Sobresale además la constatación de que la presencia y la edad de los hijos cumple un papel condicionador del trabajo femenino distinto por sector social en épocas de expansión y de crisis económica. En situaciones particulares, la influencia de los hijos sobre el trabajo femenino, al igual que la del estado civil, depende de la dinámica del mercado de trabajo. Éste es el caso, por ejemplo, de lo ocurrido entre los sectores medios en los años de expansión, cuando incluso las mujeres con hijos chicos tenían igual presencia en el mercado de trabajo que las sin hijos. Mientras que en los años de crisis, entre los sectores sociales mencionados, la contracción de los empleos femeninos no manuales llevó a reducir el trabajo de las mujeres con hijos frente a las sin hijos.

En otras situaciones, aun cuando el mercado de trabajo se contrae, las necesidades económicas apremiantes contribuyen a modificar la influencia que ejercen los hijos sobre el trabajo femenino extradoméstico. Esto ha ocurrido en 1987 entre los sectores manuales asalariados, donde tradicionalmente los hijos eran un factor altamente limitante de la participación femenina extradoméstica. En vista de las carencias que enfrenta la gran mayoría de la población de este sector de trabajadores urbanos, encontramos que los hijos en gran parte de los casos perdieron su papel inhibidor del trabajo extradoméstico de las mujeres. Ante este hallazgo, más bien habría que pensar en sentido contrario y plantear que la presencia de los hijos es la que lleva a las mujeres a poner en marcha estrategias generadoras de ingreso, a la par que estrategias para su cuidado, y el desempeño de las tareas domésticas.

Estamos, pues, frente a transformaciones importantes, motivadas probablemente por la recesión económica; pero también por las modificaciones ocurridas en el largo plazo en lo que toca a la escolaridad y las pautas de comportamiento menos tradicionales de la población femenina. Sus consecuencias sobre diversos órdenes de la sociedad, pero, ante todo, sobre la condición de subordinación que caracteriza a la mujer mexicana, serán objeto de estudio en la segunda parte del libro.

NOTA ESTADÍSTICA

La regresión logística es un caso especial de los modelos loglineales donde se especifica una variable dependiente. Este tipo de análisis de regresión está especialmente indicado cuando dicha variable dependiente se expresa en términos dicotómicos (trabajar-no trabajar, como en este estudio), porque se ha demostrado que en este caso la regresión ordinaria de mínimos cuadrados es inapropiada.

El modelo de regresión logística se expresa como sigue:
$\log P/(1-P) = Bx$
$(P/1-P)$ es una razón denominada "momio", donde P varía de 0 a 1 y representa a la proporción de mujeres que trabajan. B representa, a su vez, a un vector de coeficientes que corresponde a una constante y a un conjunto de variables independientes. No existen términos de error, porque se supone que el modelo es determinístico.

Los coeficientes de la regresión logística se estiman usando el método de máxima verosimilitud. Mediante dicho método, se busca iterativamente entre los valores posibles de los parámetros y se pretende encontrar los indicadores más probables dada una distribución conjunta de los resultados en la muestra. El proceso iterativo continúa hasta que una diferencia arbitrariamente pequeña entre el estimador presente y el previo es alcanzada. En el presente estudio se utilizó el paquete estadístico Stata para realizar las estimaciones.

El indicador de verosimilitud (L^2), que puede ser utilizado para comparar los ajustes de varios modelos de regresión logística, está dado por:

$$L^2 = -2 \log L,$$

donde L es el valor de la función de verosimilitud dado un conjunto de parámetros. Mientras que L^2 no se distribuye como ji-cuadrada, las diferencias entre dos modelos sí siguen una distribución de ji-cuadrada en muestras grandes. Para mayores detalles sobre el ajuste de regresiones logísticas en el estudio del trabajo femenino en México, véase Myung-Hye, 1987; Christenson, García y Oliveira, 1989; Rubin-Kurtzman, 1991b; Cortés, 1992.

SEGUNDA PARTE

V. EL SIGNIFICADO DEL TRABAJO FEMENINO EN SECTORES MEDIOS Y POPULARES URBANOS

Introducción

La participación femenina en el mercado de trabajo mexicano en los años ochenta tiene un nuevo perfil. Son las mujeres mayores de 25 años, las de menor escolaridad, las casadas y aquellas con hijos las que más han incrementado su participación económica. Asimismo, son los trabajos por cuenta propia menos calificados los que más ganaron presencia en la estructura ocupacional femenina en la última década. Desde esta perspectiva, se ha podido afirmar que las mujeres han ampliado su participación en el mercado de trabajo para contribuir a la satisfacción de las necesidades básicas de sus hogares (Selva, 1985; Cortés, 1988; Pacheco, 1988; González de la Rocha, 1989; Oliveira, 1989; Pedrero, 1990).

Los planteamientos anteriores han sido hechos con base en información recolectada en encuestas de ocupación y encuestas de fecundidad, como vimos en los capítulos precedentes. Es conocido que este tipo de datos permite delinear las tendencias básicas en el mercado de trabajo y puntualizar los factores socioeconómicos asociados. Sin embargo, a partir de ellos resulta difícil conocer cómo viven los sujetos sociales concretos las transformaciones señaladas. ¿Perciben las mujeres casadas su participación económica como un fenómeno creciente en el largo plazo, o más bien piensan que se trata de una respuesta femenina coyuntural frente al deterioro del salario del marido? ¿Consideran las mujeres como legítimo el papel más activo que desempeñan en el mercado de trabajo? ¿Llevan a cabo actividades extradomésticas siempre como resultado de las necesidades familiares, o hay lugar para metas personales, para una trayectoria de vida propia? Es importante también conocer las modificaciones concretas que tienen lugar en las funciones tradicionales como madre y esposa y las repercusiones de estos cambios sobre la vida familiar. ¿Cuál es la respuesta del marido frente al trabajo de la esposa? ¿Se enfrentan conflictos y tensiones familiares ante los cambios en la organización de la vida cotidiana? ¿Defienden las mujeres su derecho a trabajar? La respuesta a estas y otras preguntas nos permitiría entender más cabalmente el sentido de los cambios que están ocurriendo en el mercado de trabajo, y visualizar mejor las posibles tendencias futuras del trabajo femenino extradoméstico.

El objetivo de este capítulo es precisamente profundizar en los distintos significados que las mujeres casadas o unidas de sectores medios y populares urbanos atribuyen a la actividad económica. La fuente de información es una serie de entrevistas en profundidad realizadas en tres ciudades del país: Tijuana, Mérida y la ciudad de México (Delegación Iztapalapa). Para la presentación de nuestros hallazgos hemos recurrido a la elaboración de *tipos* que buscan rescatar la diversidad encontrada en los proyectos de vida de las mujeres, haciendo hincapié en las percepciones y grados de compromiso frente al trabajo extradoméstico.

En la siguiente sección presentamos algunos antecedentes sobre el estudio del significado del trabajo femenino. En seguida describimos algunas características de las mujeres seleccionadas, de las ciudades elegidas, y de los instrumentos utilizados para las entrevistas. Posteriormente presentamos los diferentes *tipos de vivencias* del trabajo que han tenido las mujeres de los sectores medios y populares urbanos que analizamos. En la elaboración de cada tipo especificamos, además de los aspectos señalados de percepciones básicas y grados de compromiso con el trabajo, las ocupaciones que desempeñan las mujeres, las condiciones laborales que han enfrentado, las elecciones o imposiciones que han tenido lugar en la vida de trabajo, la relación del trabajo femenino y el masculino en el interior de la unidad doméstica, las tensiones o conflictos generados y las relaciones más globales entre la actividad económica, la maternidad y el cuidado de los hijos.

Estudios sobre el significado del trabajo femenino. Algunos antecedentes

Algunos autores establecen de manera clara que la participación económica femenina en diversos sectores sociales responde a lógicas distintas. Arriagada, en su estudio sobre el trabajo femenino en América Latina, ha sintetizado estos argumentos planteando una lógica de determinación, la cual obliga a mujeres de ingresos bajos a trabajar, y una lógica de opción, que se aplicaría en el caso de las mujeres con ingresos más altos, quienes buscarían además del ingreso una forma de realización personal (véase Arriagada, 1990). Otras autoras y autores plantean un escenario más rico en matices sobre el significado del trabajo femenino en distintos sectores sociales. De Barbieri (1984) señala que las obreras y empleadas entrevistadas en la ciudad de México a fines de los setenta consideraban que el trabajo remunerado no era una actividad obligatoria para la mujer, a no ser cuando el esposo no proveía los recursos económicos necesarios para la familia por muerte, enfermedad o abandono. Por lo general, las entrevistadas percibían su actividad remunerada como una "ayuda" a la economía familiar. No obstante, en los sectores medios se consideraba que el trabajo traía cierta independencia económica, que era una forma de relacionarse con otras personas y de desarrollar las capacidades personales. La mayoría de estas entrevistadas obtenía —en principio— la realización personal por medio del trabajo remunerado. Para algunas, lo importante era realizar actividades que las sacaran de las tareas y preocupaciones domésticas. Para otras, la realización consistía en lograr una adecuación entre las expectativas y los logros que se obtenían con el trabajo extradoméstico. En palabras de la autora, la actividad económica aparecía como una recompensa por haber realizado el trabajo doméstico que era obligatorio y sin retribución.

Bilac (1990), en su estudio sobre trabajadoras manuales en el estado de São Paulo en Brasil, también plantea que la relación mujer-trabajo remunerado no se construye de manera legítima en los sectores menos privilegiados. El trabajo fabril es visto como "sacrificio"; el trabajo a domicilio para producir bienes y servicios para el mercado es considerado como una "distracción", y apenas el trabajo de las mujeres profesionistas, las patronas de estas mujeres y las maestras de sus hijos, es evaluado como "premio", pues sólo en este caso se considera apropiado el trabajo no doméstico para la mujer.

Aunque en las investigaciones mencionadas encontramos numerosos elementos que distinguirían el significado del trabajo en sectores medios y populares urbanos, también otros análisis dejan claro que la conexión entre situación socioeconómica y actitud frente al trabajo no es tan nítida. En estudios como los de Gerson (1985) y Valdés (1989) realizados en Estados Unidos y Chile, se caracterizan situaciones de permanencia y cambio, tanto en sectores medios, como en las clases trabajadoras. Se documentan los papeles femeninos tradicionales y también casos en los cuales las mujeres son sujetos autónomos, con un plan consciente de desarrollo más allá de la maternidad. Éste puede ser de vida en pareja, desarrollo profesional, participación política y social o desarrollo artístico. En estas situaciones, el compromiso con una actividad extradoméstica puede significar para las mujeres el cuestionamiento de la subordinación y la búsqueda de espacios propios.

También se ha encontrado en México que mujeres de los sectores populares que trabajan por necesidad atribuyen a su actividad extradoméstica un significado que va más allá de la obtención de recursos monetarios. Benería y Roldán (1987), a partir de su estudio de trabajadoras a domicilio en la ciudad de México, sostienen que los salarios pueden ser usados como una palanca para asegurar un espacio mínimo de control autónomo, como un mecanismo para alcanzar mejores niveles de vida y atenuar el daño a la autoimagen causado por la dependencia económica frente a los cónyuges.[1] Lailson (1990), en su estudio en Guadalajara, también llega a la conclusión de que el trabajo asalariado ha dado a las mujeres la posibilidad de saberse independientes y distribuir lo que ganan como mejor les convenga.

Con base en los hallazgos anteriores, nuestro estudio del significado del trabajo femenino en sectores medios y populares

---

[1] Sin embargo, conviene aclarar que estas autoras establecen de manera general que el control sobre algún ingreso no les permite a las mujeres negociar de manera significativa las relaciones entre los géneros en el interior de los hogares.

urbanos busca documentar una diversidad de situaciones en ambos grupos. Recurrimos a la construcción de tipologías, ya que éstas son en extremo útiles para captar las *diferencias* y los *matices* en los proyectos de vida (Gerson, 1985; Valdés, 1989). Los tipos que hemos construido buscan dar cuenta de los diferentes patrones de representación que las mujeres tienen sobre el trabajo, y están basados en el criterio del *grado de compromiso* que se establece con la actividad económica, así como en el análisis detallado de las trayectorias laborales de las mujeres entrevistadas. No son promedios, ni descripción de ninguno de los casos individuales; se trata del análisis del conjunto de ellos mediante la selección y acentuación de los aspectos considerados más sobresalientes, recurrentes y significativos. Se persigue llevar a cabo análisis plausibles que tomen en cuenta los puntos de vista de las agentes sociales involucradas, y hacer hincapié en la búsqueda de sentido de las acciones, ya que esta dimensión es crucial en el logro de los cambios sociales. Consideramos que los individuos se enfrentan a campos de opciones ciertamente restringidos; pero también sujetos a transformación mediante sus acciones concretas (véase Przeworski, 1982; Bourdieu, 1985; Gerson, 1985; Jelin, Llovet y Ramos, 1986; Caldwell, 1988).

CRITERIOS DE SELECCIÓN E INFORMACIÓN RECOLECTADA
EN LAS ENTREVISTAS EN PROFUNDIDAD

Utilizamos como fuente de información para este capítulo 79 entrevistas en profundidad que realizamos entre agosto y noviembre de 1990. Elegimos principalmente mujeres de dos grandes cohortes (20-34 y 35-49 años), que tenían hijos y algún tipo de relación de pareja estable y desempeñaban distintas ocupaciones. También entrevistamos a algunas mujeres que no participaban económicamente o que habían trabajado en algún momento de sus vidas y no lo hacían en el momento de la entrevista.[2]

---

[2] Todas las mujeres analizadas en este capítulo tienen una pareja que contribuye de manera estable al presupuesto familiar. Por la importancia de la temática, dedicamos el capítulo VI a las jefas económicas (mujeres que sostienen su hogar prácticamente solas, aun cuando su marido esté presente).

Definimos como pertenecientes a los sectores medios a mujeres con ocupaciones no manuales, siempre que poseyeran algún grado de escolaridad superior a la secundaria. Un criterio adicional para la pertenencia a los sectores medios fue la ubicación de la residencia en colonias que contasen con los servicios básicos de agua y electricidad, pavimentación de las calles y otros servicios tales como el teléfono. Se buscó contar con mujeres que desempeñaran, tanto ocupaciones no manuales asalariadas, como por cuenta propia, debido a la importancia de estas últimas ocupaciones en las estrategias de combinación de la maternidad y el trabajo (véase los cuadros AII-1 al AII-3 en el apéndice II). Por su parte, fueron ubicadas dentro de los sectores populares las entrevistadas con ocupaciones manuales, con escolaridad menor que la preparatoria, y residencia en colonias con infraestructura urbana precaria en lo que respecta a agua, electricidad y pavimentación de las calles. Se aseguró la representación de mujeres con ocupaciones manuales asalariadas y por cuenta propia (véase los cuadros AII-1 al AII-3 en el apéndice II). Por último, en el caso de las mujeres que no trabajaban en el momento de la entrevista, su sector de pertenencia se estableció a partir de la ocupación y escolaridad del esposo o compañero, persona de la cual usualmente dependen desde el punto de vista económico.

Escogimos mujeres que residían en áreas urbanas caracterizadas por diferentes estructuras productivas: Tijuana, dinámica ciudad fronteriza con Estados Unidos en el norte del país, conocida por el crecimiento y diversificación de sus maquiladoras; Mérida en el sureste mexicano, ciudad que proporciona diversos tipos de servicios a toda la región, pero caracterizada por tener mucho menor dinamismo económico, y la ciudad de México, centro del poder económico y político del país (véase el apéndice II). Es importante dejar claro que en el análisis que sigue no se consideran por separado a las distintas ciudades. Hemos escogido diferentes áreas urbanas en un intento por maximizar la heterogeneidad posible en los fenómenos estudiados y no con el fin de caracterizar la situación prevaleciente en cada centro urbano.

Se trata de una muestra intencional o no probabilística. Se entrevistaron en cada ciudad o delegación las mujeres que llenaran los criterios establecidos en cada uno de los casos (edad, estado civil, presencia de hijos, ocupación y posición en la ocupación), tratando de diversificar la manera en que se establecieron los contactos para acercarse a ellas. Por el lado de los establecimientos de trabajo se tuvieron en cuenta oficinas locales de gobierno, universidades, escuelas y hospitales; distintos tipos de industrias, bancos, restaurantes, hoteles, salones de belleza; comercios grandes y pequeños, desde puestos de periódicos, tiendas de abarrotes, papelerías y mercerías, hasta grandes almacenes y supermercados, y las casas particulares para las empleadas domésticas. Por el lado de la residencia, se buscó también diversificar el sector de la ciudad o de la delegación donde se habitaba, asegurando en todos los casos la presencia de mujeres de barrios populares y colonias de sectores medios.

Las entrevistas fueron semiestructuradas, siguiendo los lineamientos de un pequeño cuestionario y de una guía establecida para tal fin. La guía estuvo conformada alrededor de la historia de vida y sus principales transiciones: acontecimientos ocurridos en la niñez y la adolescencia; el inicio de la unión libre o el matrimonio; divorcios o separaciones en su caso; uniones subsecuentes; nacimiento de los hijos; entradas y salidas de la actividad laboral. Entre los aspectos considerados en cada transición estuvieron: fecha y lugar de ocurrencia; participación activa en la toma de decisiones; razones tomadas en cuenta para efectuar cada cambio; transformaciones desencadenadas en las diversas esferas de la vida; percepción de conflictos; aceptación o surgimiento de formas de resistencia y acomodo; cambios percibidos en las relaciones de pareja y el significado de cada evento en la vida de las mujeres (véase en el apéndice II el cuestionario y la guía de las entrevistas en profundidad).

Asimismo, se incorporaron en la entrevista algunas características básicas del contexto laboral actual o del que la entrevistada considerara como más importante en su vida: edad y sexo de los compañeros de trabajo; división de tareas por género; presencia de discriminación salarial y hostigamiento sexual; relaciones entre hombres y mujeres en el lugar de trabajo. En lo que respecta al contexto familiar se consideró: participación femenina en los ingresos y gastos; distribución del trabajo doméstico; estrategias para combinar trabajo extradoméstico y responsabilidades familiares; socialización de los hijos; relaciones de pareja; ejercicio de autoridad en la familia y la sexualidad. Por último, se buscó que la entrevistada evaluara su vida y transmitiera, en el caso de existir, los planes futuros y la percepción en torno a algunos cambios sociales básicos: situación económica del país; beneficios y desventajas de la ciudad donde vivía; cambios en la fecundidad y anticoncepción y en la condición de las mujeres en general.

El significado del trabajo en los sectores medios

En el caso de los sectores medios, las mujeres cuentan con la escolaridad y las condiciones de vida necesarias que les permiten desempeñar trabajos no manuales relativamente mejor remunerados (véase los cuadros V-1 al V-4).[3] Sin embargo, hemos encontrado importantes variaciones en los significados atribuidos a la actividad económica y en los motivos por los cuales se trabaja, no se trabaja o se deja de hacerlo. De esta suerte, hemos construido cuatro tipos básicos: *a*) el trabajo considerado como carrera; *b*) el trabajo percibido como actividad complementaria; *c*) el trabajo evaluado como necesario para mantener el *status* social, y *d*) la permanencia en la casa en los sectores medios.

El trabajo como carrera (tipo 1)

El trabajo extradoméstico es considerado como fundamental para el desarrollo personal. Trabajar y ganar dinero son aspectos importantes, son parte indispensable de la experiencia vital. El trabajo se asume como una meta, un compromiso de vida, una carrera que requiere dedicación y continuidad. Al ejercer esta actividad se obtienen éxitos, superación, reconocimiento, autoestima, satisfacción e independencia económica. El trabajo es un medio para obtener el bienestar personal, familiar y comunitario.

---

[3] Como es posible constatar en estos cuadros, algunas entrevistadas no se ciñen a los criterios preestablecidos de edad y estado civil; sin embargo, hemos considerado importante mantenerlas dentro de nuestro análisis por la riqueza que proporcionan sus relatos de vida, y por considerar que no distorsionan las tendencias establecidas por la gran mayoría de las entrevistas.

Cuadro V-1

Características demográficas y económicas de las entrevistadas y sus cónyuges[1] (tipo 1)

	ENTREVISTADAS						CÓNYUGES		
Entrevista núm.	Edad en años	Estado civil	Escolaridad	Número de hijos	Edad hijo menor	Inserción laboral	Edad en años	Escolaridad	Inserción laboral
12 (Mér.)	27	casada	Sec. y carrera comercial	3	11 meses	Capturista/Asal.	30	Universidad	Mtro. prim/Asal.
1 (D.F.)	29	casada	Posgrado	1	4 años	Invest. historia/Asal.	35	Universidad	Periodista/Asal.
1 (Tij.)	34	separada	Posgrado	2	4 años	AVT[a]	36	Universidad	Gerente admtvo./Asal.
24 (Mér.)	34	casada	Posgrado	3	1 año	Profesora/Asal.	34	Posgrado	Prof.-univ./Asal.
31 (Mér.)	35	casada	Universidad	0	—	Médico forense/Asal.	39	Universidad	Empleado públ./Asal.
22 (Tij.)	36	separada	Universidad	2	13 años	Dir. editorial/Asal.	—	—	—
32 (Mér.)	37	casada	Universidad	2	2 años	Psicóloga terapeuta/PCP[b]	34	Posgrado	Invest. univ./Asal.
2 (Tij.)	37	unión libre	Posgrado	2	6 años	Profa. univ./Asal.	47	Posgrado	Sociólogo/Asal.
3 (D.F.)	39	casada	Universidad	2	3 años	Economista Gob./Asal.	35	Universidad	Empleado federal/Asal.

[1] En el momento de la entrevista.
Asal.= Asalariada(o).
[a] AVT = Alguna vez trabajó.
[b] PCP = Por cuenta propia.
Fuente: Entrevistas en profundidad. Proyecto "Fecundidad, trabajo y condición femenina en México", agosto-noviembre, 1990.

Cuadro V-2
Características demográficas y económicas de las entrevistadas y sus cónyuges[1] (tipo 2)

	ENTREVISTADAS						CÓNYUGES		
Entrevista núm.	Edad en años	Estado civil	Escolaridad	Número de hijos	Edad hijo menor	Inserción laboral	Edad en años	Escolaridad	Inserción laboral
26 (Tij.)	24	casada	Universidad	1	2 años	Comerciante/PCP	31	Posgrado	Contador públ./PCP
3 (Tij.)	29	casada	Universidad incompleta	2	2 años	Secretaria Gob. estatal/Asal.	29	Universidad incompleta	Taxista/PCP
10 (Tij.)	29	casada	Universidad	1	2 años	Nutrióloga/Asal.	34	Posgrado	Oftalmólogo/PCP
25 (Mér.)	30	casada	Secundaria	2	5 años	Prop. de farmacia	34	Universidad	Contador públ./PCP
16 (Mér.)	33	casada	Preparatoria	3	6 años	Mtra. de costura/PCP	36	Universidad	Propietario fábrica material construcción
7 (Mér.)	34	casada	Universidad	3	1 año	Vendedora de joyas/PCP	36	Universidad	Propietario fábrica material construcción
19 (Mér.)	35	casada	Universidad	4	2 meses	Vendedora de ropa/PCP	37	Universidad	Administrador/Asal.
6 (D.F.)	37	casada	Primaria y comercio	1	17 años	Secretaria/Asal.	40	Universidad incompleta	Propietario de taller
2 (D.F.)	39	casada	Universidad incompleta	1	10 años	Mtra. de inglés/Asal.	43	Universidad	Servicios editoriales/PCP
5 (Mér.)	39	casada	Universidad	2	11 años	Odontóloga/Asal.	39	Posgrado	Médico Pediatra/PCP
17 (Tij.)	41	casada	Preparatoria	3	11 años	Manualidades/PCP	48	Primaria	Propietario de bar

[1] En el momento de la entrevista.
Asal. = Asalariada(o). PCP = Por cuenta propia.
Fuente: Entrevistas en profundidad. Proyecto "Fecundidad, trabajo y condición femenina en México", agosto-noviembre, 1990.

Cuadro V-3
Características demográficas y económicas de las entrevistadas y sus cónyuges[1] (tipo 3)

			ENTREVISTADAS				CÓNYUGES		
Entrevista núm.	Edad en años	Estado civil	Escolaridad	Número de hijos	Edad hijo menor	Inserción laboral	Edad en años	Escolaridad	Inserción laboral
11 (Tij.)	25	casada	Preparatoria incompleta	1	1 año	Secretaria univ./Asal.	29	Universidad	Superv. encuestas/Asal.
4 (Mér.)	25	casada	Sec. y carrera comercial	1	2 años	Trabajadora social/Asal.	27	Sec. y carrera comercial	Contador privado/Asal.
11 (D.F.)	27	casada	Preparatoria incompleta	2	2 años	Propietaria fábrica muñecos	33	Preparatoria	Propietario fábrica muñecos
29 (Tij.)	31	casada	Universidad incompleta	1	2 años	Vendedora de joyas/PCP	30	Primaria	Inst. alfrombras/Asal.
16 (Tij.)	31	unión libre	Universidad incompleta	2	7 años	Encargada publicaciones/Asal.	37	Universidad incompleta	Desempleado
13 (Tij.)	33	casada	Sec. y contabilidad	3	2 años	Propietaria de comercio	43	Carrera técnica	Empleado comercio/Asal.
14 (Tij.)	34	casada	Carrera comercial	4	3 años	Vendedora joyas/PCP	29	Preparatoria	Mtro. de piano/Asal.
9 (Mér.)	34	casada	Prep. y Normal	1	3 años	Propietaria clínica	33	Posgrado	Médico/PCP
5 (D.F.)	35	casada	Preparatoria incompleta	4	3 años	Empleada pública/Asal.	33	Preparatoria incompleta	Chofer pesera/ND
8 (Mér.)	36	casada	Preparatoria	4	6 años	Maestra/Asal.	39	Universidad	Subdir. Secundaria/Asal.
20 (Mér.)	36	casada	Universidad incompleta	2	6 años	Enfermera/Asal.	46	Secundaria	Comerciante/PCP
4 (D.F.)	38	casada	Secundaria	4	13 años	Mtra. educ. física/Asal.	62	Normal	Mtro. Sec./Asal.

Conclusión cuadro V-3

	ENTREVISTADAS						CÓNYUGES		
Entrevista núm.	Edad en años	Estado civil	Escolaridad	Número de hijos	Edad hijo menor	Inserción laboral	Edad en años	Escolaridad	Inserción laboral
29 (Mér.)	39	casada	Secundaria	2	3 años	Propietaria tienda bolsas	37	Universidad	Empleado público/Asal.
17 (D.F.)	39	casada	Sec. y carrera comercial	2	10 años	Secretaria gob./Asal.	38	Sec. y carrera corta	Empleado público/Asal.
7 (Tij.)	42	casada	Preparatoria y carrera comercial	3	15 años	Agente de Seguros/PCP	44	Preparatoria	Agente ventas/PCP

[1] En el momento de la entrevista. ND = No disponible.
Asal = Asalariada(o). PCP = Por cuenta propia.
Fuente: Entrevistas en profundidad. Proyecto "Fecundidad, trabajo y condición femenina en México", agosto-noviembre, 1990.

Cuadro V-4
Características demográficas y económicas de las entrevistadas y sus cónyuges[1] (tipo 4)

			ENTREVISTADAS				CÓNYUGES		
Entrevista núm.	Edad en años	Estado civil	Escolaridad	Número de hijos	Edad hijo menor	Inserción laboral	Edad en años	Escolaridad	Inserción laboral
5 (Tij)	26	casada	Preparatoria incompleta	2	8 meses	Nunca trabajó	26	Preparatoria incompleta	Obrero de la construc./Asal.
11 (Mér.)	28	casada	Sec. y carrera comercial	1	2 años	AVT	33	Universidad	Ingeniero/Asal.
10 (Mér.)	32	casada	Primaria	6	4 años	Nunca trabajó	50	Preparatoria	Reportero/Asal.
4 (Tij.)	33	casada	Primaria	3	6 años	AVT	36	Preparatoria incompleta	Jefe de seg. comercio/Asal.
21 (Mér.)	34	casada	Secundaria	4	3 meses	Nunca trabajó	43	Secundaria	Vendedor mat. de const./PCP
18 (D.F.)	34	casada	Preparatoria	3	8 años	Nunca trabajó	39	Universidad	Mtro. de Sec./Asal.
13 (D.F.)	35	casada	Universidad incompleta	2	5 años	AVT	40	Universidad incompleta	Promotor de ventas/PCP
27 (Tij.)	37	casada	Universidad incompleta	3	2 años	Nunca trabajó	38	Universidad	Gte. de banco/Asal.
28 (Mér.)	40	casada	Sec. y carrera comercial	3	11 años	AVT	45	Universidad	Propietario de comercio
19 (D.F.)	46	casada	Universidad	1	12 años	AVT	49	Universidad incompleta	Supervisor de cobranzas/Asal.

[1] En el momento de la entrevista. AVT = Alguna vez trabajó.
Asal = Asalariada(o). PCP = Por cuenta propia.
Fuente: Entrevistas en profundidad. Proyecto "Fecundidad, trabajo y condición femenina en México", agosto-noviembre, 1990.

Las mujeres que ejercen una carrera consideran que su sostenimiento económico es primordialmente una responsabilidad personal. Para ellas no resulta adecuado depender total o continuamente del esposo en términos monetarios, aun cuando los ingresos masculinos sean suficientes para tal fin. El estudio y posteriormente el trabajo extradoméstico han formado parte indispensable de sus vidas y están conscientes del poco reconocimiento social del papel de ama de casa.

El trabajo para una mujer es un medio de superación [...] de desarrollo y de autoestima [...] uno bien podría depender de un hombre, de un padre [...] pero el hecho de sentirte productiva, el hecho de sentirte que eres capaz de generar, de producir, creo que es muy importante para una mujer. *Alma, 34 años y 2 hijos; vive en Tijuana.*

Pensando en la vida en general, para mí tener ingresos y poder contribuir al pan que yo como es fundamental para sentirme persona independiente, que vale [...] Yo recuerdo, además, que cuando leí en el primer año de la carrera de psicología un libro de Eric Fromm que se llama *El miedo a la libertad,* una de las cosas que concluí es que una persona se tenía que mantener a sí misma. *Rosalinda, 37 años y 2 hijos; vive en Mérida.*

Pienso que sería terrible mi situación de tener que depender de otra persona que te mantenga; [a través del trabajo uno obtiene] el reconocimiento externo de que uno sirve para algo[...] *Mariana, 34 años y 3 hijos; vive en Mérida.*

Se trata de profesionistas —médicas, psicólogas, economistas en distintos ámbitos, escritoras y profesoras con títulos universitarios—; provienen de familias con recursos económicos necesarios para garantizar la dedicación de sus hijas al estudio, aunque la experiencia de trabajo temprana tampoco les es desconocida. Algunas ejercen carreras que tradicionalmente han concentrado a las mujeres, como serían la psicología y la literatura, y otras han recorrido el camino de profesiones usualmente consideradas muy largas y pesadas para el sexo femenino como sería el caso de la medicina.

Las mujeres que se identifican con este proyecto tienen esposos con escolaridad también universitaria que desempeñan distintos tipos de trabajos no manuales, tales como profesores e investigadores universitarios, gerentes de empresas, periodistas, médicos y otros profesionistas independientes, empleados gubernamentales de mediano y alto nivel. Por lo general, en términos económicos, las familias se encuentran bien ubicadas dentro de los sectores medios al tener, por lo menos, dos personas que aportan y comparten el gasto familiar. Se trata, además, de hogares chicos, con 2 hijos en promedio.

Sin embargo, dedicarse a una carrera no ha sido una opción fácil para estas mujeres. La mayoría está consciente de que en el mundo del trabajo extradoméstico los hombres son los primeros en ser alentados, promovidos y reconocidos y, por lo tanto, en ocupar los puestos directivos. Resulta necesario entonces ubicar lugares en el sector público o el privado en donde se promueva o no se desaliente la participación femenina; asimismo, es importante tener acceso a redes de amistades que faciliten la localización de los empleos y contar con jefes inmediatos dispuestos a enseñar y promover a su personal subalterno. Se reconoce, por lo general, la existencia de hostigamiento sexual en el lugar de trabajo, aunque los ambientes intelectuales y académicos se ofrecen como ejemplos de mayor respeto entre hombres y mujeres. En lo que concierne a los contextos laborales, es interesante hacer notar que aquellos predominantemente femeninos son vistos como más conflictivos y competitivos, pues la autoridad femenina no siempre es considerada como legítima por las otras mujeres.

Además de las dificultades que se enfrentan en el desempeño de las distintas ocupaciones, el cuidado de los hijos en edad preescolar ha representado un reto importante en su vida. En términos generales, las carreras se ejercen con las menores interrupciones posibles, para lo cual se recurre a guarderías, empleadas domésticas y parientes cercanos. Sin embargo, no siempre se encuentran buenas opciones, lo cual maximiza las ambivalencias y conflictos entre ser madres y trabajadoras, especialmente durante el primer año de vida de los hijos.

Los mayores problemas de las mujeres de carrera en su vida cotidiana provienen de la división de su tiempo entre las múltiples tareas que realizan, lo cual involucra de lleno las relaciones que se mantienen con el esposo y la participación de éste en las tareas domésticas.

El conflicto eterno es que cada quien pueda hacer lo que le guste sin perjudicar al otro. Ésa es la negociación eterna. Y hay momentos, como ahora, que él se desarrolla más personalmente y a mí se me ha cargado la mano en la cuestión de los hijos. *Elizabeth, 29 años y 1 hijo; vive en el D.F.*

[En las relaciones intrafamiliares] siempre entra la competencia, no de trabajo, sino del tiempo. *Rosalinda, 37 años y 2 hijos; vive en Mérida.*

La pelea por el tiempo y el respeto por el tiempo de ambos era el pan de todos los días. *Marisol, 37 años y 2 hijos; vive en Tijuana.*

Aunque se da una lucha permanente por la participación del esposo en el trabajo de la casa, las mujeres de carrera consideran que a ellas siempre les toca más. El trabajo doméstico se comparte con los hijos o parientes cercanos, o más bien lo realizan las empleadas domésticas.

Lucho por no agarrar el papel de mamá que hace todo; pero siempre le toca a uno un poco más, pues hay un patrón cultural difícil de cambiar. *Mariana, 34 años y 3 hijos; vive en Mérida.*

Al tener la jornada interminable de la casa, y el trabajo fuera de casa, a veces la mujer se siente atrapada en una jornada más que interminable, con doble función, porque se comparte el trabajo fuera de casa, pero no se comparte por igual el trabajo doméstico. La idea es que el hombre te sigue ayudando porque es bueno, es comprensivo, está liberado y te hace algo; pero no es que se comparta el cincuenta por ciento. *Rosalinda, 37 años y 2 hijos; vive en Mérida.*

La no contribución [de él] a los quehaceres domésticos la resolvíamos pagándole a una persona que nos hiciera el servicio. *Marisol, 37 años y 2 hijos; vive en Tijuana.*

Esta situación hace que muchas de estas mujeres tengan una conciencia clara de que, en situaciones específicas, especialmente cuando los hijos están chicos, el desarrollo en la esfera profesional tiene que postergarse, o realizarse a un ritmo más lento. La realidad a veces se enfrenta con optimismo; pero en muchas ocasiones surgen con claridad el cansancio, la insatisfacción, y hasta la declaración explícita de que el vivir en pareja es sinónimo de opresión femenina. Esta insatisfacción, que puede ser un elemento que lleve a la disolución del matrimonio, surge más claramente cuando se tiene la certeza de que el trabajo extradoméstico de la mujer no es valorado por el esposo de la misma manera que el masculino, aun cuando en ocasiones sus ingresos hayan llegado a ser similares.

En breve, para las mujeres de carrera, el trabajo es fundamental y consideran que su sostenimiento económico es una responsabilidad personal. Han luchado por desempeñar sus ocupaciones extradomésticas de la manera más continua posible y por involucrar a los esposos en el trabajo doméstico. Sin embargo, reconocen las dificultades presentes en los distintos tipos de esfuerzo y su vida no está exenta de ambivalencias y desalientos.

El trabajo como actividad complementaria (tipo 2)

El trabajo constituye una actividad suplementaria en la vida de la mujer; lo principal son los hijos y la relación matrimonial. Un elemento que permite entender esta posición frente al trabajo remunerado es el hecho de contar con un esposo que gana lo necesario para garantizar un mínimo de bienestar dentro de los sectores medios. En este contexto, algunas mujeres con entrenamiento técnico o profesional y escolaridad elevada expresan que trabajan por independencia, satisfacción, para aprender actividades nuevas, para demostrar la capacidad y el entrenamiento individuales. En otras ocasiones pueden esbozar también que el trabajo sirve para relacionarse, relajarse, como terapia contra la soledad, como *hobby*, como medio para sufragar los pequeños gustos personales y de los hijos, o para aprender a valorar las cosas materiales.

Al ejercer la actividad extradoméstica, estas mujeres plantean que no lo hacen por necesidad económica, que su compromiso con el trabajo extradoméstico es restringido, y que no ambicionan obtener ascensos o mejor remuneración. Para algunas de ellas ésta ha sido su primera elección, pero para otras, sus planteamientos dejan traslucir pérdida de confianza en la actividad profesional, frustraciones ante situaciones laborales desventajosas o en las que los superiores bloquearon las oportunidades de ascenso. Por ejemplo, Valentina, de 41 años, con tres hijos, que vive en Tijuana, comenta que siendo empleada de mostrador en una importante compañía la cambian a una sucursal en la que hay más trabajo y peor sueldo. Ante esta situación, expresa que, como ella tenía quien la mantuviera y sus hijos son adolescentes, decidió salirse del trabajo para estar más tiempo en su casa, elaborando manualidades para la venta ocasional.

Aunque las prioridades parecerían ser claras, esto no quiere decir que la elección de trabajar para estas mujeres no conlleve tensiones familiares o laborales. En algunas instancias, es la misma decisión de establecer un compromiso restringido con la actividad económica la que puede estar cargada de conflictos y ambivalencias.

Por un lado, se puede seleccionar un trabajo que no represente un compromiso central en la vida, porque se considera que éste es el *curso natural de las cosas*, aun cuando se haya completado la universidad o algún grado de educación superior.

Luz Marina, contadora pública, de 35 años y con cuatro hijos, que vive en Mérida, reconoce que la venta de ropa en su casa no está a la altura de su entrenamiento universitario (su padre y su suegro le reclaman que "tantos años de ir a la universidad para que haga esto ..."), pero reacciona planteando que hay mujeres que son más activas, más profesionistas y a las que les hace más falta el trabajo. Otras, como ella, son más maternales.

En otras ocasiones se *cede* a las imposiciones del esposo y el proceso de toma de decisión puede ser doloroso, ya que no se perciben otras alternativas viables para preservar la unidad y estabilidad familiares. Una dentista que tiene dos trabajos, María Laura de 39 años con dos hijos que vive en Mérida, relata que, al comienzo de su vida en pareja, a su esposo le gustaba que trabajara y la animó para terminar la carrera. Ahora quiere que deje de trabajar para que no desatienda la casa por las tardes. Su madre también la presiona para que deje el trabajo de la tarde. Cuando luego se le pregunta sobre sus actividades futuras, contesta que sus planes son trabajar menos y dedicarse más a la familia. Aclara que ya se condicionó y que no está frustrada por ello.

Asimismo, se puede *defender* el derecho a trabajar de manera suplementaria y lograr hacerlo después de grandes fricciones familiares: "A mi marido no le gusta que trabaje, lo he logrado con grandes pleitos." *Eva, 37 años y 1 hijo; vive en el D.F.*

Por último, también puede darse el caso opuesto, en que el esposo estimula a la mujer a participar económicamente porque ambos consideran que así cubren mejor los gastos familiares, o porque piensan que, dado que la mujer tiene una carrera, es correcto que ejerza algún tipo de actividad, aunque la de él siga siendo prioritaria.

Una nutrióloga que comenzó a trabajar seis meses antes de la entrevista después de un tiempo largo como ama de casa, expresa que ella se sentía encerrada, y que fue el propio marido, que es médico, el que le consiguió el trabajo. "Él es el más contento, porque hasta el carácter me cambió". *Lorena, 29 años y 1 hijo; vive en Tijuana.*

Como se deja ver en los ejemplos anteriores, las mujeres que trabajan de manera suplementaria en los sectores medios desempeñan ocupaciones profesionales o técnicas, mayoritariamente de tiempo parcial, u ocupaciones por cuenta propia, en especial la comercial. Los ingresos que se obtienen por estas actividades secundarias son conceptuados como algo separado del gasto familiar. Los maridos son los proveedores básicos; se trata de profesionistas, personal administrativo de alto nivel, propietarios de diversos tipos de negocios. Lo que gana la mujer es extra, ella lo maneja a su arbitrio, y el dinero es para los pequeños lujos, su ropa o la de los hijos, algún curso o paseo; es decir, que en este caso, el ingreso femenino no complementa al masculino, pues éste se considera suficiente, sino que consiste en un aporte adicional destinado a rubros personales específicos. Cuando algunas de estas mujeres pagan componentes básicos de la reproducción familiar en los sectores medios —la colegiatura de los hijos—, o gastos más directamente relacionados con el quehacer femenino —el salario de la empleada doméstica—, rápidamente aclaran que es porque así lo quieren, reafirmando la idea de que sus obligaciones principales no son las económicas. En cambio, consideran que su papel central es la educación de sus hijos (dos en promedio), a veces por encima de su papel de esposas. Es clara la concepción de que, por lo menos en los primeros años de vida de los hijos, la maternidad debe ser una actividad casi de tiempo completo, a menos que haya necesidad económica.

Cuando los hijos están chicos, tienen que ser primero ellos que tú misma, hasta que llega un momento en que vuelves a ser tú primero. *Lilia, 34 años y 3 hijos; vive en Mérida.*

En esos primeros años, ni siquiera la abuela se considera un sustituto adecuado de la madre para el cuidado de los hijos. Usualmente se comienza a pensar en algún tipo de trabajo remunerado cuando esa etapa termina. La educación de los niños es, pues, una tarea noble a la cual vale la pena dedicarse. En cambio, las labores del hogar son conceptuadas como tareas propias de las empleadas domésticas. Las mujeres declaran que su actividad directa en este rubro puede ser muy reducida, considerándose más bien como administradoras de las unidades domésticas.

En síntesis, las mujeres que consideran el trabajo como una actividad suplementaria construyen su proyecto de vida alrededor del eje básico de la maternidad y el matrimonio. El trabajo extradoméstico permite concretar algunos logros, pero éstos se consideran secundarios frente al papel central de educadoras de los hijos y administradoras del hogar. No obstante la claridad de prioridades, se presentan conflictos al ponerlas en práctica por tratarse de mujeres con escolaridad elevada que han visto abrir y cerrarse las oportunidades para su desarrollo profesional.

El trabajo necesario para mantener el *status* social (tipo 3)

El trabajo extradoméstico se lleva a cabo para garantizar las posibilidades de ascenso social, así como la obtención de algunos de los bienes y servicios definidos como esenciales dentro de los sectores medios: casa propia, educación y medicina privadas, salidas a restaurantes, coches y viajes.

El salario o sueldo del marido, mermado por la crisis económica, es considerado insuficiente y la mujer percibe su trabajo como indispensable para acceder a los bienes y servicios vistos como necesarios. El trabajo es parte de un proyecto familiar para hacer frente a condiciones difíciles en el presente, o garantizar condiciones de vida mejores en el futuro para la pareja y sus hijos.

[...] el sueldo del esposo no alcanza para nada, por más bien que gane uno, pues el gasto de la casa es mucho. Como que trabajando la mujer, pues tienes para otras cosas [...] quieres compartir esto [...] tienes para tus hijos, tienes para darles; si uno se limita a lo que gana el marido, no alcanza para estas cosas, a menos que tenga un montón de dinero, ¿verdad? *Carmen, 36 años y 2 hijos; vive en Mérida.*

[...] quiero dedicarme a la familia como al trabajo, o sea, la decisión es ésa, pues, estamos empezando y queremos más cosas, una casa, por ejemplo, que sea tuya, que no estés pagando renta y, pues no sé, algo que para cuando crezca tu niño [...] y no tenga que estar luchando desde abajo como uno, ¿no? *Julia, 25 años y 1 hijo; vive en Tijuana.*

no es de que yo sea una persona ambiciosa [...] pero yo quiero que mis negocios sigan mejor, tener una mejor vivienda, que mis hijos puedan estar más cómodos [...] cambiarnos de vehículo. *Judith, 39 años y 2 hijos; vive en Mérida.*

Cuando se trabaja por compromiso con un proyecto familiar para mantener el *status* social, las actitudes de las mujeres frente a la actividad económica no son homogéneas. Por un lado, están las mujeres que, aunque trabajen por necesidad económica, consideran que la actividad extradoméstica constituye un elemento importante de realización en sus vidas, de satisfacción y desarrollo personal.

[...] trabajar es importante para mí en mi desarrollo como persona [...] la mujer que no trabaja se muere ahí en su casa. Yo veo a mis hermanas que por mucho dinero que tengan, como que están huecas. *Adriana, 35 años y 4 hijos; vive en el D.F.*

[...] yo pienso que es muy importante trabajar, no nada más estar en el hogar. Porque pues uno como que se encierra nada más en el hogar y como que ya no sales de eso, no aprendes otras cosas, no te comunicas. *Cecilia, 27 años y 2 hijos; vive en el D.F.*

Por otro, lado están aquellas que consideran que trabajan exclusivamente por necesidad; para ellas el trabajo es percibido como una obligación, y su desempeño se considera como inevitable. Ellas manifiestan diferentes tipos de inconformidades: quejas contra el trabajo asalariado con horario fijo y rígido, escasez de tiempo para realizar todas las actividades, preferencia por el negocio familiar.

[...] trabajo para ayudar a mi esposo, para que podamos mejorar la casa dándole un buen ambiente a mi hijo [...] Me gustaría quedarme en mi casa; pero antes tengo que ver mi situación económica. Sí he pensado dejar de trabajar y poner un pequeño comercio en mi casa, una frutería, una carnicería, una mercería, sí he pensado. *Silvia, 25 años y 1 hijo; vive en Mérida.*

Las experiencias en la niñez y la adolescencia son variadas; pero con gran frecuencia, las mujeres identificadas con este proyecto provienen de familias grandes, que han enfrentado dificultades económicas; sus madres tenían que trabajar para traer al hogar recursos monetarios adicionales y ellas tuvieron que dejar de estudiar siendo aún jóvenes para apoyar económicamente a sus familias de origen. A veces costearon·sus estudios o regresaron a completar una carrera corta después de casadas.

Estas mujeres no logran obtener una carrera universitaria; cuando mucho terminan estudios comerciales, de contabilidad, secretariales o en el magisterio. La ocupación no asalariada es una opción frecuente. Algunas logran el sueño de muchas otras: tener un negocio propio o participar activamente en una empresa familiar; otras se dedican a la venta de productos diversos por cuenta propia. Si se desempeñan ocupaciones asalariadas, por lo general se llega a ser empleada pública, secretaria, trabajadora social o enfermera.

Cuando se trabaja para mantener el *status* social, se intensifican las estrategias para combinar la maternidad y el trabajo. Se recurre a la ayuda de hijos mayores, de familiares cercanos (madres, suegras, sobrinas, primas, ahijadas), o de vecinas. Pocos son los casos en que se utilizan guarderías o empleadas domésticas, tal vez por ser éste un grupo con carencias económicas dentro de los sectores medios. Asimismo, en otras ocasiones, se busca adaptar el trabajo a las exigencias impuestas por el cuidado de los hijos chicos. Se puede optar por trabajar cuando ellos están en la escuela, dar preferencia a los turnos nocturnos, trabajar solamente algunos días de la semana, o cambiar de una ocupación asalariada a una por cuenta propia y definir el propio ritmo de trabajo. Una agente de ventas nos cuenta que decidió sacrificar su carrera por sus hijos:

[...] mi profesión me da lo que yo necesito y lo que yo quiero; pero entonces tuve que comprender que uno no puede tener números uno en todo y opté por ser mediocre [en el trabajo] no tener ese éxito que yo ambiciono. *Estela, 42 años y 3 hijos; vive en Tijuana.*

Los compañeros de las mujeres que trabajan como parte de un proyecto familiar, al igual que ellas, tienen estudios que no van más allá de la preparatoria o carreras técnicas. Realizan actividades como empleados, agentes de ventas, comerciantes, maestros, taxistas. Las familias, en promedio, no son numerosas (2.4 hijos); pero los salarios de los compañeros no son suficientes para mantener el nivel de vida deseado y las mujeres contribuyen con su trabajo para lograr ese objetivo. Con frecuencia no hay separación entre los gastos familiares y los individuales. Los esposos, por lo general, están de acuerdo con que sus esposas trabajen y las estimulan a hacerlo, siempre y cuando no descuiden a los hijos mediante estrategias como las mencionadas.

Lo que estas mujeres no aceptan fácilmente, sin conflictos, es hacerse cargo del trabajo doméstico (cocinar, lavar, planchar, limpiar la casa). Se tiene claro que si los dos trabajan, los dos deben realizar trabajos domésticos; pero se reconoce que no es fácil lograr lo que se quiere, debido a que los maridos se aferran a la idea de que las tareas domésticas corresponden a la mujer.

Sobre este particular, se presentan formas de organización de las labores domésticas distintas y no hay necesariamente un predominio absoluto de los roles tradicionales. Por un lado, se repite la conocida situación de las mujeres que se encargan solas de todo el trabajo doméstico; se levantan antes que el marido y los hijos, atienden sus necesidades, trabajan fuera del hogar y cuando regresan a la casa arreglan lo que hace falta y preparan los alimentos. En estos casos, ni con protestas, los compañeros colaboran en las labores de la casa.

> Hay días que se siente pesado; hay días que le digo a mi esposo, bueno, pues si los dos estamos trabajando, los dos nos debemos ayudar mutuamente. Es que él es muy machista (y contesta) "no, es que tú lo debes de hacer, yo te ayudo con lo del agua y solamente eso". Yo le digo, hay compañeras que sus esposos ayudan, que sí preparan el desayuno, la cena, ayudan a la esposa a cortar que la papa, que

el tomate, mientras la esposa está dando su cena a su hijos, bueno le empiezo a decir... él me dice que yo lo debo de hacer porque soy la mujer. *Silvia, 25 años y 1 hijo; vive en Mérida.*

Sin embargo, es posible encontrar una división del trabajo menos marcada entre los dos cónyuges; los dos trabajan en ocupaciones asalariadas o en el negocio o empresa familiar, y los dos participan, aunque en forma diferencial y con grados distintos de responsabilidad, en la realización del trabajo doméstico. La participación de los esposos en el trabajo doméstico se logra como respuesta a las exigencias de las esposas.

Cuando empezamos con lo del negocio, como no podía yo hacer la limpieza porque me canso y no tengo tiempo, entonces fue en ese momento que solicité la ayuda de Antonio. Realmente antes pues no. Yo pienso que eso estuvo mal, porque Antonio ya se había hecho a una forma, nunca me ayudaba y fue un cambio. Él decía, "bueno por qué ahorita si nunca me lo habías pedido". Entonces yo le decía, es que ahorita estoy cansada, no tengo tiempo y todo. Ha ido entendiendo. Y pues aquí (en la nueva casa), más. Está más grande la casa. Como que ha ido accediendo poco a poco. O sea, sí son conflictos, porque Antonio no entendía por qué se lo pedía en este momento siendo que nunca antes se lo había pedido. Ahorita ya más o menos. ya me ayuda. *Cecilia, 27 años y 2 hijos; vive en el D.F.*

En síntesis, las mujeres involucradas en un proyecto familiar que busca mantener el *status* social de clase media, trabajan primordialmente por necesidad económica, aunque pueden existir además otros motivos. Por lo general, cuentan con el estímulo de sus esposos para trabajar, pero se hace necesario presionarlos para que ayuden aunque sea esporádicamente con el trabajo doméstico. Las estrategias que las mujeres ponen en práctica para el cuidado de los hijos son múltiples, y en ellas se involucra especialmente a otras mujeres, familiares o vecinas.

La permanencia en la casa en los sectores medios (tipo 4)

El proyecto de vida gira exclusivamente alrededor del matrimonio y la maternidad; no se lleva a cabo ningún tipo de actividad remunerada. El trabajo fuera de la casa con horario y responsabilidades se percibe en clara competencia con la crianza de los hijos, que constituye una actividad prioritaria y de tiempo completo. Las mujeres que han elegido permanecer en sus casas, manifiestan un desinterés por el trabajo como carrera, meta o realización. Las actividades económicas extradomésticas son vistas como una forma posible de llenar el tiempo, romper el encierro, relacionarse, no aburrirse, dedicarse a "algo", para cuando los hijos crezcan y ya no necesiten tanto cuidado.

[...] nunca he trabajado como una meta o que me haya propuesto algo, sino que más bien como para llenar unas horas de mi vida; pero ni para ganar más dinero, ni para prepararme más, ni para nada. *Constanza, 40 años y 3 hijos; vive en Mérida.*

Las mujeres aceptan o buscan activamente la domesticidad por sus concepciones sobre la maternidad y el papel de la madre en el cuidado de los hijos: la maternidad es vista como el elemento esencial de la identidad femenina y debe ser una actividad de tiempo completo. Las madres tienen la necesidad de dedicarse a los hijos, protegerlos, atenderlos, llevarlos y traerlos de la escuela, encargarse de su educación, consentirlos; se desconfía de las empleadas domésticas y de las guarderías y se cree que cuando la madre trabaja no atiende a los hijos como se debe, aspecto que puede generar problemas como el maltrato de terceras personas, la violencia sexual y la drogadicción.

[...] soy ama de casa de tiempo completo, ¿verdad?, y no puedo trabajar por el hecho de que mis hijos me necesitan [...] siempre me he dedicado a mis hijos, siempre les he dedicado todo mi tiempo [...] siempre primero mis hijos y después, si me queda tiempo, mi esposo. Yo no voy a dejar a mis hijos, porque si no, no me van a rendir ni en la escuela ni en nada. *Esther, 33 años y 3 hijos; vive en Tijuana.*

[...] renuncié al trabajo porque no tuve corazón para dejarlo en ninguna guardería ni nada; a mi hijo ni me lo ven ni nada. Dejarlo con una sirvienta, son muy irresponsables; con mi mamá, era una responsabilidad que le estaba yo creando a ella, y en una guardería realmente no me satisfacían. Preferí renunciar y disfrutar a mi hijo, que iba a ser el último. Dije, "esto no me lo pierdo; voy a disfrutarlo". *Leticia, 35 años y 2 hijos; vive en el D.F.*

También las concepciones sobre el matrimonio y las percepciones sobre la normatividad social en torno al papel de las mujeres son importantes. El matrimonio se concibe como un ámbito ideal para la obtención de protección; se espera que el cónyuge se haga responsable de la esposa y de los hijos y los mantenga; se tiene conciencia de que se fue educada para ser esposa y madre; se percibe la presión social para desempeñar bien el papel de madre y la preocupación por la opinión de los demás.

A nosotras desde chicas nos educaron para el matrimonio, para una vida estable, tener hijos [...] como que para eso me educaron, me salió bien, y me siento contenta, ni siquiera pienso otra opción de vida, vamos. Nunca trabajamos, no nos educaron para ganarnos la vida o para sostener un hogar. *Constanza, 40 años y 3 hijos; vive en Mérida.*

Asimismo, las amas de casa consideran que no tienen problemas económicos fuertes que justifiquen salir a trabajar en actividades extradomésticas. Por último, está la actitud de los esposos que no quieren que las mujeres trabajen y buscan reafirmar su papel de proveedores, aunque los recursos disponibles no alcancen para los extras y los lujos de los hijos.

Mi esposo no quiso, porque él sentía que ganaba suficiente para mantenernos a nosotras. Después que nacieron las niñas me decía: "prefiero que dejes de trabajar y cuides a tus hijas y tu casa, que desatenderlas por unos cuantos pesos" [...] Si mi esposo trabaja y puede darnos lo que necesitamos, digo que es un lujo quedarte en tu casa. *Isabel, 26 años y 2 hijos; vive en Tijuana.*

Cuando las amas de casa no asumen estas concepciones sobre la maternidad y el matrimonio y se han planteado la posibilidad de superación y realización personal mediante el desarrollo de una actividad extradoméstica, la domesticidad se vive como algo pasajero y no como un proyecto personal de vida. En estos casos, la domesticidad resulta de la dificultad, aunque sea temporal, de enfrentar una serie de obstáculos, a saber: la necesidad de dedicar atención especial a los hijos por enfermedad; la ausencia de ayuda de familiares para el cuidado de los niños; la escasez de recursos económicos para pagar una empleada doméstica o una guardería; la presión por parte del esposo para que la mujer permanezca en la casa mientras los hijos crecen.

Antes de casarse o tener hijos, las amas de casa generalmente trabajaron como secretarias, vendedoras, cajeras, o en su negocio familiar. Pocas lo hicieron por necesidad económica; más bien trabajaban por gusto, para ejercer la profesión o para cubrir gastos personales. Estas mujeres crecieron en familias acomodadas y algunas fueron a la universidad; otras cursaron sólo algunos años de educación media o una carrera corta porque no tenían interés, o estudiar no era importante en su familia. Se casaron con hombres con educación media o superior que desempeñan ocupaciones no manuales de alto nivel: ingenieros, contadores, gerentes de banco, promotores de venta, supervisores de cobranzas, reporteros. En la actualidad, gran parte de ellos percibe sueldos elevados y mantiene familias con 2.8 hijos en promedio.

La vivencia cotidiana y la rutina de estar en la casa varía de acuerdo con los recursos económicos de la familia. Las amas de casa consideran que las ventajas de no trabajar son mayores cuando se cuenta con posibilidades económicas para contratar una, dos o hasta tres empleadas domésticas. En estos casos, las mujeres dirigen, ordenan, supervisan la realización de las labores domésticas y se dedican al cuidado de sus hijos.

> No me gusta el trabajo de la casa. Para mí es horrible, no me gusta. Hay gente que disfruta arreglando, quitando el polvo, teniendo su casa limpia. Lo que procuro es buscarme una ayuda y entonces ya no me va tan mal. Mi trabajo en casa cuando tengo quien me ayude consiste en atender a los niños, eso sí, porque a los niños los atiendo yo, a la hora en que hay que vestirse, que comer, que cenar, ordenar, que llevarlos a comprar cosas. *Patricia, 37 años y 3 hijos; vive en Tijuana.*

Cuando los recursos son escasos, las amas de casa, además del cuidado de los hijos, se encargan del quehacer doméstico: lavan, planchan, hacen la comida y administran el gasto semanal o quincenal. En las pocas ocasiones en que el marido ayuda en los trabajos de la casa, éste se dedica a lavar los trastes, el patio, arreglar y lavar el coche. Los hijos e hijas mayores realizan algunas tareas cuando es necesario. En ningún caso se vislumbra como opción legítima buscar un trabajo remunerado para elevar los niveles de vida familiar, sobre todo si los hijos están chicos.

Además del cuidado de los hijos y de la casa, algunas amas de casa de sectores medios llevan a cabo actividades vinculadas con el trabajo del marido. Estas actividades extradomésticas son consideradas legítimas, porque realizarlas constituye una obligación de esposa.

Sí me han tocado una serie de actividades que tampoco me las tomo como trabajo, porque es más bien como diversión, ya que me sirven para estar en contacto con otra gente y eso es muy agradable. Tengo que organizar desayunos para las esposas de otros funcionarios. Mi trabajo es más bien coordinar a las señoras. Tengo la ventaja de que nadie puede decirme que estoy perdiendo el tiempo o que le estoy quitando tiempo a la casa o a los niños, sino que es casi como una obligación que me tocó. *Patricia, 37 años y 3 hijos; vive en Tijuana.*

Muchas veces yo necesito hacer cosas de la oficina de mi esposo; entonces me tengo que salir, entonces tengo que ir igual a bancos, tengo que ir al centro, tengo que ir a la oficina de mi esposo a firmar papeles que están a nombre mío. *Luz María, 46 años y 1 hijo; vive en el D.F.*

En síntesis, las mujeres de sectores medios que han dejado de trabajar al casarse o tener hijos, o que nunca han trabajado, consideran legítimo y están convencidas de que deben dedicarse a desempeñar su papel de madres y esposas. Aunque tengan una profesión, han elegido la domesticidad como actividad de tiempo completo, hasta que los hijos hayan crecido y ya no necesiten más de sus cuidados. Ellas esperan que la situación no cambie y el marido siempre tenga las condiciones económicas para garantizar la permanencia del matrimonio "normal", en el que el hombre es el proveedor y la mujer el ama de casa.

El significado del trabajo en los sectores populares urbanos

El trabajo extradoméstico femenino en los sectores populares se desarrolla claramente en un ambiente de precariedad donde los mínimos de bienestar en alimentación, vestido, vivienda o salud se encuentran lejos de estar asegurados. No obstante, las condiciones económicas varían, así como los niveles de escolaridad, la composición, tamaño y dinámica interna de las unidades domésticas y el acceso a redes de apoyo (véase los cuadros V-5 al V-8). Hemos considerado cuatro tipos de situaciones que buscan rescatar distintos grados de compromiso con el trabajo, diversas percepciones sobre la importancia de la actividad económica, y distintas evaluaciones sobre los beneficios que aporta la participación económica femenina: *a)* el trabajo considerado como útil y satisfactorio; *b)* el trabajo percibido como actividad secundaria; *c)* el trabajo evaluado como necesario para el bienestar y la educación de los hijos, y *d)* la permanencia en la casa en los sectores populares.

El trabajo útil y satisfactorio (tipo 5)

El trabajo extradoméstico es percibido como un medio posible de realización. Las mujeres trabajadoras que comparten este proyecto se sienten útiles en su contexto social, perciben que están desarrollando sus aptitudes y que obtienen reconocimiento en el desempeño de las diferentes tareas. En el seno de sus hogares existe necesidad económica, pero el interés por el trabajo en el caso de la mujer rebasa esta dimensión, sin que deje de estar permanentemente presente. Se reporta orgullo por el buen desempeño de una actividad y se busca promoción, superación, llegar a ser alguien en el ejercicio de la misma. También se valoran el éxito, la movilidad social, la buena apariencia física y la elegancia en el vestir, vinculados de diferentes maneras al desempeño de una actividad extradoméstica.

Muchas actividades manuales son rutinarias; pero otras pueden ser desempeñadas con creatividad (la elaboración de distintos tipos de artesanías, la cocina, la costura, el bordado), lo cual puede contribuir a la obtención de satisfacciones. Asimismo, diferentes

Cuadro V-5
Características demográficas y económicas de las entrevistadas y sus cónyuges[1] (tipo 5)

	ENTREVISTADAS						CÓNYUGES		
Entrevista núm.	Edad en años	Estado civil	Escolaridad	Número de hijos	Edad hijo menor	Inserción laboral	Edad en años	Escolaridad	Inserción laboral
24 (D.F.)	25	casada	Secundaria	1	2 años	Servicio de papelería/PCP	28	Normal superior	Mtro./Asal.
16 (D.F.)	28	casada	Secundaria	2	10 meses	Asistente educ. en estancia/Asal.	27	Universidad	Empleado trámites contables/Asal.
9 (Tij.)	29	casada	Preparatoria incompleta	3	4 años	NT trabajo voluntario	45	Secundaria	Chofer/ND
27 (Mér.)	32	casada	Primaria	2	12 años	Cocinera y mesera/Asal.	32	Secundaria	Rotulista/Asal.
12 (D.F.)	41	casada	Primaria	5	9 años	Vendedora produc. belleza/PCP	ND	ND	Empleado de empresa de serv./Asal.
6 (Tij.)	46	casada	Sec. incompleta y carrera corta	3	12 años	NT/trabajo comunitario	70	Primaria incompleta	Mecánico automotriz/PCP
30 (Mér.)	47	casada	Primaria y carrera corta	5	11 años	Vendedora de pollos/PCP	45	Secundaria	Vendedor ropa y calzado/PCP

[1] En el momento de la entrevista. NT = No trabajó. ND = No disponible. Asal = Asalariada(o). PCP = Por cuenta propia.
Fuente: Entrevistas en profundidad. Proyecto "Fecundidad, trabajo y condición femenina en México", agosto-noviembre, 1990.

Cuadro V-6
Características demográficas y económicas de las entrevistadas y sus cónyuges[1] (tipo 6)

	ENTREVISTADAS						CÓNYUGES		
Entrevista núm.	Edad en años	Estado civil	Escolaridad	Número de hijos	Edad hijo menor	Inserción laboral	Edad en años	Escolaridad	Inserción laboral
15 (Tij.)	23	unión libre	Primaria	1	3 años	Artesana de la madera/PCP	27	Primaria	Albañil/Asal.
3 (Mér.)	24	casada	Primaria	2	4 meses	Modista/PCP	22	Secundaria	Albañil/Asal.
2 (Mér.)	25	casada	Primaria	3	2 años	Vendedora de prod. hogar/PCP	25	Secundaria	Obrero/Asal.
29 (D.F.)	27	casada	Secundaria	4	1 año	Vendedora de art. diversos/PCP	28	ND	Repartidor de embutidos/Asal.
6 (Mér.)	28	casada	Secundaria incompleta	1	5 años	Modista/PCP	26	Primaria	Artesano joyas/PCP
23 (Tij.)	30	casada	Secundaria	5	1 año	Obrera embobinadora en maquila/Asal.	45	Primaria	Albañil/Asal.
10 (D.F.)	38	casada	Primaria	4	10 años	Vendedora de prod. de belleza/PCP	41	Primaria	Soldador/Asal.
18 (Mér.)	40	casada	Primaria incompleta	2	21 años	Obrera fábrica textil/Asal.	50	Primaria	Operador trascabo/Asal.

[1] En el momento de la entrevista. ND = No disponible.
Asal = Asalariada(o). PCP = Por cuenta propia.
Fuente: Entrevistas en profundidad. Proyecto "Fecundidad, trabajo y condición femenina en México", agosto-noviembre, 1990.

Cuadro V-7
Características demográficas y económicas de las entrevistadas y sus cónyuges[1] (tipo 7)

			ENTREVISTADAS				*CÓNYUGES*		
Entrevista núm.	Edad en años	Estado civil	Escolaridad	Número de hijos	Edad hijo menor	Inserción laboral	Edad en años	Escolaridad	Inserción laboral
7 (D.F.)	24	casada	Sec. y curso de programación	3	3 años	Cocinera en estancia inf/Asal.	32	Preparatoria	Guardia de seguridad/Asal.
20 (Tij.)	27	casada	Primaria	2	4 años	Propietaria de comercio	31	Sin estudios	Propietario de comercio
13 (Mér.)	31	casada	Carrera comerc. incompleta	3	6 años	Obrera en fábrica textil/Asal.	34	Primaria incompleta	Pintor/PCP
23 (D.F.)	33	casada	Primaria y primeros auxilios	5	3 años	Despachadora tienda abarrotes/Asal.	35	Primaria	Machetero/Asal.
8 (Tij.)	34	casada	Primaria	5	3 años	Obrera dispositivos eléctricos/Asal.	36	Primaria	Agricultor/Asal.

15 (D.F.)	34	casada	Secundaria incompleta	4	9 años	Vendedora puesto de periódicos/PCP	36	Secundaria incompleta	Prop. puesto de periódicos
26 (D.F.)	42	casada	Primaria incompleta	2	6 años	Afanadora de oficina/Asal.	37	ND	Chofer/Asal.
23 (Mér.)	47	casada	Primaria incompleta	8	3 años	Ayudante negocio fam. abarrot./TF	47	Primaria incompleta	Ayudante de cocina/Asal.
22 (Mér.)	49	casada	Sin estudios	2	14 años	Lavandera y planchadora/PCP	52	Sin estudios	Mozo jardinero/Asal.
19 (Tij.)	49	casada	Sin estudios	9	11 años	Niñera/PCP	65	Sin estudios	Ayudante cocina/Asal.
28 (D.F.)	56	casada	Sin estudios	9	ND	Vendedora dulces/PCP	58	Primaria incompleta	Vendedor en tianguis/PCP

[1] En el momento de la entrevista. ND = No disponible.
Asal. = Asalariada(o). PCP = Por cuenta propia. TF = Trabajadora familiar.
Fuente: Entrevistas en profundidad. Proyecto "Fecundidad, trabajo y condición femenina en México", agosto-noviembre, 1990.

Cuadro V-8
Características demográficas y económicas de las entrevistadas y sus cónyuges[1] (tipo 8)

	ENTREVISTADAS						CÓNYUGES		
Entrevista núm.	Edad en años	Estado civil	Escolaridad	Número de hijos	Edad hijo menor	Inserción laboral	Edad en años	Escolaridad	Inserción laboral
25 (D.F.)	24	unión libre	Primaria incompleta	2	3 años	AVT	26	Secundaria	Obrero fábrica chamarras/Asal.
27 (D.F.)	25	casada	Secundaria	3	2 años	AVT	27	Primaria	Policía/Asal.
28 (Tij.)	30	casada	Secundaria	3	3 años	AVT	32	Carrera corta	Herrero/ND
30 (D.F.)	30	casada	Secundaria incompleta	3	4 años	AVT	29	Universidad	Coord. de obra/Asal.
17 (Mér.)	30	unión libre	Sin estudios	5	7 meses	AVT	30	Primaria incompleta	Albañil/Asal.
20 (D.F.)	44	casada	Primaria incompleta	11	8 años	Nunca trabajó	50	Primaria incompleta	Comerciante/PCP
25 (Tij.)	47	casada	Primaria incompleta	3	9 años	Nunca trabajó	48	Primaria incompleta	Albañil/PCP
26 (Mér.)	50	casada	Primaria	1	ND	Nunca trabajó	49	Primaria	Chofer de camiones/Asal.

[1] En el momento de la entrevista. AVT = Alguna vez trabajó. ND = No disponible. Asal = Asalariada(o). PCP = Por cuenta propia.
Fuente: Entrevistas en profundidad. Proyecto "Fecundidad, trabajo y condición femenina en México", agosto-noviembre, 1990.

situaciones en el trabajo también pueden motivar el compromiso; por ejemplo, la existencia de escalafones abiertos para el personal que se capacita dentro de las empresas o la presencia de jefes inmediatos que promueven a su personal subalterno. Las mujeres identificadas con este proyecto han mantenido un interés continuo a lo largo de sus vidas por las actividades extradomésticas; buscan trabajar aun cuando sus hijos sean chicos, aunque a veces no lo logren por los obstáculos propios de esta etapa vital; pueden ser obreras que cumplen con esmero con las cuotas de producción, o empleadas que trabajan arduamente y logran ascender dentro de las empresas, aunque esto implique la renuncia a los derechos laborales; su escolaridad no rebasa en mucho el nivel de secundaria. Una empleada de una gran compañía únicamente con educación primaria nos relata que llegó a formar parte del departamento de auditoría interna de dicha compañía.

> Allí [en su departamento] estábamos el gerente y dos contadores públicos recibidos. Yo hacía lo mismo que hacían ellos. Me sentía muy bien; me sentía satisfecha conmigo misma porque había logrado algo que nunca soñé. Cuando estaba en las oficinas generales [en la sede principal de la compañía] yo veía a los auditores como algo muy alto. Jamás, dije, yo voy a estar en ese departamento, nunca. Sin embargo, lo logré a base de esfuerzo, de desempeño, de regalar tiempo a la empresa, de trabajar sin que me pagaran tiempo extra. A veces salía a las diez de la noche y no cobraba ni un quinto extra. *Lucía, 41 años y 5 hijos; vive en el D.F.*

También pueden ser cocineras y meseras que se sienten orgullosas de que sus servicios y comidas sean buscados por los clientes con especial asiduidad. Una cocinera nos relata lo satisfecha que se siente con la elaboración y venta de sus comidas. En particular, le gusta que le digan lo sabroso que le quedan sus guisos, aunque también le parece bien que le paguen por ellos.

> Es algo muy bello que te digan, sabes, que me encantó tus mucbil' pollos,[4] ya había yo probado otros, pero éstos están riquísimos [...] entonces es una satisfacción, por ejemplo, yo esta vez vendí muchos

---

[4] Platillo yucateco que se prepara especialmente para el día de muertos.

aquí [...] y todos ésos [personajes importantes de la ciudad] convinieron encargar para su casa, y todo eso, pues es una satisfacción ¿no?, que entre tantos que vendieron mucbil' pollos, pues que yo también haya resaltado, ¿no? *María, 32 años y 2 hijos; vive en Mérida.*

El trabajo político de creación de conciencia, organización, y reivindicación de derechos que algunas mujeres realizan con especial compromiso dentro de los sectores populares también puede reportar satisfacción y gratificaciones. Contribuir a que se obtengan algunos servicios básicos para la comunidad (agua, luz, drenaje, pavimentación de las calles) y organizar cooperativas y comedores públicos en las colonias son trabajos de gran entrega, que pueden representar un interés independientemente de la casa y de los hijos en la vida de la mujer. Una líder de una colonia popular urbana nos sintetiza cuáles han sido algunos de los acontecimientos más importantes en su vida de la manera siguiente:

> Me ha gustado mucho participar comunitariamente. Me he desarrollado sobre ese campo [...] fue aproximadamente en el 83 en que yo empecé a ayudarles a las personas, a canalizarlas a través de la regularización de la tenencia de la tierra [...] He tenido la oportunidad de conocer gente y relacionarme con personas de distintos medios [...] He participado mucho y es lo más grande que para mí ha ocurrido, ayudar al compañero, al vecino, a la comunidad a traer bienes hacia la comunidad. Que se necesita recolección de basura; ir a ver al delegado o al presidente municipal, o a la persona encargada; que se quemó una casa, o tiene necesidad aquella familia; relacionarlos con gente; por ejemplo, las regidoras de bienestar social, ir a platicarles, hacerles ver, presentarles a la persona y dejarla que ella misma siga su curso [...] para mí es lo más importante. *Juana, 29 años y 3 hijos; vive en Tijuana.*

Por lo que respecta a la situación doméstica, en unos casos estas mujeres perciben que el gasto que aporta el marido es suficiente, y en otros, que éste deja que desear. Sus familias no son las más necesitadas dentro de los sectores populares, ni las más grandes (3 hijos en promedio). Los esposos desempeñan ocupaciones manuales estables (choferes, pintores, mecánicos) y algunos, incluso, ocupaciones no manuales como maestros y empleados de menor calificación en distintas empresas. No obstante, lo importante a señalar es que las mujeres que comparten este proyecto ejercen una actividad extradoméstica no sólo en función de las necesidades económicas que perciben tener, e incluso algunas trabajan sin obtener una remuneración. La aportación monetaria que hacen puede ser entonces central o secundaria; puede contribuir a solventar los gastos básicos de la alimentación, salud o vivienda, o más bien fomentar un pequeño ahorro en las familias mejor ubicadas. Lo importante es que las mujeres están convencidas de que mediante el trabajo se logra un lugar que están dispuestas a defender, aun en contra de la voluntad del marido. Verbalizan propósitos, metas, y las llevan a cabo, aunque les cuesten lágrimas y manipulaciones.

No obstante, todo esto se hace dentro de límites establecidos por la relación matrimonial y la maternidad. El marido es el jefe del hogar, el que toma las decisiones importantes, y el principal responsable por la aportación del gasto. Casarse significa adaptarse al esposo y, en algunos casos, claramente someterse a él. En otras palabras, las mujeres están dispuestas a defender su derecho a trabajar, a estudiar, a superarse; pero no se cuestionan el hecho de que el marido ejerza la máxima autoridad en el hogar.

El interés por el trabajo en este caso no es visto como conflictivo con la maternidad. En el discurso se da por sentado que ser madre es lo principal, y que se debe trabajar siempre que no se descuide a los hijos, es decir, las mujeres justifican que trabajan porque el cuidado de sus hijos chicos está garantizado, y lo cierto es que recurren a todo tipo de alternativas en este particular: hijos mayores, familiares, amigos, guarderías de las instituciones públicas de salud, y hasta empleadas domésticas en periodos de bonanza. También el trabajo doméstico es, por lo general, más compartido que en otras situaciones. Los hijos mayores son los que más colaboran; aunque también el marido puede ayudar esporádicamente con tareas específicas. No faltan, por supuesto, las ambivalencias y los conflictos; en algunos casos, las presiones que trae el cuidado de los hijos chicos y grandes y el trabajo doméstico pueden llevar a abandonar actividades que se desempeñan con gusto o donde existe un compromiso establecido.

En síntesis, las mujeres de sectores populares que se sienten útiles y satisfechas con su participación económica derivan satisfacción de su trabajo, y justifican que lo desempeñan porque tienen solucionado el cuidado de sus hijos. Resulta imposible saber si en el campo de las acciones concretas se procede de manera inversa, y se busca activamente solucionar el cuidado de los niños para desempeñar un trabajo satisfactorio. En todo caso, las mujeres que se identifican con este proyecto no cuestionan abiertamente la tradicional división del trabajo entre hombres y mujeres, de la manera en que lo hacen aquellas que conciben al trabajo como carrera en los sectores medios. Tal vez su socialización familiar, escolaridad, condiciones de vida y tipo de trabajo contribuyan a explicar dicho proceder.

El trabajo como actividad secundaria (tipo 6)

El trabajo extradoméstico es concebido como una actividad complementaria a la ocupación remunerada que desempeña el marido para la manutención del hogar. Constituye un medio para suplir algunas carencias que no pueden ser cubiertas por el ingreso del cónyuge, así como hacer frente a los imprevistos en salud, vivienda o alimentación. El trabajo femenino definido de esta manera puede permitir conseguir, o ayudar a conseguir, un bien específico, primordialmente casa propia. A diferencia de las mujeres de sectores medios, aquellas que trabajan de manera suplementaria en los sectores populares hacen menos hincapié en la concepción del trabajo como medio de distracción, independencia o relacionamiento social.

El trabajo complementario es percibido como algo de poca importancia, porque la parte más relevante del quehacer de la mujer está centrada en los hijos y en el hogar. Es más, el trabajo remunerado se concibe en franca competencia con dicho quehacer y es por esto que se establece con él un compromiso restringido. Se tiene miedo a desatender y descuidar a los hijos, de que ellos sufran las consecuencias de la ausencia de la madre. Dadas las precarias condiciones de vida de los sectores populares, los hijos son considerados como algo permanente y el trabajo extradoméstico como algo transitorio: "los hijos son algo que se *tiene* y que no hay que descuidar".

Las mujeres que adoptan este proyecto desempeñan ocupaciones por cuenta propia en su casa o fuera de ella; también pueden dedicar unas horas a la venta ambulante o a la venta de productos a comisión. Las ocupaciones asalariadas se dejan para cuando los hijos crecen, en etapas avanzadas del curso de vida, y siempre que se tengan metas claras sobre el destino del ingreso que la mujer percibe: reparar o construir la casa propia; respaldar una iniciativa familiar para montar un pequeño negocio; saldar una deuda antes de lo previsto.

Para las mujeres con hijos chicos, las ocupaciones por cuenta propia se perciben apropiadas por varias razones. En primer lugar, está el conocido elemento del horario flexible; se pueden vender distintos productos mientras los hijos duermen o mientras van a la escuela; en segundo, se tiene la posibilidad de controlar la cantidad de trabajo que se desempeña y el ritmo con el que se lleva a cabo. Por ejemplo, una modista de Mérida ajusta el ritmo de su trabajo a las prioridades de su vida de madre y de esposa de la siguiente manera. Cuando se casó, dejó de agarrar costura. Hace dos años que volvió a trabajar porque es "algo de dinero que entra a la casa", la cual no está terminada. Al marido no le gusta que agarre mucha costura porque desatiende a su niña; le dice que agarre sólo un poco. Cuando en la casa no haya peligros y la tubería esté en su lugar, podrá trabajar más tiempo. (*Lourdes, 28 años y 1 hijo; vive en Mérida*.) Otra vendedora de productos de limpieza a comisión tiene su manera particular de regular su actividad. Sólo vende en sus ratos libres entre sus conocidos, porque le da pena hacerlo de puerta en puerta. (*Rosa, 25 años y 3 hijos; vive en Mérida*.)

Por último, para algunas mujeres, lo relevante del trabajo por cuenta propia es que puede ser desempeñado con los hijos presentes, o llevándolos consigo a los lugares de trabajo. Se trata de artesanas que tallan y pintan objetos cuando los hijos juegan; bordadoras, tejedoras y lavanderas que "les echan un ojo" a la par que trabajan; vendedoras de alimentos a las puertas de su propia casa o en mercados ambulantes en donde no hay restricciones para la presencia de niños.

Es importante puntualizar que las mujeres perciben de forma clara que su contribución remunerada es pequeña; pero justifican que no pueden tener mejores trabajos con sus responsabilidades familiares y con su escaso nivel de escolaridad, el cual no suele rebasar la secundaria. El marido es considerado el principal responsable de la manutención del hogar, y en términos generales el *gasto* que él aporta no suele faltar. Se trata de un sector de trabajadores manuales que desempeña puestos asalariados o por cuenta propia relativamente estables. Su salario debería alcanzar, pues las familias son relativamente pequeñas (tres hijos en promedio). No obstante, se justifica el trabajo complementario porque se reconoce que la situación económica es difícil, que todo está muy caro y el trabajo femenino puede sacar a la familia de apuros en circunstanias específicas. La concepción prevaleciente es que las mujeres deben trabajar sólo cuando lo que gana el marido no alcanza. "Cuando él obtiene y proporciona a la mujer lo suficiente, no hay necesidad de que ella trabaje". En todo caso, se considera que las mujeres no deben involucrarse demasiado en el trabajo remunerado, pues fomentarían la holgazanería de los jefes del hogar.

Dentro de este contexto, se reconoce, además, que sólo es conveniente trabajar cuando el marido esté de acuerdo; es decir, la opción remunerada no se considera una alternativa legítima en la vida de la mujer, a menos que el esposo otorgue el *permiso* necesario, se trate de ocupaciones compatibles con las actividades domésticas, o el cuidado de los hijos esté garantizado. En algunos casos, se atribuye el aumento en el trabajo femenino extradoméstico precisamente a que los hombres han cambiado y otorgan más a menudo el denominado *permiso*. La iniciativa de la mujer se reduce entonces a "hacer ver", a "convencer" al hombre de la necesidad de su trabajo.

En resumen, las mujeres que trabajan de manera complementaria en los sectores populares adoptan este proyecto porque consideran que el marido es el principal responsable de la manutención del hogar y que su papel en este particular consiste en suplir las carencias que puedan presentarse; escogen ocupaciones con horarios o compromisos restringidos, y dependen del consentimiento del compañero para su desempeño extradoméstico.

El trabajo necesario para el bienestar y la educación de los hijos (tipo 7)

El trabajo de la mujer es fundamental, sin él no se lograría un mínimo de bienestar y educación para los hijos. En este contexto, al igual que en algunos grupos de los sectores medios, el trabajo femenino es visto como una necesidad. La diferencia está en el tipo de necesidades vistas como indispensables. En el caso de los sectores populares, la necesidad de trabajar la define el bienestar de los hijos. Las mujeres están dispuestas a trabajar arduamente para educar a los hijos, para brindarles apoyo moral y económico, de modo que ellos tengan una vida mejor que la de los padres. En forma secundaria y a manera de planes futuros, surgen otras necesidades como terminar una casa o los gastos personales. Una madre de tres hijos que trabaja como cocinera en una estancia infantil, expresa en forma clara la concepción del trabajo femenino como necesario para el bienestar de los hijos:

> Yo en lo personal siento que sí debemos trabajar, porque es algo que no va a ser para nuestro beneficio, ni para mí, ni para mi esposo. Cuando ya hay hijos, cuando la mujer ya es casada y hay hijos, es muy importante trabajar, y más ahorita que la situación económica que se está viviendo, que ya el que trabaje una sola persona muchas veces ya no alcanza [...] Siento que cuando uno quiere al esposo y se quiere a sí misma y a los hijos, hay que ayudar en la casa trabajando. *Laura, 24 años y 3 hijos; vive en el D.F.*

Las madres que se identifican con este proyecto se sienten orgullosas de que los hijos puedan estudiar porque ellas trabajan. Están convencidas de que deben hacerlo y, por lo tanto, no cuestionan su actividad extradoméstica, la consideran legítima. Esto las lleva a intensificar las estrategias para el cuidado de sus hijos más chicos: se recurre a la ayuda familiar, o a los horarios flexibles, turnos nocturnos, trabajo a domicilio u ocupaciones en las cuales se les permite llevar a los hijos.

Las mujeres que trabajan por necesidad provienen de familias de escasos recursos y en su mayoría tienen niveles de escolaridad que no van más allá de la primaria completa. Las ocupaciones que desempeñan varían de acuerdo con el nivel de escolaridad alcanzado. Aquellas de mayor edad con primaria incompleta o sin estudios ejercen las conocidas actividades femeninas no calificadas: empleadas domésticas en casas particulares, lavado y planchado, afanadoras en oficinas, vendedoras de alimentos —ambulantes y establecidas—, cuidadoras de niños, obreras agrícolas del "otro lado" cuando migran a Estados Unidos. Las más jóvenes con alguna escolaridad o carrera corta se desempeñan como obreras o vendedoras a comisión. Otras ayudan en un negocio familiar.

Aunque trabajen por necesidad, las mujeres señalan que al realizar actividades distintas a las labores domésticas reciben beneficios de diversos órdenes. En primer lugar, el trabajo extradoméstico les permite independizarse, salir de la casa y tener una vida aparte; en segundo, posibilita la superación personal y el sentimiento de orgullo al hacer bien las actividades propuestas; además, permite ampliar el campo de relaciones humanas y de buenas amistades; por último, es una forma de distracción, de sentirse a gusto y olvidar las tensiones.

Sus compañeros, al igual que ellas, tienen niveles de escolaridad muy bajos, desempeñan principalmente actividades no calificadas de los servicios. Se trata de ayudantes de cocina, mozos, jardineros, vendedores en tianguis, pintores de casas y macheteros. También hay policías, choferes, pizcadores en los Estados Unidos, y unos pocos que han logrado establecer un negocio por cuenta propia. Todos se caracterizan por no ganar lo suficiente para mantener familias numerosas (más de cuatro hijos en promedio). De ahí que la contribución de las esposas sea crucial para que los hijos sigan estudiando y no tengan que entrar a trabajar para ayudar a sus padres. Una vendedora de dulces, sin estudios, con nueve hijos, ha trabajado toda su vida haciendo de todo y nos cuenta:

> [...] una hija se recibió de socióloga [...] luego, el que sigue, es ingeniero mecánico. Otro muchacho es maestro de matemáticas; otra muchacha es secretaria bilingüe. Otra muchacha ahorita ya está para salir, nomás le falta un semestre. Ojalá y no suceda otra cosa y [salga] adelante. Ella se va a recibir de licenciada en periodismo [...] el otro muchacho estaba estudiando para licenciado y así. Pero yo le metí muchas ganas con mi marido para ayudarlo y tener más dinero. Se imagina ahorita un libro cuánto cuesta, carísimo. *Leticia, 56 años y 9 hijos; vive en el D.F.*

En lo que se refiere a la división intrafamiliar del trabajo doméstico, los patrones tradicionales por género prevalecen; la mujer, además de trabajar para ganar dinero, es la principal responsable de la labor doméstica. La ayuda de las hijas e hijos mayores, así como la del esposo, es esporádica. Las mujeres sienten el cansancio provocado por la doble jornada. Su vida cotidiana, al igual que en otros casos de los sectores populares, es difícil: hay que levantarse muy temprano, lavar y planchar ropa, y cocinar en la casa antes de salir a trabajar.

A pesar de la importancia del trabajo femenino para la manutención de la familia, los cónyuges no siempre quieren que ellas trabajen, por celos o porque piensan que van a desatender a los hijos. En estos casos surgen los conflictos, las negociaciones, y las mujeres ponen en práctica múltiples estrategias con el fin de convencer a los compañeros. A veces es determinante el argumento de que primero está el futuro de los niños. No obstante, en ocasiones, las mujeres tienen que defender abiertamente su derecho a trabajar e, incluso, recurrir a separaciones temporales o enfrentarse a la autoridad de los compañeros y entrar a trabajar aun en contra de su voluntad. Una afanadora con tercer año de primaria y dos hijas nos relata:

> Hace poco le dije a mi esposo, le digo ¿sabes qué?, no me alcanza el gasto que me das. Me voy a ir a trabajar y, ¿qué cree que me contestó?: ¿Tú?, ¿vas a trabajar?; pero si ya estás re'vieja, nadie te va ocupar. Y eso me motivó más.

Ella buscó trabajo muy empeñosamente y lo consiguió ...

> Que me voy el lunes; pero, pues no le había dicho a mi esposo. El martes trabajé sin su permiso y ya el miércoles le tenía que decir a fuerza ... [él] dijo: no, si te vas a trabajar..., junta tu ropa y te vas. No, le dije, no voy a juntar mi ropa ni me voy a ir [...] Y no, en quince días no me habló; ya después se contentó. *Ángeles, 42 años y 2 hijos; vive en el D.F.*

En suma, se trata de mujeres que trabajan porque perciben necesidad económica en sus hogares; pero justifican su actividad extradoméstica como una forma de contribuir a la educación de sus hijos, además de ayudar con los gastos de manutención diaria. Ellas otorgan un propósito claro al trabajo y no lo cuestionan, lo ven como actividad legítima y defienden frente a los cónyuges su derecho y deber de realizarlo. No obstante, en sus hogares prevalece la tradicional división del trabajo doméstico entre hombres y mujeres.

La permanencia en la casa en los sectores populares (tipo 8)

La domesticidad de tiempo completo en los sectores populares, al igual que en los medios, está ligada a concepciones tradicionales sobre lo imposible o indeseable que resulta combinar maternidad y participación económica. Las mujeres identificadas con este proyecto de vida consideran que su tarea principal es el cuidado de sus hijos —chicos o grandes— y declaran que no quieren o no pueden encontrar sustitutos satisfactorios en este particular. En cierta medida, piensan que la participación económica cae fuera de sus responsabilidades centrales, o de que no vale la pena el sacrificio. También es posible que no trabajen porque hayan cedido a las presiones del marido y de los familiares en este particular. Una mujer con tres hijos y que trabajó al inicio de su matrimonio, nos dice:

> Pues a mí se me ha hecho imposible [trabajar de manera remunerada], porque he visto en otras gentes que sí los pueden sacar adelante. Porque ahorita ¿dónde consigo trabajo para sacar adelante a mis hijos?, sobre todo que no tengo estudios. Y luego para los niños que constantemente tiene uno que firmar boletas, que la mandan a llamar a uno, entonces la escuela y el trabajo, se me hace imposible. *Sofía, 30 años y 3 hijos; vive en el D.F.*

Una madre de cinco hijos y que nunca ha trabajado después de casarse, sostiene:

> [...] ahora que te casaste, ahora ya no tienes que trabajar, ahora él va a trabajar para mantenerte [...] yo le digo "oye, yo no tengo por qué trabajar ... cuando me casé contigo [fue] para que tú trabajaras, no para que yo trabaje para mantenerte". *Celia, 30 años y 5 hijos; vive en Mérida.*

Por último, una obrera que dejó de trabajar después de tener a su primer hijo, nos declara que lo hizo porque:

[...] él [su marido] ya no quiso; que cuidara mejor a los niños. Porque pues no iba a ser igual a que me los cuidaran a que yo los cuidara [...] Sí me gustaría [trabajar en el presente]; pero pues, ¿quién me iba a cuidar a mis hijos? Si estando yo, se me salen... *Ana, 25 años y 2 hijos; vive en el D.F.*

La experiencia de trabajo remunerado antes de casarse o de tener a sus hijos no les es desconocida a estas mujeres. Para algunas, dicha experiencia comenzó en la niñez y adolescencia, debido a que era necesario contribuir con algún ingreso para ayudar a salir adelante a la madre o a la familia de origen. Las condiciones de vida en dichas familias era por lo general difícil desde el punto de vista económico, y no faltan relatos de violencia familiar y de padres alcohólicos.

Las ocupaciones que se han desempeñado son, en su mayor parte, poco calificadas (ayudantes de cocina, auxiliares en el comercio y en distintos tipos de servicios, costureras, obreras). Hay que recordar en este contexto que la mayoría de estas mujeres no alcanzó a completar la primaria, ya sea porque dejó la escuela precisamente para trabajar o cuidar a los hermanos menores, o porque estas mismas circunstancias propiciaron que entraran al sistema escolar después de la edad reglamentaria, cuando era tarde para motivar el compromiso. Son frecuentes las declaraciones de deserciones, de cursos reprobados y, en general, de falta de interés por permanecer en el sistema escolar; sin embargo, se valora mucho lo que se logra en el presente con alguna escolaridad y se desea y se pone mucho empeño en que los hijos sí permanezcan dentro de dicho sistema.

Los antecedentes socioeconómicos de las mujeres que adoptan el proyecto de no trabajar en los sectores populares son, pues, tan precarios como los de la mayoría de su sector social. Se podría pensar que en la familia actual o de procreación se han superado en cierta medida dichos problemas y que por ello no se trabaja de manera extradoméstica. Esto es así sólo hasta cierto punto. Los maridos tienen empleos con salarios por encima de los niveles mínimos (trabajadores de la construcción, de la manufactura o con alguna calificación en los servicios), y el tamaño de la familia no es muy grande (alrededor de tres hijos en promedio); sin embargo, dada la recesión por la que atraviesa el país, en varias ocasiones las mujeres perciben que el dinero no alcanza. En estas situaciones se recurre a pedir prestado, a utilizar el sistema de "tandas", pero no se considera factible en el presente la búsqueda de trabajo extradoméstico. Son muchos los problemas: el marido no las deja salir, en realidad no vale la pena, o consideran que no les corresponde mejorar por el momento la situación socioeconómica de la familia. Una mujer que era ayudante de cocina antes de tener hijos, nos dice:

> [...] si ya le he dicho, "déjame trabajar". Que no, que si me hace falta de comer para poder trabajar. Pero, "para ayudarte", le digo. "No, no tienes ninguna necesidad; si tenemos frijoles, eso vamos a comer; pero no quiero que trabajes". *Cecilia, 24 años y 2 hijos; vive en el D.F.*

Sofía ofrece al marido otro tipo de razones para no trabajar aunque perciba la necesidad de hacerlo:

> [...] me dice él —porque vemos la situación muy difícil— "¿y si te vas a trabajar?", y le digo, "¿y los niños?, todavía están chiquitos". Y me contesta, "pues pagamos una guardería"; pero yo digo que no tiene caso que me vaya a trabajar nada más para pagar la guardería. Y a lo mejor hasta ni nos alcanza a pagar la guardería". *Sofía, 30 años y 3 hijos; vive en el D.F.*

La contraparte de la situación anteriormente esbozada es la dedicación de estas mujeres de tiempo exclusivo a los hijos y al hogar. Éste es su principal quehacer, el que otorga sentido, estabilidad y apoyo a sus vidas. Casarse significa tener alguien a quien atender, y en situaciones límite también encontrar quien se haga cargo de uno. Los hijos en especial son la dicha, la razón de vivir. A veces no se desea buscar alternativas para su cuidado; aunque también puede darse el caso de que las experiencias en este sentido hayan dejado mucho que desear. Se considera que los familiares, y en especial las suegras, sólo los ven, no los alimentan bien ni los asean como se debe; sobre todo, se teme que les peguen. También la seguridad física es motivo de preocupación constante, en un contexto barrial donde la infraestructura y los servicios de policía son claramente insuficientes.

Como es de esperarse, las mujeres que no trabajan de manera remunerada se encargan por completo de las tareas domésticas y no reportan ninguna ayuda de los maridos en este particular. Sólo se espera y busca ayuda de los hijos —especialmente de las hijas— para actividades específicas, la principal es el cuidado de los hermanos menores. De hecho, en muchas ocasiones, sólo se considera factible buscar trabajo cuando las hijas crezcan y se encarguen de los hermanos menores.

En síntesis, las mujeres de sectores populares que no trabajan actualmente de manera remunerada aceptan la domesticidad de tiempo completo como el papel legítimo que les corresponde. Aquellas que hipotéticamente se plantean alguna aportación económica la descartan en el presente por las imposiciones del marido, por el cuidado de sus hijos, o porque sostienen que no vale la pena lo que pueden obtener en términos monetarios. Son mujeres dedicadas de manera exclusiva a la maternidad y a las tareas domésticas.

CONSIDERACIONES FINALES

En este capítulo analizamos el significado que tiene en la vida de las mujeres casadas o unidas su participación en el mercado de trabajo. Con base en entrevistas en profundidad a mujeres de sectores medios y populares que residen en áreas urbanas de diferentes regiones del país encontramos, al igual que otras autoras, distintas vivencias, las cuales sintetizamos en ocho tipos básicos.

Cuando se trata de mujeres de carrera (tipo 1), o que conciben la actividad económica como útil y satisfactoria (tipo 5), el compromiso con el trabajo puede formar parte de un proyecto individual, con metas personales. En las demás situaciones, el compromiso básico es con el bienestar familiar, por lo que el trabajo es visto desde esa perspectiva, aunque las prácticas varían. A veces se trabaja con gran empeño en función de un proyecto familiar que involucra mantener el *status* social en los sectores medios (tipo 3), o reducir las carencias económicas y elevar la educación y el bienestar de los hijos en los sectores populares (tipo 7); en otros casos, cuando la situación económica es menos apremiante (tipo 2), o por lo menos se percibe como tal (tipo 6), se establece con el trabajo un compromiso restringido porque, de esa manera, se cumple mejor con las exigencias de la maternidad. Finalmente, en otras situaciones que analizaremos en detalle en el capítulo VI (jefas de hogar), no existe alternativa, sino la de trabajar para que la familia sobreviva.

Con base en lo anterior podría plantearse que, en gran parte de los casos, la relación mujer-trabajo se construye en función de las necesidades familiares y que son pocas las situaciones en que está presente un proyecto personal. Esto no significa necesariamente que el incremento en el trabajo femenino extradoméstico sea pasajero, y que responda sólo a la situación de crisis y ajuste que vive el país en la actualidad. Por el contrario, el análisis de las historias de vida nos permite señalar que, cuando se trabaja en función de un proyecto de movilidad social familiar, o para garantizar el bienestar de los hijos, la necesidad del ingreso femenino se siente como permanente y creciente, y puede establecerse un alto grado de compromiso con la actividad económica. Estos hallazgos permiten enriquecer algunos conceptos sobre los papeles que las mujeres consideran apropiados para desempeñar en sus vidas (véase Bilac, 1990). Nuestros resultados apuntan a que, tanto un proyecto personal, como a veces uno familiar, pueden hacer que se perciba como legítima la participación económica femenina.

Mediante la construcción de los tipos, también es posible enriquecer el concepto de la participación económica femenina y, por lo tanto, ampliar el conocimiento de sus distintos condicionantes. Además de aspectos tales como el estado civil, edad, número de los hijos y la ayuda existente para su cuidado —analizados en la primera parte del libro—, son importantes las siguientes acciones y percepciones de ambos cónyuges: la contribución del esposo al presupuesto familiar; la actitud del esposo frente al trabajo de la esposa, y la percepción de la mujer sobre la legitimidad de su trabajo. Esto último implica también tener en cuenta la disposición a defender derechos y el interés por buscar arreglos familiares y laborales satisfactorios. Veamos más en detalle algunos de estos aspectos.

El ingreso del marido y su contribución a la manutención del hogar

La contribución del marido al presupuesto del hogar constituye un aspecto clave en la explicación del trabajo femenino que se desempeña en función del bienestar de la familia. Cuando el esposo gana lo suficiente para garantizar los mínimos necesarios en los sectores medios, o cuando el gasto que proporciona es regular y se considera suficiente en los sectores populares, se propicia la búsqueda de trabajos que demandan menos tiempo y esfuerzo; las mujeres mismas los evalúan como una actividad menor en comparación con la maternidad, su compromiso central. Por el contrario, cuando la aportación del esposo resulta deficitaria, o se percibe como tal para las aspiraciones que se tienen, las mujeres están dispuestas a establecer un compromiso de mayor alcance con su actividad extradoméstica, la cual consideran fundamental para mantener el *status* o garantizar el bienestar de sus hijos. Por último, cabe señalar que, cuando está presente un proyecto individual, la contribución del marido a la manutención del hogar es un factor que hay que tener menos en cuenta en la explicación del trabajo femenino extradoméstico.

La actitud del marido frente al trabajo de la esposa y los conflictos familiares

Es importante tener en cuenta la actitud del marido para explicar situaciones en que las mujeres establecen con el trabajo un compromiso restringido. En los sectores medios, los cónyuges presionan a sus compañeras para que busquen o acepten trabajos menos demandantes, y en los sectores populares se requiere del permiso del marido para desempeñar estos trabajos complementarios. En cambio, en los casos en que el trabajo surge como parte de un proyecto de ascenso familiar o de garantía de mejores niveles de vida, las mujeres declaran que cuentan con el apoyo de sus maridos, o que resuelven con negociaciones y convencimientos las eventuales objeciones en este particular. Por último, para las mujeres de carrera o que consideran su trabajo como útil y satisfactorio, la actitud del marido es un factor que juega un papel menos determinante en la selección y ejercicio de su trabajo extradoméstico.

La actitud de la mujer frente a su propio trabajo

Las mujeres trabajadoras en los sectores medios y populares urbanos presentan diferentes grados de ambigüedad frente a su actividad extradoméstica. Aunque en muchas situaciones estén claros los beneficios familiares y personales, no por eso desaparecen los cuestionamientos —especialmente cuando los hijos están chicos— lo cual es un factor que obstaculiza la plena integración de la mujer a la actividad económica. Es posible identificar en este particular diversos aspectos que influyen: falta de apoyo de los cónyuges en las actividades domésticas; dificultades existentes para encontrar los sustitutos adecuados para el cuidado de los hijos, y trabajos inestables, mal retribuidos, sin posibilidades de ascenso y sin prestaciones sociales.

Dentro de este panorama general, es posible, no obstante, introducir algunos matices. Cuando el trabajo es concebido como carrera, o vivido como una experiencia útil y satisfactoria, las ambivalencias frente al trabajo extradoméstico son más reducidas; las mujeres defienden su trabajo porque mediante este ejercicio crean un espacio propio; buscan y logran encontrar, en cierta medida, arreglos familiares o laborales para el cuidado de sus hijos. Los cuestionamientos se enfrentan cuando se trabaja como parte de un proyecto familiar para mantener el *status* o el bienestar para los hijos; también, en este caso, el trabajo tiene cierta prioridad, siempre y cuando no se desatienda a los hijos. En cambio, las ambivalencias surgen en forma más clara cuando el trabajo se percibe como algo suplementario, tanto en sectores medios, como populares urbanos. Por lo general, estas mujeres viven grandes conflictos al tratar de combinar el trabajo y la maternidad, y se les dificulta encontrar arreglos satisfactorios para el cuidado de sus hijos.

La consideración de las dimensiones señaladas nos permitió entender más a fondo las razones y motivos por los cuales las mujeres trabajan. Si bien las necesidades económicas son importantes y han sido acentuadas por la crisis de los años ochenta, también desempeñan un papel importante los proyectos de vida individuales o familiares. Éstos tienen una temporalidad de más largo plazo y pueden llevar a una presencia más constante de las mujeres en el mercado de trabajo.

VI. JEFAS DE HOGAR Y VIOLENCIA DOMÉSTICA

Introducción

En este capítulo examinamos las experiencias de vida de mujeres de sectores populares que son jefas de sus hogares en la actualidad o lo fueron durante gran parte de sus vidas de pareja. Se trata de mujeres con hijos y cónyuge que han asumido la responsabilidad de mantener económicamente a sus unidades domésticas. Nuestro propósito es comprender de manera más cabal el significado del trabajo y la maternidad en la vida de estas mujeres; las relaciones de género que se establecen en sus hogares; algunos rasgos propiciadores de la subordinación a que están sujetas las jefas, y sus percepciones sobre la condición femenina.

Reciben atención especial las tensiones, los conflictos y, en general, la violencia física y psicológica que caracteriza de manera sobresaliente a este tipo de relación familiar. Es importante remarcar que, aunque en muchas familias de sectores medios y populares se presentan matices de violencia psicológica o agresión verbal, en ningún grupo encontramos en forma recurrente relatos de violencia física como sucede entre las jefas, quienes ejemplifican situaciones extremas de subordinación femenina.[1]

La estrategia metodológica elegida para analizar las entrevistas en profundidad fue la reconstrucción de las experiencias de vida relatadas por las mujeres, haciendo hincapié en los rasgos sobresalientes y recurrentes. Buscamos conexiones posibles entre las viven-

---

[1] González de la Rocha (1991) también argumenta que la violencia física ocurre, sobre todo, en los sectores más pobres. En los sectores medios asume formas más sutiles; pero cumple la misma función de mantener relaciones asimétricas de poder entre hombres y mujeres a nivel familiar, garantizar la disciplina, el control y la autoridad masculina. En el capítulo VIII analizamos las relaciones de género en las familias que cuentan con una contribución monetaria estable del esposo a la manutención del hogar, tanto en los sectores medios, como en los populares urbanos.

cias en las familias de origen (condiciones materiales de existencia y socialización en distintos contextos); las experiencias y percepciones de las mujeres sobre su trabajo; el matrimonio y la maternidad, y las formas de convivencia entre hombres y mujeres en estas situaciones de pobreza y violencia. Este capítulo está basado en un subconjunto de catorce entrevistas en profundidad a mujeres de sectores populares urbanos, las cuales consideramos por separado por tratarse de jefas económicas de hogar. (Véase el capítulo V y el apéndice II para una exposición detallada de los criterios de selección y de los instrumentos utilizados para la realización de las entrevistas.)

ANTECEDENTES DE INVESTIGACIÓN SOBRE JEFAS DE HOGAR

Desde hace más de una década, los hogares con jefatura femenina reciben atención en la literatura especializada en América Latina y el Caribe. Los estudios sociodemográficos realizados en los años setenta ya destacaban los rasgos específicos de las jefas frente a los jefes y las diferencias en las características de sus hogares.[2] Varios de los resultados encontrados en los análisis pioneros todavía tienen actualidad. Investigaciones recientes realizadas en diferentes países los confirman y dan nuevos elementos para delinear el siguiente perfil: la proporción de hogares dirigidos por mujeres va en aumento y es más elevada en las zonas urbanas que en las rurales; a diferencia de los hogares con jefatura masculina, los encabezados por mujeres se alejan del modelo nuclear; son en su mayoría hogares sin cónyuge y por lo tanto más pequeños en tamaño; se encuentran en etapas más avanzadas del ciclo vital. Las jefas presentan niveles de participación económica más elevados que el promedio de la población femenina; son más pobres que los jefes

---

[2] Véase, entre otros, los siguientes análisis para diferentes países de la región: Van der Tak y Gendell, 1973; Lira, 1976; Lopes, 1976; Pantelides, 1976b; Barroso, 1978; Merrick y Schmink, 1978; Jelin, 1978; Recchini, 1979; García, Muñoz y Oliveira, 1982 y 1983.

en términos relativos, debido a la dificultad para conseguir empleos estables y bien remunerados.[3] Múltiples factores contribuyen a la formación de hogares dirigidos por mujeres. Entre los más mencionados están: la mayor esperanza de vida de las mujeres y el hecho de que muy pocas viudas se vuelvan a casar; la emigración temporal masculina; la dificultad de los hombres de desempeñar el papel de proveedores en situaciones de extrema pobreza, debido a los bajos salarios y al desempleo; el alcoholismo; el embarazo de adolescentes; el machismo, la prevalencia de uniones consensuales y la poligamia (Chant, 1988; Buvinic, 1990).

Acosta Díaz (1991), en una revisión de los estudios hechos en México, distingue entre los análisis de carácter sociodemográfico basados en información censal o encuestas de hogares (López, 1986 y 1989; García, Muñoz y Oliveira, 1982; Margulis y Tuirán, 1986) —que encuentran hallazgos similares a los mencionados— y los de carácter antropológico. Estos últimos utilizan datos cualitativos que permiten examinar, además de los rasgos socioeconómicos del hogar, aspectos vinculados con la dinámica intrafamiliar y el momento del ciclo vital en que las mujeres asumen la jefatura de sus hogares (Chant, 1988; Gónzalez de la Rocha, 1988; Riquer y Charles, 1989; Riquer, 1990).

Riquer (1990), a partir de entrevistas en profundidad a mujeres de sectores populares, argumenta que no necesariamente la presencia de hogares con jefatura femenina está asociada con los mayores niveles de pobreza. Esta autora destaca la importancia del ciclo doméstico para explicar la jefatura femenina. Por un lado, estarían las mujeres que se convierten en jefas debido a la ruptura del vínculo conyugal a edades más avanzadas y, por el otro, aquellas que siguen unidas y al final de su ciclo reproductivo "conquistan" la posición de dueña del hogar, lo que implica tener autoridad sobre los hijos y contribuir al sustento de la familia (Riquer y Charles, 1989; Riquer, 1990). En la presente investigación, la jefa-

[3] Véase: Folbre, 1991, para una sistematización y discusión de los rasgos de las unidades con jefas mujeres encontrados en diferentes países del mundo; Buvinic, 1990, para una revisión de los análisis más recientes en América Latina y el Caribe, y Acosta Díaz, 1991, para un análisis de los estudios disponibles para México.

tura femenina también es más frecuente en las etapas más avanzadas del ciclo de vida, al igual que lo encontrado en la mayoría de los estudios sobre el tema. Sin embargo, difícilmente podríamos afirmar que las mujeres viven esta situación como una "conquista"; más bien, como veremos más adelante, la perciben como una imposición.

En los trabajos de Chant (1988) y Gónzalez de la Rocha (1988), se reportan hallazgos de investigación sobre familias de sectores populares con jefatura femenina en las cuales el cónyuge no está presente. Estas autoras reportan menor violencia doméstica en este tipo de hogares que en los de jefatura masculina. En contraste, nosotras hemos encontrado niveles elevados de violencia física y psicológica, porque nos centramos en el estudio de las familias encabezadas por mujeres con cónyuge presente.

Es conveniente referirnos, por último, a la definición de jefe de hogar que utilizamos. Generalmente, los estudios sociodemográficos se basan en la definición de *jefe de hogar* —empleada en los censos y encuestas— que se refiere a la persona reconocida como tal por los miembros del hogar. Este concepto ha sido ampliamente criticado por subestimar el peso de las unidades domésticas encabezadas por mujeres debido a que, en la mayoría de los casos, se reconoce a la mujer como jefa solamente cuando el cónyuge no se encuentra habitualmente en el hogar. Asimismo, la utilización de una definición que capta sobre todo hogares con jefas sin cónyuges, condiciona algunas de las características encontradas, a saber: menor tamaño, carácter generalmente no nuclear y menor violencia.

Los estudiosos del tema sugieren entonces que se revise la utilidad del concepto *jefe de hogar*, usualmente empleado en censos y encuestas, y recomiendan el empleo del concepto *jefe económico* para captar en forma más adecuada a las jefas *de facto* (Rosenhouse, 1988; Buvinic, 1990; Folbre, 1991).

El subconjunto de jefas que analizamos en este capítulo son *jefas económicas* de sus hogares, esto es, mujeres que se han hecho cargo de la manutención familiar, aun en presencia de sus cónyuges. Por sus características particulares, hemos considerado necesario analizarlas por separado, y documentar el significado del trabajo y la maternidad en sus vidas, así como las relaciones de género que se establecen en sus unidades domésticas. Ahora bien, conviene adelantar que las mujeres analizadas son jefas económicas pero no se perciben necesariamente como jefas de hogar, en el sentido de detentar la autoridad en la familia.

LAS JEFAS ECONÓMICAS: EL TRABAJO FEMENINO COMO ACTIVIDAD INDISPENSABLE PARA LA SOBREVIVENCIA FAMILIAR

Las jefas entrevistadas tienen, en su mayoría, más de 35 años de edad y viven habitualmente con sus hijos y cónyuges. El número promedio de los hijos es 4.4, más elevado que el de la mayoría de las otras mujeres entrevistadas, teniendo en cuenta la estructura por edad (véase el cuadro VI-1). Las jefas aportan gran parte de los recursos económicos y, además, se encargan, al igual que otras muchas mujeres, de casi todas las labores de la casa. Por lo general, también deciden sobre los gastos de la unidad doméstica y la educación de los hijos. Sin embargo, ellas no siempre se consideran como jefas y aceptan que sus cónyuges tengan la autoridad en la familia. En cerca de la mitad de los casos analizados, estas mujeres consideran que el compañero es quien manda en la casa y ellas tienen que pedir permiso para salir, trabajar o visitar parientes o amigos.

Con frecuencia, estas mujeres iniciaron la jefatura de sus hogares cuando dejaron la casa de los familiares del cónyuge, en donde se establecieron al casarse. En este comienzo su posición relativa en la familia mejora al no tener que obedecer a los suegros como se acostumbra en el patrón patrivirilocal de residencia (Gónzalez e Iracheta, 1987); pero han tenido que detentar, por necesidad, la jefatura económica de los hogares porque sus compañeros han desempeñado sólo trabajos inestables, no han asumido la responsabilidad de contribuir en forma regular a la manutención del hogar o, cuando lo han hecho, no han alcanzado a cubrir las necesidades básicas. En este contexto, las mujeres no tienen otra alternativa que trabajar y su actividad extradoméstica es la que permite la sobrevivencia familiar. Una entrevistada que despacha en una taquería nos dice:

Cuadro VI-1
Características demográficas y económicas de las entrevistadas y sus cónyuges[1]

	Entrevistadas						Cónyuges		
Entrevista núm.	Edad en años	Estado civil	Escolaridad	Número de hijos	Edad hijo menor	Inserción laboral	Edad en años	Escolaridad	Inserción laboral
21 (D.F.)	24	unión libre	Secundaria incompleta	5	3 años	Despachadora de taquería/Asal.	35	Primaria	Chofer de camiones/Asal.
14 (Mér.)	28	unión libre	Primaria	4	2 años	Obrera fábrica textil/Asal.	27	Secundaria incompleta	Obrero y mecánico/PCP
22 (D.F.)	29	unión libre	Primaria	3	2 años	Vendedora artículos diversos/PCP	32	Secundaria	Obrero/Asal.
12 (Tij.)	30	unión libre	Primaria incompleta	4	4 meses	Empleada doméstica/Asal.	31	Primaria	Inactivo, está encarcelado
24 (Tij.)	37	casada	Secundaria	3	12 años	Recamarera de hotel/Asal.	40	Primaria	Guardia de seguridad/Asal.
8 (D.F.)	37	casada	Primaria	3	2 años	Niñera estancia infantil/Asal.	37	Secundaria	Empleado servicios generales/Asal.
18 (Tij.)	38	casada	Primaria	3	7 años	Prop. tienda de abarrotes	39	Primaria incompleta	Chofer/PCP

9 (D.F.)	39	casada	Sin estudios	7	10 meses	Vend. ropa usada/PCP	48	Primaria	Obrero/Asal.
31 (Tij.)	40	casada	Primaria incompleta	9	2 años	Empleada doméstica/Asal.	41	Primaria incompleta	Inactivo, está encarcelado
30 (Tij.)	44	unión libre	Primaria	5	15 años	Afanadora de laboratorio/Asal.	38	Secundaria	Electricista/Asal.
S/n (D.F.)	47	casada	Primaria incompleta	2	7 años	Empleada doméstica/Asal.	45	ND	Conserje/Asal.
21 (Tij.)	48	casada	Secundaria incompleta	7	9 años	NT	50	Primaria incompleta	Obrero fábrica de chamarras/Asal.
14 (D.F.)	54	unión libre	Sec. y corte y confección	7	17 años	Propietaria de puesto de ropa	45	Secundaria	Electricista/ND
1 (Mér.)	64	casada	Primaria	4	ND	Empleada doméstica/Asal.	70	Primaria	Inactivo jubilado

[1] En el momento de la entrevista. ND = No disponible. NT = No trabaja.
Asal = Asalariada(o). PCP = Por cuenta propia.
Fuente: Entrevistas en profundidad. Proyecto "Fecundidad, trabajo y condición femenina en México", agosto-noviembre, 1990.

[...] económicamente, mi esposo bien no me ayuda. Entonces busco uno que otro trabajito. Siempre he andado así. *Oralia, 24 años, tres hijos y dos entenados; vive en el D.F.*

La descripción que hace una asistente educativa sobre la falta de responsabilidad de su compañero es clara:

Él llegaba a la hora que quería y no sabía si yo comía o no. No me daba ni gasto. No sé si se lo daba a su mamá o se lo malgastaba. Yo no le podía pedir dinero porque me decía, "yo no tengo por qué dártelo". Le decía yo "cómprame zapatos o ropa" y me contestaba, "no, yo no tengo dinero; te hubieras casado con un rico." *Evangelina, 37 años, tres hijas; vive en el D.F.*

Las vidas de las jefas económicas se caracterizan por la inestabilidad; hoy pueden tener para la comida, mañana quién sabe. Por momentos los maridos se componen, prometen cambiar y luego recaen en la bebida, se van con otras mujeres, pierden el trabajo o les va mal en un negocio. En las situaciones más dramáticas, estas familias viven en lo cotidiano las consecuencias de problemas sociales más amplios, como la pobreza extrema, el desempleo, la criminalidad, el alcoholismo y la drogadicción. Cuando los compañeros, además de "desobligados", son delincuentes y drogadictos, las mujeres tienen que mantener a la familia: hacerse cargo de los gastos de alimentación, calzado y vestido, útiles escolares, pago de la renta, agua, luz y enfrentarse a emergencias como accidentes y enfermedades. Puede darse el caso de que mantengan al marido y hasta sus vicios. Una empleada doméstica, embarazada por quinta vez, tiene un esposo con trabajos eventuales que pasa periodos en la cárcel. Actualmente está desocupado. Ella afirma:

Yo le digo que por qué no se pone a trabajar. Así entre los dos podríamos comprar más cosas, tener a los niños mejor, ¿verdad? [...] No quiere trabajar, no quiere trabajar, nomás trabaja cuando quiere. No le preocupa nada. A veces yo le digo: "oye, por qué no te preocupas por esto, por l'otro"[...] Yo me imagino que no se preocupa porque sabe que yo de todas maneras tengo que comprar las cosas, tengo que comprar todo con él o sin él. Tengo que comprar, pues, para las niñas, para comer. Y él no se apura de nada. Ésos son los

pleitos que tenemos siempre, que no quiere, no sé, no sé qué piensa.
Amparo, 30 años, cuatro hijas; vive en Tijuana.

Las jefas no tienen otra alternativa que trabajar; pero sus características sociodemográficas no las favorecen en el mercado de trabajo. En su mayoría se trata de mujeres con baja escolaridad que, cuando mucho, han completado la primaria, porque necesitaban ayudar económicamente a sus padres o cuidar a sus hermanos menores. La falta de preparación las ha llevado a desempeñar a lo largo de sus vidas ocupaciones no calificadas y mal pagadas que se ubican entre las actividades típicamente femeninas: afanadoras, costureras, meseras, empleadas domésticas, lavanderas, vendedoras en tianguis, con puestos o ambulantes. Escasas son las instancias en que han logrado cursar algunos años de secundaria, aprender un oficio o trabajar como obreras. Algunas prefieren ser empleadas domésticas a ser obreras, ya sea por la flexibilidad del horario, mejor salario, poder llevar a sus hijos al trabajo y cambiar de ambiente, o por no estar encerradas todo el día. También se valoran las actividades extradomésticas que se realizan a domicilio y facilitan cuidar a los hijos mientras se trabaja (véase el cuadro VI-1).

Sus experiencias laborales han sido, por lo general, inestables, con interrupciones al tener a sus hijos chicos y no contar con quien los cuide. Asimismo, han cambiado con frecuencia de lugar de trabajo y desempeñado diferentes tipos de actividad a la vez o a lo largo de sus vidas. Pocas han tenido empleos que les hayan ofrecido oportunidades de ascenso y mayores salarios. Las jefas casi siempre quieren seguir trabajando para educar a los hijos, terminar de construir su casa y tener una vida mejor en la vejez. Algunas, si tuvieran la oportunidad, preferirían no trabajar para poder cuidar a sus hijos chicos; consideran, asimismo, que es obligación del hombre sostenerlas; pero, por otro lado, ya están acostumbradas a trabajar, se sienten mal al estar en la casa, no les gusta quedarse sin hacer nada. Además, aunque trabajen porque no tienen otra alternativa, se dan cuenta de que el trabajo extradoméstico les da mayor confianza, alguna satisfacción, cierta independencia y seguridad personal y familiar.

RELACIONES DE PAREJA Y VIOLENCIA DOMÉSTICA

La violencia doméstica no es, por supuesto, un fenómeno reciente en México. Por ejemplo, fuentes históricas indican que en los sectores campesinos del siglo XIX la agresión masculina en contra de las mujeres cumplía la función de mantenerlas en el lugar que les estaba socialmente asignado en la jerarquía familiar, así como la de controlar su movilidad física y su sexualidad. En el contexto de pobreza y opresión en que vivían los sectores campesinos de hace más de cien años, la violencia contra las mujeres era una forma de descarga de frustraciones, tensiones y conflictos provocados por la situación social y un mecanismo de dominación eficaz que mantenía la autoridad de los hombres cuando los controles ideológicos se debilitaban (Gónzalez e Iracheta, 1987).

En la actualidad, en diversos países, la violencia psicológica y física del hombre contra la mujer asume diferentes modalidades: encierro en el hogar; prohibición de salir o trabajar en actividades extradomésticas sin permiso del cónyuge; agresión verbal; relaciones sexuales forzadas; maltratos, lesiones, amenazas de muerte y homicidio.[4] Las explicaciones dadas a este fenómeno aluden a aspectos de carácter psicológico, socioeconómico y cultural presentes en la vida cotidiana. Entre los más mencionados se encuentran: el alcoholismo y la drogadicción del agresor; la socialización temprana en una subcultura de violencia; dinámicas familiares en las cuales el agresor y la víctima provocan la conducta violenta, y la creencia de que el hombre tiene el derecho de usar la violencia contra la mujer. También se puntualizan como factores explicativos la impunidad de los actos delictivos realizados en el ámbito privado; las formas de ejercicio del poder masculino para mantener el control y la posición de subordinación de las mujeres en el ámbito doméstico, y los sentimientos de inseguridad y frustación del varón al sentir amenazada su autoridad sobre la mujer. Por último, hay que mencionar las dificultades en el logro del *status* social; factores

---

[4] Para algunas cifras, véase Grosman, Mesterman y Adamo, 1989; Larrain, 1990. En el trabajo de Grosman *et al.*, también se revisan los diferentes modelos explicativos de la violencia doméstica. Estas autoras se refieren a los modelos psiquiátrico, psicosocial y sociocultural y a sus variaciones internas.

vinculados al hacinamiento, la tensión en el trabajo, el transporte inadecuado y la pobreza en general (Schechter, 1982; Gónzalez de la Rocha, 1991).

La situación de las jefas económicas analizadas no se diferencia mucho de este patrón general. El hecho de que las jefas trabajen ha sido un factor central de conflicto familiar en sus vidas. A pesar de no recibir para el gasto por parte de sus cónyuges en forma regular, estas mujeres han tenido que defender el derecho a ejercer una actividad económica remunerada para dar una vida mejor a los hijos; dejaron de trabajar al casarse o cuando tenían hijos chicos, o lo hicieron a escondidas porque el marido no permitía que se desatendiera a la familia, aunque él no cumpliera con su papel esperado de proveedor.

En el discurso de estas mujeres aparecen como un rasgo sobresaliente los relatos de violencia física y psicológica. Evangelina nos dice:

> Cuando empecé a trabajar siguió igual [...] todo le molestaba. La primera vez que recibí mi sobre dijo que cómo iba a ser posible que yo fuera a ganar luego, luego, lo que él estaba ganando. En realidad era muy poco, pero a mí siempre me trató de lo peor y decía que no servía para nada; ¡cómo iba a ser posible que ganara igual que él! De allí empezó con los problemas porque yo trabajaba. Él veía que me vestía y me decía que yo lo andaba haciendo p... Seguimos peor con los problemas. Hubo una ocasión que hasta me golpeó porque decía que [yo] a quién le pedía para darle de comer a él carne.

> Él se enojaba nomás así. Yo ya no sabía ni por qué se había enojado; porque le volaba la mosca, por cualquier cosa ya estaba enojado. Cuando él se enojaba le echaba la masa de los tamales a los puercos, o se enojaba y les echaba toda la comida; pero él sí comía antes. Cuando me dieron el trabajo, dejé de vender y seguíamos con los problemas. Él siempre ponía pretextos. A él le molestó mucho cuando yo entré a trabajar y tuve un trabajo seguro, algo estable y que podía contar con médico y todo eso. En una ocasión le dije, "sabes qué, hasta aquí queda todo" y me fui con mi mamá. Él fue a buscarme y me sacó de los cabellos y me agarró a patadas... Me trajo para acá y cuando vine de con mi mamá, me había roto toda mi ropa, la poca que tenía para trabajar [...] Me dijo "ándale, a ver si así te van a querer". Decía que

ya alguien me andaba echando los perros por ahí. *Evangelina, 37 años, tres hijas; vive en el D.F.*

Estamos frente a situaciones en las cuales el dominio masculino se ejerce mediante la violencia física y psicológica; tal parecería que al sentirse fracasados en su papel de proveedores, los cónyuges de las jefas económicas reafirman su autoridad utilizando el maltrato como último recurso.[5] El uso de drogas y de alcohol, el sentimiento de desvaloración de los cónyuges que se sienten relegados y humillados cuando no mantienen al hogar y, en general, los celos frente a la salida de las mujeres generan un ambiente familiar extremadamente agresivo. En este contexto, la violencia masculina asume otras formas además de las ya señaladas: amenazas de llevarse a los hijos; acusaciones de prostitución; prohibiciones de ver a los familiares; daños a los objetos de la casa.

No obstante lo anterior, no todas las jefas entrevistadas experimentan la violencia en forma pasiva: en la mitad de los casos encontramos que se han resistido a lo largo de sus vidas a convivir con un marido golpeador y "desobligado" y a aceptar ser tratadas como esclavas u objetos que se abandonan o se dejan de lado. Han intentado cambiar la relación, han recurrido a diferentes formas de resistencia que van, desde el robo de dinero a los compañeros, el negarse a tener relaciones sexuales y la devolución de los golpes, hasta las separaciones temporales. También han empleado formas de manipulación que, si bien tenían la intención de cuestionar la subordinación, más bien contribuyen a reforzarla, por ejemplo, el tener hijos para que los maridos se compongan o utilizar las relaciones sexuales para tenerlos bajo control.

En este contexto de violencia, la mayoría de las jefas entrevistadas mantienen sus relaciones de pareja por diversos motivos: miedo ante las amenazas del compañero; temor a los reproches de los hijos; sentimientos de inseguridad para enfrentar la vida en soledad, que son reforzados por la falta de escolaridad y los bajos ingresos que perciben; estigmas contra las mujeres separadas, y esperanzas de que el compañero cam-

---

[5] Explicación sugerida verbalmente por la psicoanalista Diana Rubli; para su fundamentación, véase Grosman, Mesterman y Adamo, 1989.

bie.[6] Asimismo, estas mujeres comparten valores muy arraigados sobre la necesidad de mantener el vínculo matrimonial, visto como un compromiso adquirido que se debe cumplir. Consideran que la figura del padre es muy importante para los hijos. En efecto, la interiorización de valores sociales que asumen la subordinación femenina como algo natural, y las percepciones sobre la normatividad social que regula la vida en pareja y establece el papel de la esposa y la madre en la familia, constituyen aspectos clave para entender por qué toleran relaciones tan desventajosas. Además, hay que tener presente que muchas de estas mujeres no vislumbran otras formas de convivencia porque también pasaron su niñez y adolescencia en un ambiente familiar violento, hostil o en descomposición.

Rasgos familiares e individuales propiciadores de la subordinación femenina en el ámbito doméstico

Como señalamos anteriormente, múltiples aspectos de carácter material y subjetivo se entremezclan en la vida cotidiana para explicar la subordinación de las mujeres en una de sus manifestaciones más dramáticas: la violencia doméstica. Destacamos, a continuación, ciertos rasgos de las historias de vida de las jefas que nos permiten señalar algunos factores familiares e individuales que han contribuido a moldear relaciones de pareja cargadas de diferentes formas de agresión. Consideramos importante describir, en forma breve y selectiva, los siguientes aspectos: condiciones materiales de existencia en la niñez y la adolescencia; formas de convivencia al inicio de la relación matrimonial; experiencias como madres y el significado de la maternidad, y ausencia de redes de apoyo para el cuidado de los hijos.

---

[6] El estudio de Grosman, Mesterman y Adamo (1989), indica que en Argentina pocas de las mujeres golpeadas que analizan logran la separación definitiva. Por su parte, Walker (1979) estudia el ciclo de la violencia y caracteriza la fase final como de idealización de la relación de pareja; el hombre golpeador presenta una conducta de arrepentimiento y afecto hacia la mujer, quien lo acepta y cree en su sinceridad.

Las precarias condiciones materiales de existencia

Las jefas económicas con frecuencia nacieron en familias numerosas de escasos recursos. Sus padres eran campesinos, vendedores en los mercados pueblerinos; las madres, cuando no ayudaban en las actividades agrícolas o en el cuidado de los animales, lavaban y planchaban para casas particulares o también se dedicaban al comercio. Sobresale, asimismo, que muchas de estas mujeres crecieron al cuidado de otros familiares, abuelos o tíos, porque sus padres se separaron, las abandonaron o eran hijas de madres solteras. Casi siempre estudiaron, cuando mucho, hasta sexto de primaria; necesitaban realizar una actividad doméstica para ayudar a los padres o cuidar a los hermanos menores. La mayoría trabajó en su niñez y adolescencia como ayudantes en negocios familiares, empleadas domésticas o vendedoras ambulantes.

En cuanto a la convivencia familiar, muchas de las jefas, a diferencia de otras mujeres del sector popular, ya experimentaron en su infancia lo difícil que es enfrentar la violencia doméstica.[7] No es poco frecuente que sus padres o padrastros fueran alcohólicos que golpeaban a los hijos y a las esposas. Tampoco se halla ausente la violencia de la madre contra los niños. Esta violencia doméstica genera sentimientos de rencor, rechazo y rabia por parte de los hijos. Frente a las condiciones de vida imperantes en la niñez y la adolescencia, estas mujeres han salido de sus casas aún jóvenes y muchas migraron, ya sea en búsqueda de mejores condiciones de vida o para huir de un hogar infeliz.

Las propias experiencias de vida de las jefas pueden propiciar la reproducción de patrones extremos de subordinación femenina y aceptación de la autoridad masculina y paterna, independientemente de la falta de responsabilidad y del carácter violento de sus compañeros. Diversos estudios indican que la socialización a temprana edad en un ambiente violento contribuye a desarrollar en la mujer una mayor tolerancia ante los actos agresivos (Grosman, Mesterman y Adamo, 1989; Larrain Meiremans, 1990).

---

[7] En otros grupos de mujeres analizados no encontramos en forma tan frecuente como entre las jefas relatos de violencia en la familia de origen.

El inicio azaroso de la unión y las características del cónyuge

Con frecuencia, la forma en que ocurre la unión o el matrimonio y los rasgos del compañero y del padre de los hijos condicionan las vivencias de las mujeres. En los casos analizados, la unión, más que abrir posibilidades de un cambio de vida, ha contribuido a reforzar el patrón existente en la familia de origen. En los relatos de las jefas de hogar encontramos, en forma más frecuente que entre otras mujeres de los sectores populares que analizamos, la referencia a un matrimonio buscado para liberarse de un ambiente hostil y violento, de un padre alcohólico y agresivo. Estas mujeres se fueron de la casa, a veces muy jóvenes, por conflictos con los padres, por estar embarazadas, por haber sido forzadas o "raptadas".[8] En sus recuerdos se percibe que la unión o el matrimonio no fue una decisión pensada y planeada, sino más bien algo fortuito. Iniciaron su unión sin haber elegido un compañero que querían o consideraran conveniente; sin embargo, la mayoría se casó legalmente. Desde el inicio de la relación conyugal los esposos no asumieron la responsabilidad de manutención del hogar, por estar todavía estudiando, tener trabajos inestables, ser alcohólicos o tener otra mujer e hijos. No es poco frecuente que la violencia contra la esposa ya se halle presente desde el principio de la relación conyugal.[9]

Las conductas violentas en el nivel familiar también reflejan las desigualdades imperantes en la sociedad en términos de oportunidades de educación y empleo para la población. Al contar, en su mayoría, con escolaridad primaria, los compañeros trabajaban en actividades escasamente remuneradas y poco estables. Frente a esta situación, lo más común al dejar el hogar paterno fue irse a vivir "de arrimados" en la casa de los familiares del cónyuge. La necesidad económica refuerza el patrón patrivirilocal de residencia y propicia conflictos familiares. En la casa de los suegros, los maltratos eran frecuentes y las recién casadas tuvieron que dedi-

---

[8] La costumbre del "rapto" o "robo de la novia" que es llevada a la casa de los padres del varón es frecuente entre los sectores populares para ahorrarse los gastos de la boda o cuando los padres de la novia se oponen a la unión. Véase González e Iracheta, 1987.

[9] Hallazgos que apuntan hacia la misma dirección se encontraron en Argentina (Grosman, Mesterman y Adamo, 1989).

carse al trabajo doméstico porque casi siempre los compañeros no estaban de acuerdo con que trabajasen fuera del hogar. Las suegras frecuentemente refuerzan la subordinación de las nueras: las maltratan; consienten a sus hijos y les encubren sus vicios. Vale la pena recordar que ambos aspectos, el traslado de la mujer a la casa de los padres del esposo y las relaciones conflictivas con la suegra, son pautas culturales bien documentadas en la cultura mexicana (Gónzalez e Iracheta, 1987; Gónzalez, 1991).

Vivencias de la maternidad

La valoración de la maternidad es clara y las jefas que más la idealizan consideran que nacieron para ser madres. Sin lugar a dudas, para las mujeres con maridos "desobligados", violentos y con vicios, los hijos son la satisfacción del matrimonio, la recompensa frente a una relación matrimonial insatisfactoria, la fuente de alegría; significan tener un hogar; tener por quién vivir; permiten sentirse querida, comprendida; sentir que le hace falta a alguien; asegurar que no se está sola y abrigar la esperanza de no morir de esta manera. Asimismo, las jefas entrevistadas están convencidas de que deben mantener su vínculo conyugal porque el padre es un apoyo importante y una figura de respeto para los hijos. Ellas están dispuestas a tolerar los maltratos por amor a ellos, para no separarlos de sus padres.

No obstante, a pesar de la importancia de la maternidad en sus vidas, las jefas ven como un problema el tener muchos hijos. Muchas de estas mujeres habrían deseado tener menos, pero les falta información sobre como planificar la descendencia; han tenido fuertes problemas de salud al usar anticonceptivos o por la ineficiencia de los servicios médicos; los maridos presionan porque prefieren tener más hijos varones, o ellas mismas utilizan a los hijos como un intento por lograr que el compañero se componga. Casi siempre el tercero y los subsiguientes son inesperados o no deseados.

Asimismo, dada la difícil situación económica que se enfrenta, las jefas tienen problemas con la crianza de los hijos, sobre todo cuando no se cuenta con el apoyo de los padres. Verbalizan de manera clara sus preocupaciones por la manutención, educación, enfermedades y desobediencias de los hijos. En ocasiones, también recurren a la agresión física contra ellos, con la secuela conocida de los sentimientos de culpa.

La ausencia de redes familiares de apoyo y el cuidado de los hijos

Como ha sido ampliamente estudiado, las redes de relaciones establecidas entre o en el interior de los grupos domésticos, que se basan en la existencia de vínculos de amistad, compadrazgo y redes extensas de parentesco, constituyen aspectos cruciales en la sobrevivencia de los sectores populares, sobre todo en el cuidado de los hijos de las madres trabajadoras. No obstante, en situaciones específicas, las relaciones de apoyo pueden estar ausentes o cargadas de conflictos y violencia física y psicológica (Roberts, 1973; Gónzalez de la Rocha, 1986). El análisis de las jefas económicas ilustra muy bien este aspecto. Para ellas, ha sido extremadamente difícil a lo largo de sus vidas tener que trabajar para mantener a la familia, hacerse cargo de las labores domésticas y atender a los hijos. Con frecuencia, a diferencia de otras mujeres de los sectores medios y populares urbanos, las jefas no han contado con familiares que las ayuden; tal vez porque, al migrar jóvenes, la mayoría vive lejos de su familia de origen y ha tenido conflictos con los familiares del esposo. Al inicio de sus uniones conyugales casi siempre vivían en casa de sus suegros, no contaban con la confianza necesaria y temían dejar a sus hijos en un ambiente hostil. En momentos posteriores de sus ciclos de vida, cuando logran establecer un lugar aparte donde vivir y los hijos están muy chicos, tienen que dejar el trabajo o pagar para que los cuiden.

Cuando los hijos o hijas mayores ya han llegado a la adolescencia, la madre casi siempre los deja al cuidado de los más chicos. Son, sobre todo, las hijas mayores y, en ausencia de éstas, los hijos varones quienes arreglan la casa, hacen la comida y cuidan a los hermanos menores. El esposo, además de no contribuir regularmente con el gasto familiar, se desentiende de las labores domésticas. En situaciones extremas, las consecuencias de dejar a los hijos solos se manifiestan en accidentes en el hogar, mala alimentación e irregularidad en la asistencia escolar. Asimismo, el aislamiento social en que viven estos hogares puede contribuir a reforzar los patrones de violencia doméstica prevalecientes, como se señala en la literatura especializada (Grosman, Mesterman y Adamo, 1989).

PERCEPCIONES DE LAS JEFAS SOBRE LA CONDICIÓN DE LAS MUJERES

La mayoría de las jefas económicas considera que la situación de la mujer en México ha mejorado; afirman que antes las mujeres eran más sumisas y que ahora las jóvenes no se dejan pegar. Además, afirman que ahora hay muchas oportunidades de trabajo y que las mujeres pueden planificar el número de hijos. Sin embargo, algunas evalúan en forma negativa el tener que trabajar fuera de la casa; afirman que antes la situación era mejor, debido a que las mujeres estaban más en su hogar y desempeñaban pocas actividades extradomésticas porque los compañeros eran más responsables; perciben que ahora las mujeres trabajan en mayor medida que los hombres, que han hecho más que ellos, que son las que logran los bienes materiales porque se esfuerzan más. Por último, algunas piensan que las cosas siguen igual, desde el momento en que la mujer tiene que trabajar de manera remunerada para ayudar al marido y a los hijos, además de sus labores domésticas; opinan que la actividad económica no cambia la vida, pero que no se puede hacer nada, sino seguir adelante.

Al tener que mantener a una familia numerosa, todas son conscientes de la difícil situación económica por la que atraviesa el país. En su vida cotidiana saben que algunas veces hay para comer y otras no; que cada vez es más difícil comprar los útiles escolares; que los precios suben y los servicios públicos son cada día más caros. Para algunas, la crisis del país ha significado reducción en sus fuentes de trabajo; para salir adelante los hijos tienen que ayudar en la casa, ya sea con su trabajo remunerado o mediante su participación en las tareas del hogar. El futuro es incierto; se percibe que hay que seguir trabajando para sacar a los hijos adelante y, en algunos casos, para terminar de construir una casa y ahorrar unos centavos. No obstante, la ilusión de algunas es estar con sus hijos chicos; consideran que la niñez se acaba pronto, y que los hijos requieren de cuidado. Todavía conservan la esperanza de que el marido cambie, se haga más responsable para que ellas puedan trabajar menos y dedicar más tiempo a los hijos, porque sienten que los han dejado mucho tiempo solos mientras ganan el sustento del hogar.

CONSIDERACIONES FINALES

La violencia doméstica no es algo nuevo; sin embargo, la visibilidad pública del fenómeno data de épocas mucho más recientes. El carácter privado de la vida en pareja contribuye a la impunidad de la violencia contra la mujer, quien con frecuencia la mantiene en secreto. Hasta la fecha, las estadísticas disponibles todavía son escasas, las víctimas sienten miedo y vergüenza de denunciar estos actos delictivos y muchas veces los encubren para proteger a sus cónyuges o porque las instancias jurídicas no son percibidas como eficaces.

En este capítulo, presentamos situaciones extremas de subordinación femenina en los sectores populares, mediante el análisis de los relatos de las jefas económicas que viven habitualmente con sus cónyuges. Hicimos hincapié en las modalidades de convivencia familiar caracterizadas, a diferencia de los hogares de jefas sin cónyuge, por violencia física y psicológica.

Las jefas económicas estudiadas aportan en forma fundamental recursos monetarios y no monetarios para la manutención de sus hogares, no dependen económicamente de sus compañeros, pero, aun así, están expuestas a la violencia doméstica. Este resultado denota la complejidad de la relación de subordinación de las mujeres, que va más allá de la dependencia económica. En este caso, el hecho de que las jefas mantengan a la familia no repercute necesariamente en una posición de mayor autonomía frente a sus cónyuges; más bien éstos, por sentirse desplazados, las hacen objeto de reproches y maltratos.

La relación entre hombres y mujeres aparece en el discurso de las jefas cargada de ambivalencias. Estas mujeres mantienen sus hogares, pero a algunas les habría gustado ser sostenidas por sus esposos; ellas, además de proveedoras, casi siempre toman las decisiones en lo cotidiano, aunque no siempre se perciben como jefas, aceptan la autoridad del cónyuge, le piden permiso y le obedecen. Muchas han tratado de separarse en forma definitiva, pero no lo han logrado; ya sea por miedo, por los hijos o por creer en las promesas de los esposos y alimentar la esperanza de que van a cambiar. Algunas se resisten a los maltratos y rechazan a los compañeros aunque sigan con ellos; otras prefieren usar diferentes formas de manipulación para retenerlos a su lado a pesar de su carácter violento.

Destacamos la importancia de las precarias condiciones materiales de existencia en la niñez y la adolescencia como elementos que limitan las posibilidades de educarse, entrar al mercado de trabajo en actividades calificadas y mejor remuneradas y, por ende, tener mayor seguridad para romper una relación matrimonial insatisfactoria y enfrentar la vida en soledad. No obstante, también vimos que las razones para mantener una relación de pareja conflictiva y violenta rebasan en mucho el temor de no contar con recursos económicos para sobrevivir.

Es claro que una serie de aspectos vinculados al proceso de formación de la familia de procreación actúan como mecanismos que propician la reproducción de la pobreza, la violencia doméstica y la subordinación femenina. Hicimos hincapié en la influencia de un ambiente hostil y violento en la familia de origen sobre la mayor tolerancia hacia la violencia. Sin embargo, otros aspectos también fueron documentados como importantes: casarse o unirse sin clara conciencia de lo que se está haciendo; no contar con recursos económicos para establecer una casa aparte; vivir por necesidad o costumbre en casa de los familiares del cónyuge; no tener información o hallarse incapacitada para planificar el número de hijos, así como carecer de redes de apoyo. Todos estos rasgos propician tensión, conflicto y violencia doméstica.

Por último, las percepciones de las jefas sobre el matrimonio, la maternidad y la actividad económica dejan claro que ellas no siempre cuestionan la división del trabajo existente en la sociedad y en la familia, y tampoco ven como un problema las relaciones de pareja en las cuales el varón tiene la autoridad, más bien aceptan valores y normas sociales sobre el papel del padre y las obligaciones de la madre que refuerzan la subordinación femenina.

VII. MATERNIDAD Y TRABAJO

Introducción

En este capítulo profundizamos en las concepciones y las vivencias de las mujeres de sectores medios y populares urbanos sobre la maternidad, la planificación familiar y el cuidado de los hijos. Relacionamos el significado atribuido al trabajo extradoméstico y el grado de compromiso establecido con él, con las concepciones sobre la maternidad y el campo de opciones considerado como legítimo por las mujeres. Asimismo, incorporamos las actitudes y las prácticas en torno al control de la fecundidad y al cuidado de los hijos, las cuales hacen o no viable la puesta en marcha de estrategias específicas para combinar los papeles de madres y trabajadoras.

Partimos de la tipología elaborada en el capítulo V, con base en entrevistas en profundidad a 79 mujeres casadas o unidas con cónyuges que contribuyen de manera estable al presupuesto familiar. Las entrevistas en profundidad, a diferencia de las encuestas que parten de cuestionarios estructurados, permiten ahondar en el estudio de las representaciones subjetivas (concepciones, percepciones, elecciones, conflictos y ambivalencias). Estas dimensiones son centrales para entender las decisiones u omisiones en torno a los hijos deseados, la utilización de métodos anticonceptivos y las relaciones globales entre maternidad y trabajo (García y Oliveira, 1989).

Acerca de las interrelaciones entre fecundidad, maternidad y trabajo

Nos parece importante rescatar, como un telón de fondo de nuestro análisis, estudios que parten de distintas perspectivas analíticas. Haremos, inicialmente, una breve mención a la tradición sociodemográfica centrada en el estudio de las interrelaciones entre fecundidad y trabajo. En seguida nos referimos a los análisis que desde una óptica de género destacan la relevancia de la maternidad para entender la condición de la mujer; y a las investigaciones cualitativas sobre el significado y las vivencias de la maternidad y el trabajo en la vida de las mujeres.

Estudios sobre fecundidad y trabajo

Es preciso retomar las ventajas y limitaciones de los análisis agregados sobre fecundidad y trabajo para delimitar con claridad el propósito y posible alcance de nuestro estudio microsocial. En términos generales, los avances teórico-metodológicos logrados en este campo han contribuido al cuestionamiento de la búsqueda de una relación causal unidireccional entre *trabajo y fecundidad*, y han puntualizado la relevancia de aspectos contextuales tales como el grado de desarrollo de los países, la posición alcanzada por la mujer en la sociedad y la existencia de programas de planificación familiar.

Apuntábamos en la primera parte de este libro que los estudios multivariados más recientes plantean que la relación puede, más bien, presentarse entre fecundidad y trabajo, es decir, es más factible que las mujeres decidan trabajar o no de acuerdo con el número y edad de los hijos; pero se reconoce que rara vez se cuenta con la información pertinente para establecer la dirección de la relación de manera precisa. En otras palabras, se plantea la necesidad de ubicar en el ciclo de vida de las mujeres los momentos del trabajo, fecundidad y relaciones mutuas. Se argumenta, también, que el conflicto de roles entre ser madres y trabajadoras puede llevar a las mujeres a elegir el tipo de trabajo que más convenga a las necesidades de su familia. Por lo anterior, el *tipo de trabajo* que se desempeña (tradicional o moderno, asalariado o por cuenta propia, fuera o dentro del hogar) puede ser parte de una estrategia de adaptación del trabajo a la maternidad (Kupinsky, 1977; Standing, 1983; Rodríguez y Cleland, 1980; Safilios-Rothschild, 1988; Naciones Unidas, 1987; García y Oliveira, 1989).

En el análisis agregado que llevamos a cabo, nuestro interés se centró en el estudio del trabajo extradoméstico y sus condicionantes. De esta suerte, exploramos la influencia del número y edad de los hijos, entre otros aspectos, sobre la actividad económica femenina, y utilizamos para ese propósito información sobre fecundidad acumulada y desempeño de un trabajo en el momento del levantamiento de las encuestas. Encontramos que la relación entre fecundidad y trabajo es distinta entre mujeres pertenecientes a diferentes sectores sociales, en años de expansión y crisis económica; dicha relación depende además de la dinámica de los mercados de trabajo (véase el capítulo IV). Estos resultados confirman la importancia de los factores macroestructurales y de las condiciones materiales de existencia en la explicación de los comportamientos sociodemográficos.

En el análisis microsocial, intentamos buscar las conexiones entre las concepciones sobre la maternidad, las prácticas de planificación familiar y el grado de compromiso asumido con el trabajo que es posible reconstruir a partir de los relatos de vida. Comparamos situaciones en las cuales el grado de compromiso va desde el trabajo visto como un proyecto individual de autonomía personal hasta la negación de la actividad extradoméstica como una opción válida para las mujeres. Se trata de encontrar matices y diferencias en las vivencias de la maternidad entre mujeres que atribuyen distintos significados al trabajo en sus vidas, y no buscar *relaciones de causalidad* entre trabajo, maternidad y anticoncepción.

Estudios sobre maternidad y trabajo

El análisis de la maternidad puede incluir el estudio sociodemográfico de la fecundidad, entendida como el número de hijos tenidos; sin embargo, trata de una problemática mucho más amplia que alude a los aspectos institucionales, culturales, ideológicos y psicológicos vinculados al hecho de ser madre. En los planteamientos teóricos que buscan entender la condición de subordinación de las mujeres existe una amplia polémica acerca del papel que desempeña la maternidad. Algunas autoras plantean que la capacidad reproductiva de las mujeres es la causa de su opresión; mientras que otras la perciben como un elemento que otorga poder a las mujeres, es decir, les abre mayores posibilidades de liberación

(Firestone, 1970; Piercy, 1976; Rich, 1976; O'Brien, 1981; Dworkin, 1983).

Desde una perspectiva psicoanalítica, se enfatiza el análisis de la relación *madre-hijo(a)* y se discute la influencia que puede tener sobre los hijos el hecho de que la responsabilidad básica de la crianza recaiga sobre las madres. A pesar de algunas diferencias en sus argumentos, autoras como Chodorow (1978) y Dinnerstein (1977) concuerdan en que la opresión femenina se origina en la monopolización por parte de las mujeres del cuidado de los hijos. Ambas sugieren como una alternativa la crianza compartida entre padres y madres.

Por otro lado, a partir de un acercamiento sociológico, varias autoras tratan de reconstruir las *concepciones y experiencias vitales* sobre la maternidad en diferentes sectores sociales (Boulton, 1983; Wearing, 1984; Valdés, 1989) o de analizar, al igual que nosotras, las concepciones e interrelaciones entre la maternidad y el trabajo (Gerson, 1985). En estos casos se examina el significado de los hijos para la vida de las madres.

Nos detendremos en estas investigaciones que, de igual forma que la nuestra, han privilegiado el análisis cualitativo de los relatos de vida de las mujeres que son madres. Los trabajos de Boulton (1983), Wearing (1984), Valdés (1989) y Gerson (1985) utilizan la estrategia metodológica de construcción de tipos. Boulton (1983) y Wearing (1984) se centran en el análisis de la maternidad. En ambos casos, se diferencia entre una dimensión simbólica y otra que se refiere a la experiencia cotidiana. La primera dimensión alude al *significado de la maternidad* en la vida de las mujeres, y la segunda al *ejercicio de la maternidad*. En el análisis de la experiencia cotidiana, Boulton trata de rescatar los sentimientos y sensaciones (irritación, frustación o placer) de las madres al cuidar a los hijos; Wearing considera las concepciones sobre quiénes deben hacerse cargo de este cuidado. Ambas autoras analizan los relatos de madres con hijos en edad preescolar, en la clase trabajadora y en las clases medias. Boulton —en Londres, Inglaterra— entrevista a 50 mujeres casadas, entre 21 y 35 años de edad, que viven con sus esposos y que no trabajan de tiempo completo en actividades extradomésticas. Wearing —en Sidney, Australia— estudia a 150 mujeres que cubren un abanico más amplio de situaciones: madres solteras, madres que trabajan o se dedican de tiempo completo a la crianza de los hijos, y aquellas que han tenido contacto con grupos feministas.

Boulton diferencia entre la maternidad como *realización, satisfacción, alienación o conflicto*. Las mujeres que viven la maternidad como *realización* consideran que el hecho de ser madres tiene un importante significado en sus vidas. Perciben a las actividades cotidianas requeridas para el cuidado de los hijos como valiosas en sí mismas y como fuente de placer. En la vivencia de la maternidad como *satisfacción*, también se disfruta la domesticidad y se aceptan pasivamente las responsabilidades maternas. No obstante, no se asume que estas responsabilidades otorguen un sentido particular o un propósito a la vida. En contraste, cuando se vive la maternidad como *alienación* no se le atribuye importancia como algo que dé sentido a la vida, tampoco se disfruta de la crianza de los hijos, más bien predomina el sentimiento de irritación y frustación con la domesticidad. Asimismo, hay resentimiento al no poder desarrollar intereses personales distintos a la maternidad. Estos sentimientos y resentimientos también son compartidos por las mujeres que viven la maternidad como *conflicto*; sin embargo, en este caso, predominan las ambivalencias porque las mujeres tienen un compromiso con la maternidad como uno de los aspectos que otorga significado y propósito a la vida. Boulton indica que los dos tipos polares, la maternidad como realización y como alienación son experiencias más frecuentes en la clase trabajadora; mientras que la maternidad como conflicto es marcadamente más usual entre las mujeres de clases medias.

Wearing, a su vez, pone de relieve los elementos ideológicos presentes en las vivencias de la maternidad. Asimismo, al igual que Boulton, destaca los sentimientos de realización y ambivalencia que muchas mujeres experimentan frente a la maternidad. Esta autora nos presenta cuatro tipos ideales de madres. La *ideológicamente tradicional* y la *utópica radical* representan tipos extremos. En el primer caso se considera que la maternidad es la actividad más valiosa y gratificante que la mujer puede realizar, no importa cuán demandante sea y cuán pocas recompensas materiales ofrezca. Asimismo, se cree que la salud mental y física de los hijos depende de la presencia *constante* de la madre.

En el otro extremo, para la madre *utópica radical*, la maternidad es vista como una entre varias alternativas disponibles. Las mujeres consideran que tienen cierto control sobre sus opciones en la vida, y que su identidad no se define primordialmente por el hecho de ser madres. Se propone una redefinición de los papeles masculinos y femeninos, de tal suerte que hombres y mujeres compartan, en igualdad de condiciones, la responsabilidad de manutención de la familia, cuidado de los hijos y labores domésticas.

Para el tipo ideal de la madre *ambivalente*, el compromiso exclusivo con la crianza de los hijos es visto como una fase del ciclo vital, en el cual las mujeres dejan de lado el desarrollo de sus intereses personales por la seguridad de sus hijos. No obstante, experimentan resentimientos por renunciar, aunque en forma temporal, a una carrera o a intereses culturales. La ambivalencia se deriva de experiencias previas de satisfacción con actividades distintas a la maternidad.

Por último, la madre *ambivalente progresista* cuestiona la creencia de que la maternidad es inevitable y necesaria para la realización de la mujer; argumenta que la madre biológica no necesita responsabilizarse totalmente por los hijos ya que la cualidad del cuidado es más importante que el número de horas invertidas en él; considera que las madres tienen derecho a un desarrollo personal y a la realización fuera del hogar. Experimenta fuertes ambivalencias frente a la maternidad; pero, a la vez, siente complejo de culpa y sentimiento de pérdida de su identidad femenina al delegar la mayor parte de sus responsabilidades familiares.[1]

Por su parte, Valdés (1989), en un relevante trabajo en Santiago de Chile de 26 mujeres del sector popular, se centra en el estudio del comportamiento reproductivo. Esta autora también analiza una dimensión que alude a la subjetividad y otra que remite a las experiencias de la vida cotidiana. De manera similar que Wearing, se basa en la construcción de *tipos ideales;* pero su interés es

[1] Al comparar las concepciones y experiencias de las madres entrevistadas con los tipos ideales construidos, Wearing encuentra que casi 50% se acerca al tipo ideológicamente tradicional, 31 al ambivalente, 21 al ambivalente progresista, y ninguna de las entrevistadas al utópico radical. También se advierten diferencias importantes entre las madres pertenecientes a la clase trabajadora y a las clases medias, entre las que trabajan en actividades extradomésticas y las que no lo hacen.

reconstruir las articulaciones de sentido en torno a las decisiones de tener o no hijos y dar cuenta de la heterogeneidad que existe entre mujeres que viven en similares condiciones de vida, caracterizadas por la precariedad, la inestabilidad y la pobreza. Esta autora elabora tres tipos que aluden a distintos *proyectos de vida*. En los dos primeros casos la maternidad es central en la vida de las mujeres; pero la valoración del número de hijos y la actitud frente al uso de anticonceptivos es distinta.

En el primer tipo —*primacía de lo natural*— lo central es el papel que cumple la mujer en la reproducción de la especie: ella debe tener muchos hijos sin limitaciones. La vida de la mujer que no es madre carece de sentido. La división del trabajo por géneros es aceptada; pero cuando el marido no cumple con su papel de proveedor, la madre tiene que trabajar por sus hijos. En el segundo tipo —*primacía de lo social*— la familia adquiere una función económica primordial y la mujer debe desarrollar nuevas tareas, más allá de las que tiene en el proyecto anterior. Debe ser madre en el contexto de un matrimonio legal y ser ama de casa. Se trata de criar hijos de calidad; en este contexto, la regulación de la fecundidad cobra gran importancia así como trabajar en actividades extradomésticas para mejorar la calidad de vida del grupo familiar y garantizar la educación de los hijos. El tercer tipo —*primacía de lo individual*— es un proyecto que contempla a la mujer como una persona que tiene un plan consciente de desarrollo para su vida que excede a la maternidad. El ser madre se inscribe en un proyecto más amplio que puede ser de vida en pareja, desarrollo profesional, participación política y social, desarrollo artístico. No se busca en la maternidad el sentido de la vida. La relación afectiva con la pareja es importante, y este modelo supone una distribución equitativa de las responsabilidades domésticas.[2]

Los estudios anteriormente reseñados, aunque se centran en la construcción de *tipos de maternidad* o de *proyectos de vida*, nos

---

[2] Al comparar los relatos de vida de las 26 entrevistadas con los tipos ideales, Valdés encuentra que 27% se aproxima más al tipo "primacía de lo natural"; 35 al tipo "primacía de lo social" y 8 al de "primacía de lo individual"; el 30% restante da cuenta de combinaciones que, según la autora, fueron difíciles de asignar a los tipos propuestos.

han proporcionado muchos elementos para nuestro análisis de las interrelaciones entre maternidad y trabajo. Queremos destacar los siguientes aspectos: relevancia de la distinción entre el significado atribuido a la maternidad y a las experiencias cotidianas en la crianza de los hijos; diferenciación entre sentimientos de realización y ambivalencias frente a la maternidad; concepciones acerca del papel de la madre en la crianza de los hijos; importancia de las concepciones sobre la "calidad" de los hijos que pueden llevar al control de la fecundidad y a que las madres trabajen por los hijos.

Por último, queremos mencionar la sugerente obra de Gerson (1985), para el caso de los Estados Unidos de América. Esta autora, al igual que Boulton y Wearing, estudia un grupo de mujeres que se encuentra en los primeros años de crianza de los hijos, pertenecientes a las clases trabajadoras y medias. Gerson considera que se trata de integrantes de una generación que mediante sus decisiones vitales ha contribuido a los cambios en fecundidad y trabajo que tuvieron lugar en ese país en las últimas décadas. La cohorte elegida es considerada clave para estudiar las causas, consecuencias y el significado de la transformación que está en marcha.

A diferencia de los estudios anteriormente descritos, Gerson explora las relaciones entre el trabajo extradoméstico de la mujer y la vida familiar, el cual es también nuestro objeto de estudio. Dicha autora plantea los diferentes patrones generales que los cursos de vida de las mujeres asumen, combinando el criterio de domesticidad o no domesticidad para el cual fueron preparadas en la niñez y las variaciones que se producen en la vida adulta, resultado de las oportunidades y obstáculos que se presentan.

Los tipos analizados por esta autora son: *1) Modelo tradicional:* se elige la vida doméstica para la cual fue preparada en la niñez; *2) modelo de cambio de la domesticidad a la esfera pública*: crecientes aspiraciones frente al trabajo y ambivalencia frente a la maternidad; *3) modelo orientado hacia la no domesticidad*: las aspiraciones iniciales de no domesticidad se refuerzan por las instituciones y experiencias individuales en la vida adulta, y *4) modelo de cambio de la no domesticidad a la domesticidad*: la ambivalencia inicial hacia la maternidad y la vida doméstica es sustituida por aspiraciones decrecientes frente al trabajo. Asimismo, Gerson busca identificar los factores que dan cuenta de los cambios encontrados. Por ejemplo, en el interesante caso de las mujeres que presentan crecientes aspiraciones frente al trabajo y ambivalencia frente a la maternidad (tipo 2), destaca los siguientes factores que propician las transformaciones en los cursos de vida: *a*) uniones inestables; *b*) percepción de dificultades económicas en el hogar; *c*) oportunidades crecientes de trabajo y de desarrollo de una carrera, y *d*) insatisfacción con la domesticidad, por el aislamiento y devaluación del trabajo doméstico.

Este estudio, al igual que los de Boulton, Wearing y Valdés, nos han hecho ver la importancia de caracterizar situaciones que van, desde la permanencia de los papeles femeninos tradicionales que plantean a la maternidad como el eje definitorio de la identidad femenina, hasta situaciones de cambio que requieren la redefinición de los proyectos de vida, el cuestionamiento de la subordinación y la búsqueda de espacios propios. Asimismo, dejan claro los conflictos y ambivalencias que las mujeres experimentan al tratar de redefinir los papeles socialmente asignados, y al buscar realizarse como madres e individuos con proyectos personales.

Concepciones y vivencias de la maternidad y del trabajo en diferentes sectores sociales en México

Dado nuestro interés por estudiar las relaciones entre trabajo extradoméstico y otras dimensiones de la vida familiar, en este capítulo comparamos en forma sistemática las concepciones y vivencias de la maternidad entre mujeres que asumen distinos *grados de compromiso* frente al trabajo. Al igual que muchos de los estudios reseñados arriba, en el análisis de la maternidad también nos ha parecido importante diferenciar entre una dimensión simbólica y otra vinculada con las experiencias cotidianas. La primera se refiere a las concepciones y al significado de la maternidad en la vida de las mujeres, y la segunda a las estrategias utilizadas para el cuidado de los hijos y a los conflictos y ambivalencias que enfrentan las mujeres para combinar trabajo y maternidad.

Acerca de los sectores medios

Diferenciamos anteriormente (capítulo V) cuatro tipos de vivencias del trabajo:

Tipo 1. *El trabajo como carrera*. Las mujeres asumen la actividad económica extradoméstica como una meta, un compromiso de vida individual que requiere dedicación y continuidad. Es parte fundamental del desarrollo y experiencia personal y permite obtener éxitos, superación, autoestima, satisfacción e independencia económica.

Tipo 2. *El trabajo como actividad complementaria*. En este caso, las actividades económicas extradomésticas son una forma de ganar dinero para subsanar los gastos personales y los pequeños gastos de los hijos, cuando el bienestar considerado necesario está garantizado por el hombre jefe del hogar. Asimismo, el trabajo sirve para aprender actividades nuevas, relacionarse, evitar la soledad, y no constituye un eje organizador de la vida de las mujeres.

Tipo 3. *El trabajo necesario para mantener el status social*. Las mujeres participan en la actividad económica para garantizar algunos de los bienes y servicios definidos como esenciales dentro de los sectores medios, porque el sueldo del marido, mermado por la crisis económica, ya no permite acceder fácilmente a ellos. Como ejemplo de estos bienes tenemos: casa propia, educación y medicina privadas, salidas a restaurantes, coches y viajes.

Tipo 4. *La permanencia en la casa en los sectores medios*. La domesticidad de tiempo completo se vincula con un desinterés por el trabajo como carrera, meta o realización. Éste se percibe en clara competencia con la crianza de los hijos, que ocupa un lugar prioritario.

Maternidad y planificación familiar

Al analizar el significado que las mujeres atribuyen a la maternidad como eje organizador de sus vidas, nos importa diferenciar entre dos tipos de concepciones: una considera a la maternidad como el *factor más importante* o *el único factor* de realización de las mujeres; la otra la percibe también como un factor de realización pero *no necesariamente como el único o el más importante.* Partiendo de esta diferenciación, encontramos distintos puntos sobresalientes al comparar las percepciones de las entrevistadas de sectores medios sobre la maternidad. Las mujeres de carrera (tipo 1), que han asumido un compromiso a lo largo de sus vidas con su actividad profesional, en forma mayoritaria visualizan la maternidad como parte de la realización personal; pero no la consideran el único factor de realización ni necesariamente el más importante.

Yo creo que es algo muy personal. Así como [...] yo tenía el anhelo de tener un hijo, yo creo que puede haber otra mujer que tenga el anhelo de terminar una carrera, de escribir un libro [...], tal vez no sea igual; pero, a lo mejor, puede significar para otra mujer, puede darle la misma satisfacción personal, que la de tener un hijo. *Imelda, 39 años, 2 hijos; vive en el D.F.*

Mira, curiosamente yo nunca pensé en tener hijos; Pedro fue el que desde el primer año estuvo "quiero un hijo, quiero un hijo, quiero un hijo...hijo, hijo, hijo". Y yo decidí que si no terminaba la carrera, no tenía ni medio centímetro de hijo. No le veía ningún chiste, en realidad [...] Claro que una vez que lo tienes, sientes una satisfacción muy, muy grande: creaste vida, finalmente, ¿no? Lo ves crecer y sientes muy bonito y lo asumes así. *Elizabeth, 29 años, 1 hija; vive en el D.F.*

Las mujeres que trabajan para mantener el *status* social de sus familias (tipo 3), o aquellas que consideran el trabajo como actividad complementaria (tipo 2), presentan una mayor *diversidad de concepciones* acerca de la maternidad. Para unas se trata del factor exclusivo de realización personal o el más importante:

[...] yo digo que una mujer sin hijos no se realiza totalmente, no. Es una parte muy importante [...] mis hijos son mi razón de vivir, mi razón de ser [...] la responsabilidad de moldear a una persona yo creo que es lo más importante para mí. *Adriana, 35 años, 4 hijos; vive en el D.F.*

Yo pienso que [...] la realización como mujer es ser madre. Si Dios te puso para poder procrear, yo creo que ser madre es la realización de toda mujer. *Luz Marina, 35 años, 4 hijos; vive en Mérida.*

Para otras es importante diferenciar entre la realización como madre y la realización como mujer; así, además de la maternidad se pueden encontrar otras fuentes de realización personal:

> Creo que para que una mujer se realice tiene que ser [...] ya sea como mujer, tener relaciones sexuales, ya sea como tener un hijo, ya sea que se realice con su profesión. *Silvia, 25 años, 1 hijo; vive en Mérida.*

> [...] es una etapa bonita en el desarrollo de la mujer, pero no es la principal. *Mari Carmen, 24 años, 1 hijo; vive en Tijuana.*

En contraste, las entrevistadas que no trabajan (tipo 4) manifiestan concepciones más homogéneas sobre la maternidad; pero en este caso predomina, en forma mayoritaria, una visión que la conceptúa como el factor exclusivo o el más importante en la realización personal.

> De la maternidad pienso que es, que es muy bonito cuando se desea tener a ese hijo, es más bonito, es muy tierno, es un milagro ¿no? [...] en ese momento se realizan en realidad como mujeres, siempre hay ese "¿qué se siente estar embarazada? ¿qué se siente tener un bebé mío?" [...] las que no pueden tener hijos, ya cuando agotaron todos los recursos [...] pues pienso que deben adoptar uno para no estar solas, porque al paso del tiempo siempre es bueno tener un compañero de por vida. Siempre un hijo es un apoyo, y de las que no quieren tener hijos, pues pienso que solas con los años se van a dar cuenta de su error. *Esther, 33 años, 3 hijos; vive en Tijuana.*

En suma, a pesar de los matices señalados, es un denominador común entre las mujeres de sectores medios considerar a la maternidad como un factor de realización personal, aunque no necesariamente el único. Esto no impide que, entre las mujeres que trabajan —sobre todo entre las que asumen un compromiso con su carrera (tipo 1)— se viva la maternidad con *ambivalencias*. Estas mujeres pueden llegar a considerar que los hijos afectan la vida de pareja, las atan a relaciones conyugales insatisfactorias, interfieren con la actividad laboral, hacen posponer los proyectos personales, obstaculizan la vida profesional, esclavizan, quitan la libertad, demandan mucha atención y absorben el tiempo de la madre.

Por su parte, las mujeres que no trabajan (tipo 4), en su gran mayoría *ven como problema* la maternidad. Los hijos son considerados una bendición de Dios pues evitan la soledad, unen al matrimonio y complementan la felicidad conyugal. La madre de tiempo completo considera que los hijos necesitan protección constante y no se quejan del trabajo que dan. El sacrificio se justifica por amor; los hijos son más importantes que el marido y que ellas mismas.

> A mi marido lo atiendo, sí, pero como pareja [...] pero siempre primero mis hijos, y después, si me queda tiempo a mi esposo. *Esther, 33 años, 3 hijos; vive en Tijuana.*

Las distintas concepciones frente a la maternidad en los grupos medios no van acompañadas de diferencias de importancia en el número de hijos que se tiene. Está bien documentado que la planificación familiar está muy difundida en los sectores medios, independientemente de que las mujeres trabajen o no lo hagan. En este contexto, es preciso recordar que las mujeres más educadas fueron las primeras en controlar su fecundidad, incluso desde antes de ponerse en marcha en el país los programas gubernamentales de control de la fecundidad (Figueroa, 1989). Para las mujeres de sectores medios resulta claro que no es compatible una descendencia numerosa con una buena calidad de vida.

> [...] la situación actual de la vida, de lo caro que es la vida acá, ¿para qué tener tantos [hijos] y no poder darles lo que se le debe dar a cada niño? *Emma, 27 años, 3 hijos; vive en Mérida.*

Sin embargo, encontramos diferencias entre las entrevistas de las que trabajan y las que no lo hacen, respecto al número de *hijos deseados*. La norma de dos hijos está muy extendida entre las mujeres que trabajan. En casi la totalidad de los casos, cuando aparece el tercer o cuarto hijo, éste es no planeado y a veces no deseado.

> Con el tercero ya no fue una decisión. Ya no quería yo tener más hijos y fue algo imprevisto. *Emma, 27 años, 3 hijos; vive en Mérida.*

> El problema fue cuando vino el cuarto, porque después que nació mi hijo José, me di cuenta de que estaba embarazada y me dijo mi marido

"es un problema ¿qué vamos a hacer?" y, ¡Dios mío!, ¡que no me vaya a castigar nunca!, pensamos en un momento en que yo lo abortara, y luego dijimos no, si ya lo tenemos o sea ya lo tienes en camino pues tiene que venir, hay que aceptarlo, hay que traerlo al mundo porque no somos nadie para, pues, para decidir. *Martha, 36 años, 4 hijos; vive en Mérida.*

En cambio, entre las mujeres que no trabajan (tipo 4), es más frecuente que el tercer hijo sea deseado, o por lo menos aceptado con más facilidad, aunque no haya sido planeado. Asimismo, no se externan con tanta claridad los problemas que les traen las fallas en los anticonceptivos.

Ése [el tercero] vino, nada más. Pero fíjate que éste ha sido al que más hemos disfrutado tanto mi marido, como yo, y los niños también lo han disfrutado, porque son mayores y se dan cuenta. Entonces, aunque yo al principio pensaba que los niños mejor todos seguidos para salir de una vez; pero [...] pues tiene sus ventajas de tenerlo así de separado porque el primero [...] es una complicación; el segundo se te junta con el primero y no puedes disfrutar de ninguno. Pero éste, en cambio, me lo tomé con mucha calma y entonces es una maravilla todo lo que hace, y todo es nuevo y todo son gracias y todo es mejor, porque ya estás teniendo la tranquilidad de no estar tan pendiente de los otros. Entonces, aunque vino así, también tiene sus ventajas el poder darle la atención necesaria y tomárselo con tranquilidad y saber que son sólo unos años los que va a estar uno tan atado. *Patricia, 37 años, 3 hijos; vive en Tijuana.*

Pero sin lugar a dudas, son las mujeres de carrera (tipo 1), las que tienen un mayor margen de elección sobre sus propias vidas. Son las que más claramente planean y deciden los hijos que quieren tener; casi siempre tienen dos y ya no quieren tener más. Esto no quiere decir que no se presenten ambivalencias y a veces hijos imprevistos y no deseados, por complacer al esposo, porque se tienen problemas de salud con los anticonceptivos o se utilizan métodos poco efectivos.

Vivencias cotidianas de las madres trabajadoras

Las diferencias entre las entrevistadas que asumen distintos grados de compromiso con la actividad laboral aparecen en forma clara cuando nos centramos en el estudio de los conflictos y problemas que se enfrentan al tratar de combinar la *maternidad y el trabajo*, y al buscar estrategias consideradas adecuadas para el cuidado de los hijos. En presencia de un compromiso laboral como parte de un proyecto individual o familiar (tipos 1 y 3), las mujeres, aunque con ambivalencias y conflictos, consideran como un derecho legítimo el realizar actividades extradomésticas sin tener que elegir entre el trabajo y la maternidad como si fueran actividades mutuamente excluyentes. En consecuencia, están dispuestas a utilizar una amplia gama de estrategias que les permitan trabajar sin descuidar a los hijos.

Las mujeres de carrera (tipo 1), por lo general, cuentan con recursos necesarios para recurrir a las empleadas domésticas y a las guarderías. En menor medida, se acude a redes de ayuda familiar. También en momentos específicos del ciclo vital se adapta el trabajo a las necesidades de atención a los hijos. Pero lo importante en estos casos es que, tanto el hombre, como la mujer aceptan que los hijos no tienen necesariamente que ser cuidados en forma constante por la madre.

Las mujeres que trabajan para contribuir a mantener el *status* social (tipo 3) buscan, igualmente, diversificar las estrategias para el cuidado de los hijos. Cuando los recursos económicos son más escasos, se utiliza principalmente el apoyo de familiares, o los hijos mayores cuidan a los más chicos; cuando las condiciones económicas lo permiten, se pagan empleadas domésticas o guarderías; y, en ocasiones, también se buscan trabajos por cuenta propia o con horarios flexibles que facilitan combinar maternidad y actividades extradomésticas.

Cuando el compromiso con el trabajo es menor (tipos 2 y 4), las mujeres no tratan de diversificar las estrategias para combinar maternidad y trabajo. Se parte de la concepción de que el cuidado de los hijos, especialmente cuando están chicos, debe estar a cargo de la madre. El trabajo se vive como una actividad que entra en conflicto con la maternidad. No se acepta con facilidad que otras personas que no sean la madre cuiden a los hijos y es poco frecuente contar con un arreglo familiar o doméstico satisfactorio para tal fin.

Las mujeres que definen el trabajo como una actividad secundaria en sus vidas (tipo 2) descansan principalmente en *estrategias de adaptación o acomodo* del trabajo a sus funciones de madres: trabajan cuando los hijos ya han crecido o buscan trabajos compatibles que presenten flexibilidad de horario, corta distancia del hogar o que puedan realizarse en la casa sin descuidar su función socialmente definida de responsables de sus hijos. A su vez, las madres de tiempo completo (tipo 4) consideran casi imposible conciliar la maternidad con alguna actividad extradoméstica. Ellas desconfían de las empleadas domésticas y las guarderías como formas alternativas de cuidado infantil, y parten de la idea de que los hijos son una actividad de tiempo completo. De esta manera se reafirma la creencia de que la mujer que trabaja desatiende a los hijos y los expone a diversos peligros como serían la violencia, el maltrato y la drogadicción. Esta actitud se refuerza con la del esposo que no quiere que la mujer trabaje y busca reafirmar su papel de proveedor aunque los recursos sean poco abundantes.

> Debido a que yo no soy de acá de esta ciudad, ni mi esposo tampoco, entonces pues no contábamos con familiares con los cuales, pues me pueda apoyar, ¿no? [...] entonces yo tuve que dejar de trabajar para dedicarme a mi hogar y atender a mi hijo [...] y realmente, pues mi esposo no es de las personas que acepten la idea de que mi hijo vaya a una guardería ¿no?, para que yo siga trabajando. *Pilar, 28 años, 1 hijo; vive en Mérida.*

Acerca de los sectores populares urbanos

Como vimos con anterioridad, el trabajo femenino en los sectores populares, dentro y fuera del hogar, casi siempre es necesario para la reproducción cotidiana (alimentación, vestido, vivienda). Sin embargo, existen también diferentes grados de compromiso y percepciones de la importancia del trabajo que hemos rescatado mediante la elaboración de tipos.

Tipo 5. *El trabajo útil y satisfactorio.* Las mujeres realizan actividades remuneradas o encaminadas a la organización comunitaria que representan un interés individual. El elemento de realización y el hecho de sentirse útiles a la sociedad están presentes. Se busca el buen desempeño de una actividad, promoción y superación, y llegar a ser alguien en el ejercicio de la misma. También se valoran de manera especial las ventajas subjetivas y hasta la apariencia física que hay que mantener al trabajar.

Tipo 6. *El trabajo como actividad secundaria.* Las mujeres conciben el trabajo extradoméstico como una actividad complementaria a la de los cónyuges, en quienes se percibe la responsabilidad de mantener el hogar. La actividad extradoméstica constituye un medio para suplir algunas carencias que el ingreso del marido no alcanza a cubrir; permite hacer frente a los gastos imprevistos en salud, vivienda o alimentación, y permite conseguir, o ayudar a conseguir, un bien determinado, como la casa propia.

Tipo 7. *El trabajo necesario para el bienestar y la educación de los hijos.* En este caso, al igual que en algunos grupos medios, el trabajo se percibe como una necesidad frente a la evidencia de que un solo salario no alcanza para mantener una familia. La diferencia está en el tipo de necesidades vistas como indispensables. En este caso, la necesidad de trabajar la definen los hijos, su bienestar y educación. En forma secundaria y a manera de planes futuros, surgen otras necesidades tales como terminar una casa o vestirse mejor. Se trabaja por necesidad; pero el trabajo en sí puede ser visto como una actividad que permite la superación, la independencia y el rompimiento con el encierro en el hogar.

Tipo 8. *La permanencia en la casa en los sectores populares.* Al igual que en los sectores medios, la domesticidad de tiempo completo está ligada a concepciones tradicionales sobre la imposibilidad de combinar maternidad y participación económica. Estas mujeres tienen carencias importantes, de manera similar a otras de su ámbito social de sectores populares; pero se sienten imposibilitadas para mejorar su situación, ya sea porque perciben que no pueden, que no les corresponde, o que les son negadas las oportunidades para ello.

Maternidad y planificación familiar

Al comparar las mujeres de los sectores populares que conforman cada uno de los cuatro tipos establecidos, encontramos pocas variaciones en las concepciones sobre la maternidad. Más bien, ésta es el eje ordenador de la vida de estas mujeres, independientemente de que trabajen o no lo hagan. Además, gran parte de ellas, cuando trabajan, lo hacen por los hijos.

En los sectores populares —aunque sea menos frecuente hablar de realización personal para referirse al significado de la maternidad en la vida femenina— queda claro en los testimonios que los hijos tienen un valor económico y moral aun más acentuado que en los grupos más privilegiados: son la razón de ser, son un elemento definitorio de la identidad.

> Yo pienso que tanto el hombre como la mujer no se realizan; ¿cómo voy a saber si realmente soy mujer? O ¿cómo sabe si es hombre si no tenemos un hijo? Si no he tenido un hijo, es que yo no soy mujer; no me he realizado como mujer. Eso es lo que pienso. Y el hombre, yo me imagino que también. *Ángeles, 42 años, 2 hijos; vive en el D.F.*

> [Todas las mujeres deben ser madres] porque es como una ley que está escrita. Para eso nacimos y estamos capacitadas para ser madres. Es como los animales: las hembras traen sus animalitos y nosotras también tenemos que desarrollar la vida, crecer. *Manuela, 30 años, 3 hijos; vive en Tijuana.*

Además, los hijos son la razón y la satisfacción del matrimonio, y en su caso son la recompensa frente a una relación matrimonial deshecha.

> un matrimonio sin hijos [...] ¿para qué se casa entonces? Si uno puede tener hijos, es lo máximo. Yo hubiera tenido más porque una familia grande es muy bonita [...] Tenemos por quién vivir. Imagínate si fuéramos nomás él y yo solitos, pues no. Ya estuviéramos bien aburridos. *Lina, 47 años, 2 hijos; vive en Tijuana.*

> A mí siempre me han gustado los niños y pienso que los hijos son uno de los motivos del matrimonio [...] Los hijos significan mucho para mí. Es una alegría tenerlos y pienso que hacer tu propia familia y tener

hijos es lo mejor que puede pasar. Pienso que es lo mejor. A mi vida han traído muchas satisfacciones, felicidad, lo mejor. *Manuela, 30 años, 3 hijos; vive en Tijuana.*

En la situación de pobreza en que se vive, los hijos son una dicha. Las madres sienten que tienen algo que es de ellas, que les sirve de compañía, que les importa cuidar. Asimismo, es común la noción de que los hijos velarán por los padres cuando sean mayores.

Yo digo el día de mañana que ellos crezcan, ellos se den cuenta [...] cuando veo que están sucios, enseguida los baño, si no les cambio su ropa, les limpio su cara y digo, pues ojalá que el día de mañana que ellos crezcan me lo agradezcan de lo que yo hago por ellos, que les lavo la ropa y todo [...] le das una educación buena a tus hijos [...] cuando sean grandes, ellos van a trabajar por ti, tú ya no vas a trabajar [...] Y yo digo, en verdad, pues depende cómo los eduque uno. *Celia, 30 años, 5 hijos; vive en Mérida.*

Las *ambivalencias* frente a la maternidad son menores que en los sectores medios; y cuando se señalan aspectos problemáticos, también son distintos. En este caso importa más que los hijos aumenten la carga de trabajo doméstico. Asimismo, surgen nítidamente las preocupaciones por las enfermedades, las desobediencias y los sentimientos de culpa por el hecho de maltratarlos cuando éste es el caso.

Pues sí han sido un poco latositos porque de chiquitos se enfermaron demasiado. Entonces sí, de tanto y tanto, pues sí se cansa uno. Luego dice uno, ¿para qué me metí en esto? Pero no, sí son bonitos los niños. Siquiera siente uno que ya cuando estén grandes tiene quién vea por uno. *Sofía, 30 años, 3 hijos; vive en el D.F.*

Pero aun las mujeres que asumen un compromiso con el trabajo o la participación comunitaria (tipo 5) raramente cuestionan la maternidad como aquello que otorga el principal significado a la vida. Usualmente, consideran más importante su papel como madres o, en todo caso, no pondrían en peligro su desempeño como tales ante las exigencias del trabajo o de la participación política.

Dado el significado de los hijos en este sector social, no es de extrañar que, entre las mujeres de mayor edad (mayores de 35 años), el número de hijos deseados y tenidos sea elevado (cercano a cinco en promedio). La planificación familiar entre las mujeres mayores es poco frecuente, y se aceptan sin dificultad las fallas de los métodos anticonceptivos, o aun las oposiciones del marido a usar un determinado método.

> Él no está de acuerdo y me iban a operar el día que nació mi hijo Juan, como tenía yo seguro [...] pero no quiso él, él dijo que no y le estaban pidiendo su firma y él dijo que no. *Celia, 30 años, 5 hijos; vive en Mérida.*

En cambio, en la cohorte más joven (20-34 años), valorar la maternidad no significa ausencia de control de la fecundidad. Se conocen los cambios económicos y sociales y su repercusión sobre la crianza de un número grande de hijos. Se busca la planificación familiar, sobre todo después de haber tenido el número de hijos deseados. Este número se acerca a dos en muchos casos; pero el tercer hijo deseado es más frecuente que entre los grupos de sectores medios que trabajan.

Importa destacar que, en general, recurrir a la planificación familiar en los sectores populares es un proceso lleno de ambigüedades, y el uso de anticonceptivos es bastante deficiente por varios factores: falta de información requerida para el uso adecuado de los métodos disponibles; fuertes problemas de salud por el uso irregular de los anticonceptivos; ineficiencia de los servicios médicos. Estos aspectos aumentan los hijos no esperados y, por ende, la descendencia presente en el hogar.

> El ambiente en que se cría uno es el que le ayuda a que se esté uno llenando de hijos. Yo ahora pienso que si hubiera habido alguien que me dijera..., a mí mi madre me decía "no hija, yo tuve tantos y nunca me controlé, ¿qué te pasa?" Tanto que tuve cuatro seguidos, al año y al año... Ya cuando tuve los cuatro dije, "no, ahora sí yo ya no". Entonces fui y me puse el dispositivo [...] Pero no me sentí bien desde que me lo puse. Me adelgacé mucho y me enfermé. Yo no dormía ni nada. Fue una cosa terrible [...] duré dos años con el dispositivo y hasta el siguiente año me enfermé de otra niña, la quinta. De esa niña ya nació

y luego la otra, ya fueron seguidas [...] ya no sabía yo qué hacer, con qué controlarme, me inyectaba y estaba enferma; una vez con unas inyecciones que me puse duré todo el mes con una hemorragia. Entonces yo ya no sabía qué hacer. Tuve a esta niña y dije "ya son seis, y yo qué voy a hacer, tan cara la vida y todo". Entonces empecé a tomar pastillas y pastillas.

Duré once años antes de esta última niña. Entonces sí no me embaracé y viví muy tranquila como le digo. Ni me sentí mal con las pastillas ni nada [...] yo ya me quería operar. Entonces me decían "opérate". Pero luego, es mejor teniendo un bebé y operándose en seguida. Pero tampoco lo decidí, sino que dejé las pastillas [...] y no reglaba por el cambio de que me quité las pastillas; todo un año no reglé. Estuve normal; iba al ISSSTE y me hacían análisis y yo normal. Los doctores decían que era raro; pero que por las hormonas de las pastillas en mi organismo algo había pasado [...] yo feliz, no me enfermaba y no me controlaba, pero aquí fue donde ya me embaracé del bebé y ya me operé. Yo creo y pienso que si hubiera habido una persona que me hubiera orientado a mí, habría sido menos mala mi situación, porque en realidad ahorita es muy grave la situación por tanta familia. *Concepción, 39 años, 7 hijos; vive en el D.F.*

Vivencias cotidianas de las madres trabajadoras

Como hemos visto, la gran mayoría de las mujeres de sectores populares trabajan para garantizar el bienestar mínimo de sus familias y de sus hijos. De aquí se desprende que sea poco frecuente que se hable del trabajo como una opción válida, independiente de la maternidad.

Las mujeres que desempeñan actividades extradomésticas en forma secundaria (tipo 6) consideran que el cuidado de los hijos debe estar a cargo de las madres; muchas de ellas han cuidado o cuidan actualmente a sus hijos chicos. Asimismo, al igual que su contraparte en los sectores medios, prefieren acomodar sus actividades extradomésticas al cuidado de los hijos; no buscan en forma importante el apoyo de familiares ni les gusta acudir a las guarderías.

Llegamos a un acuerdo con mi esposo, porque me dice, si trabajas nunca van a estar los niños pues..., como tú quieras que sean, siempre van a ser lo que la guardería o la suegra quiera o la mamá [...] piénsalo, si quieres meterte a trabajar pues van a ser unos niños que tú, cuando llegues, los vas a consentir, pues tú nada más los vas a ver un ratito. *Ana, 27 años, 4 hijos; vive en el D.F.*

Las mujeres de sectores populares que no trabajan (tipo 8), al igual que en los sectores medios, perciben como imposible combinar maternidad y trabajo. Esta actitud se refuerza con la de los maridos que no las dejan trabajar para que no cuestionen su autoridad. Su falta de escolaridad las hace sentirse inseguras frente al mercado de trabajo. Además, no encuentran fácilmente, como en los sectores medios, ayuda para cuidar a los hijos. Consideran que los parientes casi siempre no los cuidan bien y que ellas no ganarían lo suficiente para pagar las guarderías. Lo que más les preocupa en este sentido es el cuidado básico de la alimentación —estar presente para darles de comer— y la seguridad física.

Un tiempo se los dejé a mi suegra. Pero como no nos llevamos bien y todo eso, llegaba yo —porque trabajaba cerca de mi casa [y] a la hora de la comida iba a comer a mi casa— y así como lo dejaba yo, así lo encontraba. Llegaba yo y le daba de comer al niño; en vez de llegar a comer yo, llegaba a darle de comer al niño. Ya lo volvía a cambiar de ropa y se lo dejaba otra vez con sus biberones. Hasta en la tarde que regresaba yo, otra vez volver a cambiar al niño, porque realmente ella nada más lo veía así, porque no lo cambiaba ni nada, hasta que yo llegaba. Entonces dije: "no, no tiene ningún caso, porque el niño es el que está sufriendo todo" [...] ahorita unas guarderías ya están caritas y tiene que llevar uno todo lo necesario para el niño. No tiene ningún caso que me vaya yo a trabajar y nada más pagar la guardería. *Sofía, 30 años, 3 hijos; vive en el D.F.*

A diferencia de las experiencias señaladas, cuando se considera al trabajo como útil y satisfactorio, o se tiene claridad que se necesita trabajar por los hijos (tipos 5 y 7), por lo general se perciben menos conflictos entre trabajo y maternidad y puede llegar a aceptarse que los hijos no sean necesariamente cuidados por la madre. En estos casos se recurre, al igual que en los sectores medios, a una amplia gama de estrategias. Lo más frecuente es utilizar la ayuda de familiares. También es característico que los hijos grandes, especialmente las hijas cuando están presentes, ayuden en el quehacer de la casa y cuiden a los hijos chicos. Solamente en casos extremos se paga por el cuidado de los niños. Antes que esto ocurra, existe la posibilidad de buscar turnos nocturnos o realizar actividades remuneradas en la casa. No obstante, la preocupación de dejar a los hijos solos, de descuidarlos, de que se vayan a enfermar, está siempre presente.

Estas mujeres de sectores populares pueden multiplicar las estrategias para el cuidado de los hijos; pero es cierto que en estos grupos menos privilegiados es difícil mantener un compromiso individual de cierta envergadura con el trabajo. Esto es cierto aun cuando la actividad doméstica resulte útil y satisfactoria y se cuente con un compañero que valore la actividad extradoméstica de la mujer. Especialmente si los hijos están chicos, y no se cuenta con la ayuda necesaria que permita dejarlos en buenas manos, las presiones pueden llevar a abandonar el ejercicio de actividades que se llevan a cabo con gusto o compromiso.

> Ha habido cambios ahora que estamos con una bebé; eso trajo cambios en la pareja. A mí me generó más responsabilidades de la casa, de la participación [política] y luego que iba a trabajar. Ya cuando dejé de trabajar, nada más era la casa y la participación. Y después, pues la niña que me vino a generar muchas cosas [...] tienes que ver por la niña, es que no puedes ir por la niña, es que está muy chica, es que la niña [...] Llegó un momento en que ya estaba yo desesperada porque [veía] que la responsabilidad era de los dos. Pero pues ni modo de sacarlo de trabajar ... Y la que se va a quedar con la niña soy yo. Así es ahora. [El marido dice] "yo no me quedo con la niña, o si te vas te la tienes que llevar, a ver cómo le vas a hacer". Así pasó.
> *Mercey, 25 años, 1 hijo; vive en el D.F.*

Consideraciones finales

Nuestro análisis microsocial ilustra que las concepciones y vivencias de la maternidad varían entre mujeres pertenecientes a los sectores medios y populares urbanos y de acuerdo con el grado de compromiso establecido con el trabajo. En los sectores medios encontramos situaciones contrastantes: las mujeres de carrera consideran a la maternidad como un factor de realización, pero no el único, y las amas de casa la visualizan como el factor de realización personal exclusivo o el más importante. En las otras situaciones se manifiesta una mayor diversidad de concepciones. Asimismo destacamos, al igual que Boulton (1984) y Wearing (1985), que las ambivalencias frente a la maternidad surgen cuando las mujeres perciben otras fuentes de satisfación personal y consideran que los hijos hacen posponer proyectos personales, obstaculizan la vida profesional y absorben mucho tiempo. Las mujeres que asumen un compromiso personal con su actividad extradoméstica son las que viven la maternidad con mayores ambivalencias. Sin embargo, no aceptan que trabajo y maternidad sean actividades mutuamente excluyentes, y recurren, al igual que las mujeres para las cuales el trabajo es parte de un proyecto familiar, a una amplia gama de estrategias para combinar ambas actividades.

Cuando el compromiso con el trabajo es menor, las mujeres más bien "adaptan" las condiciones del trabajo a las de la maternidad, esto es, buscan el tipo de trabajo que mejor se ajuste a sus responsabilidades familiares, o simplemente no trabajan. Estas últimas, al elegir permanecer en la casa y cuidar a los hijos como actividad de tiempo completo, no ven como un problema, en absoluto, la crianza de los niños. Sus concepciones se asemejan a las creencias de las mujeres que viven la maternidad como realización analizadas por Boulton (1984), y a las ideológicamente tradicionales descritas por Wearing (1985).

A pesar de la valoración de la maternidad, las amas de casa de los sectores medios presentan una actitud favorable hacia el control natal. Hemos podido distinguir con claridad que valorar la maternidad y la familia de la manera señalada no significa tener hijos de manera ilimitada. Las concepciones sobre la dificultad de combinar una descendencia numerosa con una calidad de vida aceptable están muy difundidas en los sectores medios, independientemente del grado de compromiso asumido con la actividad extradoméstica. Como destaca Valdés (1989) al presentar el tipo ideal sobre "primacía de lo social": se trata de criar hijos de calidad y, por lo tanto, el control de la fecundidad asume una gran importancia.

Los contrastes entre las concepciones y vivencias de la maternidad en los sectores medios y populares urbanos son marcados. Por lo general, independientemente del compromiso asumido con el trabajo extradoméstico, las entrevistadas de los sectores populares consideran a la maternidad como el eje ordenador de sus vidas. La valoración de la maternidad se manifiesta en varias dimensiones: es un elemento que define la identidad femenina, es la razón del matrimonio y es un seguro para la vejez. Esta visión de la maternidad como fuente de legitimidad, seguridad y satisfacción ha sido igualmente planteada por otros estudiosos del tema (véase, entre otros, Cain *et al.*, 1979; Safilios Rothschild, 1980; Caldwell, 1982; Oppong, 1983; Cain *et al.*, 1988).

Las ambivalencias frente a la maternidad son menores entre las mujeres de sectores populares que entre las de sectores medios, al igual que lo señalado por Boulton y Wearing en contextos nacionales muy diferentes. Asimismo, es importante poner de relieve que los aspectos mencionados como problemáticos también son distintos. Entre los sectores más pobres predominan las preocupaciones por las enfermedades y la carga excesiva de trabajo doméstico.

A pesar de la mayor homogeneidad encontrada en las concepciones sobre la maternidad, en los sectores populares se presentan algunas diferencias en lo que respecta a las percepciones sobre el papel de la madre en el cuidado de los hijos y a las estrategias puestas en marcha para tal propósito. Las mujeres que no trabajan o que conciben al trabajo como actividad suplementaria, repiten el patrón encontrado en los sectores medios, es decir, declaran que la madre debe ser la responsable de velar por los niños; desconfían de los parientes y las guarderías, y en su caso, adaptan el trabajo a las exigencias de la maternidad. En cambio, cuando se considera al trabajo como útil y satisfactorio, o se realiza una actividad económica con el fin de mejorar la vida de los hijos, puede estar presente la idea de que la madre no es necesariamente la única encargada de cuidarlos y educarlos, y se multiplican las estrategias para su cuidado, centradas, principalmente, en los parientes cercanos o en los hijos mayores cuando están presentes.

Por último, también es válido para las mujeres jóvenes de sectores populares que valorar la maternidad no significa ausencia de control de la fecundidad. Estas mujeres han comenzado su vida reproductiva después de que se pusiera en marcha un extenso y efectivo programa de planificación familiar en México; están conscientes de los costos involucrados en la educación de los hijos y, por lo tanto, los desean en menor número, por lo que han incorporado el uso de métodos anticonceptivos. En cambio, entre los sectores de mayor edad, prevalecen concepciones más tradicionales sobre la fecundidad, y un uso más irregular e ineficiente de los anticonceptivos.

VIII. RELACIONES DE GÉNERO EN FAMILIAS DE SECTORES MEDIOS Y POPULARES URBANOS

Introducción

El objetivo central de este capítulo es analizar los cambios en la vida familiar en tres dimensiones relevantes para el estudio de lo cotidiano: la división intrafamiliar del trabajo masculino y femenino, los patrones de autoridad imperantes en el hogar y el grado de autonomía femenina frente al cónyuge. Intentamos de esta manera aportar elementos para comprender las transformaciones que se están dando en la condición de subordinación de las mujeres mexicanas a principios de los años noventa.[1]

En México se han realizado en años recientes algunas investigaciones con el enfoque que nos interesa (De Barbieri, 1984; González de la Rocha, 1986 y 1989; Benería y Roldán, 1987; Chant, 1991; Lailson, 1990). Sus resultados no son siempre estrictamente comparables por referirse la mayoría de las veces a trabajos cualitativos, estudios de caso o investigaciones que usan pequeñas muestras con distintos criterios de selección; sin embargo, constituyen antecedentes valiosos que retomaremos a lo largo del capítulo, debido a que nos permiten identificar conceptos, dimensiones y mecanis-

---

[1] Este análisis busca ubicar cambios en la condición de subordinación de mujeres unidas y con hijos, de diferentes sectores sociales, en sus años reproductivos (20-49 años). Coincidimos con Riquer (1990) en que los análisis concretos de la subordinación femenina deben tener en cuenta las diferencias entre mujeres que se encuentran en distintos momentos de su ciclo de vida y se ubican en diferentes posiciones en la estructura de parentesco de sus hogares (hijas, hermanas, madres, suegras, abuelas). Asimismo, habría que considerar distintos contextos de interacción (unidad doméstica, lugar de trabajo, sindicatos, asociaciones políticas) en que se sitúan las mujeres a lo largo de sus vidas (Oliveira y Salles, 1989; Riquer, 1990).

mos de cambio mediante un esfuerzo comparativo que tiene en cuenta los diferentes contextos y momentos históricos.[2]

En la mayoría de los estudios realizados se señala de manera reiterada que la entrada de las mujeres al mercado de trabajo no ha traído cambios rápidos y fundamentales en su condición de subordinación.[3] Algunas autoras extraen de sus investigaciones este resultado central, precisamente porque buscan señalar que la participación económica no es una condición suficiente para el logro de mayor autonomía femenina. Por ejemplo, González de la Rocha (1989), al concluir un estudio sobre crisis, economía doméstica y trabajo femenino en los sectores populares de Guadalajara en 1982 y 1985, apunta que las mujeres han sido piedras angulares en la lucha por la sobrevivencia; pero que no han logrado obtener un poder correspondiente. Otras autoras señalan algunos logros del trabajo femenino, como son el respeto, cierto grado de independencia y los espacios mínimos de control. Pero también muestran el largo camino que se tiene por delante, y están conscientes de los conflictos que se seguirán enfrentando al invadir espacios masculinos, y al tener que recurrir a otras mujeres para realizar el trabajo doméstico mientras se participa en el mercado de trabajo (Benería y Roldán, 1987; Chant, 1991; Lailson, 1990).

Independientemente de qué ángulo se enfatice del arduo proceso hacia relaciones más igualitarias entre varones y mujeres en el interior de los hogares, es preciso avanzar en la identificación de aspectos particulares de la vida familiar que son o no sujeto de transformación en grupos sociales y momentos históricos concretos, y en el estudio del significado que le atribuyen las mujeres a esas transformaciones. Asimismo, es preciso documentar los factores que pueden propiciar esos cambios y los enfrentamientos, negociaciones, acomodos o manipulaciones mediante los cuales se logran. Estos aspectos constituyen el centro de atención de este capítulo.

[2] Sobre la necesidad y utilidad de sintetizar y comparar resultados de estudios cualitativos, véase Statham, Miller y Mauksch, 1988: 6.
[3] La misma aseveración es correcta para la participación política. Véase, Tarrés, 1989; Cortina, 1989.

Nos basamos, al igual que en los capítulos V y VII, en las 79 entrevistas hechas a mujeres de sectores medios y populares, cuyos compañeros aportan en forma estable recursos económicos a la manutención de la familia. No obstante, dado el importante número de aspectos que abordamos y la relevancia de ofrecer un panorama sintético sobre los indicios de transformación, consideramos ahora a las entrevistadas en cada sector social de manera conjunta, sin separarlas por *tipos* definidos de acuerdo con el compromiso asumido con el trabajo. En las ocasiones en que ubicamos alguna pauta sobresaliente o cambio de interés en las relaciones de género, recuperamos la posible influencia de esta dimensión de compromiso con el trabajo, junto a la de otros factores tales como la edad, escolaridad u ocupación.

Es importante reiterar que, dado el carácter no probabilístico de la muestra, nuestros resultados deben ser considerados como puntos de partida que descubren, exploran o subrayan dimensiones o conexiones relevantes, los cuales esperamos sean retomados por otras investigaciones sobre el tema.

DIMENSIONES DE LA VIDA FAMILIAR QUE HAN ESTADO O NO SUJETAS A CAMBIOS.
SU SIGNIFICADO EN LA VIDA DE LAS MUJERES

Con base en un análisis sistemático de nuestras entrevistas en profundidad, hemos diferenciado un conjunto de dimensiones que nos permiten acercarnos a la presencia o ausencia de formas alternativas de relación entre varones y mujeres desde la perspectiva de las unidades domésticas. La identificación de estas dimensiones también puede ser considerada como una de las aportaciones de interés del tipo de análisis cualitativo que llevamos a cabo en este capítulo. Hemos seleccionado tres grandes áreas:

a) La división intrafamiliar del trabajo masculino y femenino. Aquí consideramos el sostenimiento económico del hogar, el control del presupuesto familiar y el trabajo doméstico. Es relevante detenernos en el posible debilitamiento de la función masculina tradicional de proveedor económico exclusivo, y analizar la contribución de la esposa para solventar algunos de los gastos esenciales de la unidad doméstica (renta de la casa y pago de servicios, gastos en alimentación, vestido y salud, gastos en la educación de los hijos). En estas situaciones, la mujer no consideraría el dinero que gana como algo extra o sólo dedicado a satisfacer sus gastos personales o los pequeños gustos de los hijos. Interesa la aportación de la esposa y también su papel en el control y administración del presupuesto. Visto de otra manera, importa saber si la aportación masculina es fraccionada o global; regular o esporádica; si las mujeres saben cuánto gana el marido y cómo distribuye su dinero y, en general, el grado de control que ejercen sobre la asignación y administración del gasto familiar.

En referencia al trabajo doméstico, es importante tener en cuenta la participación no esporádica del varón en algunas de las principales tareas (cocinar, limpiar, asear la ropa, transportar a los hijos), es decir, es relevante conocer si existe alguna ruptura del patrón que asigna a las mujeres la principal responsabilidad por el trabajo y reproducción domésticos.

b) Los patrones de poder y autoridad imperantes en el hogar. Importa analizar de manera pormenorizada las transformaciones en los patrones de autoridad tradicionales mediante los cuales los varones deciden y tienen la última palabra sobre diferentes eventos que atañen a la vida familiar y de la mujer. Interesa ubicar los espacios de poder que las mujeres logran crear en lo cotidiano mediante una participación más activa en las decisiones importantes de la unidad doméstica e identificar cuándo y en qué aspectos se cuestiona al esposo como el jefe único del hogar.

Son relevantes, además de los aspectos económicos y del manejo del dinero analizados en el apartado anterior, las decisiones acerca de la reproducción biológica (la manera en que ambos cónyuges deciden o no sobre el número de hijos que desean), la educación de los hijos y la percepción acerca de quién asume la máxima autoridad en las cuestiones importantes.

c) El grado de autonomía de la mujer frente a su cónyuge. En esta área es importante destacar la libertad femenina de acción y movimiento y el enfrentamiento del dominio masculino. Consideramos relevante examinar cuándo las mujeres tienen libertad de movimientos, pueden elegir trabajar, participar políticamente, salir de la casa, visitar amigas, ir de compras, sin tener que solicitar permiso al cónyuge. Asimismo, es importante identificar cuándo las mujeres no se someten fácilmente al dominio masculino y se encuentran diferentes formas de resistencia, negociaciones y eventuales enfrentamientos en la vida familiar.

A continuación examinamos cada una de estas dimensiones, la presencia o no de las transformaciones específicas que hemos detallado, y el significado que le atribuyen las mujeres a las diferentes situaciones. Un punto central del análisis, como lo es a lo largo del libro, son las diferencias que se presentan entre mujeres de sectores medios y populares. En cada caso retomamos la manera en que nuestros resultados se acercan o no a lo encontrado en otros contextos económicos y culturales similares y en otros momentos históricos.

La división intrafamiliar del trabajo masculino y femenino

Participación femenina en el sostenimiento económico del hogar

Muchos autores en la escena nacional e internacional consideran que el control femenino del presupuesto familiar o de algún recurso económico, así como el compartir decisiones en este particular, es uno de los aspectos principales que permiten entender el logro de relaciones más igualitarias en la vida familiar (Blumberg, 1991). El análisis que sigue se orienta hacia la comprensión de la participación femenina en la manutención del hogar, para luego establecer las conexiones entre esta dimensión y otras de la vida familiar.

A nivel global, en el país se conocen mejor los cambios en la participación laboral femenina que las modificaciones en la contribución de las mujeres al presupuesto familiar (véase la primera parte de este libro). Hasta donde conocemos, no existe un diagnóstico nacional actualizado sobre las contribuciones diferenciales entre hombres y mujeres al ingreso familiar. Sin embargo, los resultados de estudios parciales indican que no es posible seguir calificando *a priori* como marginal la contribución femenina. Por ejemplo, una encuesta probabilística de ingreso-gasto realizada para la Delegación Xochimilco en el Distrito Federal en 1988, permitió estimar que 44% de las trabajadoras proporcionaban entre 25 y 50% del gasto familiar y que cerca de 30% aportaba el ingreso principal (Dávila Ibáñez, 1990). Investigaciones basadas en números reducidos de casos permiten documentar contribuciones importantes de las mujeres que trabajan al presupuesto familiar en cerca de una cuarta parte de las unidades domésticas que se analizan. Benería y Roldán, en su estudio para mujeres de sectores populares que trabajaban a domicilio en la ciudad de México a principios de los ochenta, encontraron que 26.2% contribuía con más de 40% al presupuesto del hogar y que existían diversos patrones de asignación del presupuesto. En 62% de los hogares, el dinero de la esposa y el aportado por el marido al gasto familiar se unían en un fondo común; en el resto de los hogares el esposo proveía la manutención básica y las mujeres destinaban sus ingresos a gastos extras por encima del mínimo estándar de vida considerado aceptable. Sin embargo, en ninguna de las situaciones anteriores, las mujeres tenían un control global del presupuesto familiar, pues dependían de la aportación del marido y, en muchos casos, no sabían cuánto ganaba o lo que se guardaba para sus propios gastos.[4] En términos generales, el hecho de que la mujer reciba el dinero de manera fraccionada se concibe como una de las fuentes importantes de subordinación en el nivel familiar, pues esto la mantiene insegura y dependiente (Benería y Roldán, 1987; De Barbieri, 1984).

El control del presupuesto familiar ha sido también uno de los puntos de atención de los trabajos realizados por Safa (1990) en varios países del Caribe, dedicados al estudio de las repercusiones específicas del trabajo femenino en la vida cotidiana de las mujeres. Comparando trabajadoras industriales de Puerto Rico y la República Dominicana, esta autora concluye que sólo en el primer país se observan cambios, ya que es en donde las mujeres tienen un mayor control sobre el presupuesto familiar. En la República Dominicana se observan transformaciones en otros ámbitos de la vida (participación política, por ejemplo); pero no en los aspectos

[4] Se analizaron entrevistas en profundidad realizadas a 53 mujeres casadas que en 1982 llevaban a cabo trabajo a domicilio en la industria manufacturera en diferentes delegaciones del Distrito Federal, principalmente (Benería y Roldán, 1987).

financieros de la unidad doméstica, lo cual, según la autora, implica que es un área difícil de transformar.[5]

En nuestra investigación centramos la atención en el tipo de gastos que cubre la aportación económica femenina, ya sea aquellos considerados como básicos dentro del presupuesto familiar (renta, servicios, alimentación, vestido, salud) o personales, o como superfluos en la vida del hogar. También prestamos interés al destino de la aportación masculina, a la manera en que la mujer la recibe; al control global que ella ejerce sobre el ejercicio del presupuesto familiar, y al significado que le atribuye.

En *los grupos medios*,[6] más de la mitad de las mujeres que trabajan (63% de los casos) subraya que su contribución se destina a los rubros de alimentación, servicios en la vivienda, educación de los hijos, los cuales considera como aspectos esenciales en la vida familiar. Las demás destinan sus ingresos a sus necesidades personales o a aquellas consideradas como menos apremiantes en el caso de los hijos.

Las mujeres cuya contribución es central en la vida de la unidad doméstica son casi en su totalidad de carrera con un proyecto de desarrollo personal, o aquellas que consideran su trabajo como relevante para el logro de una mayor movilidad social. Se trata de trabajadoras asalariadas no manuales, con diferentes edades y escolaridad, con nivel de secundaria como mínimo. Su contribución no está necesariamente ligada a la mayor necesidad económica, o al desempeño de mejores puestos, sino al mayor compromiso establecido con el trabajo como parte de un proyecto individual o familiar.

Un punto central a destacar es el acceso aparentemente sin restricciones que tienen las esposas al ingreso del marido. La noción de asignación masculina fraccionada o *gasto* no está presente en el discurso. De esta manera, entre las mujeres de sectores

---

[5] Safa analiza para Puerto Rico una encuesta llevada a cabo en 1980 a 157 trabajadoras de la industria del vestido. En la República Dominicana analiza información para 231 trabajadoras en las plantas ensambladoras para exportación entrevistadas en 1981.
[6] En este apartado sólo tomamos en cuenta a las mujeres que trabajan, dada la temática que se cubre en el mismo.

medios con contribuciones importantes a su unidad doméstica prevalece la importancia de sumar los ingresos en un fondo común.

Yo nunca he tenido el problema [de que] esto es mío y lo de mi esposo es de él. Nosotros siempre el sueldo de mi esposo y el sueldo mío lo ponemos como hasta la fecha en una cajita de madera y mi esposo puede agarrar lo que quiera y yo puedo agarrar lo que yo quiera. *Delma, 31 años, 1 hija; vive en Tijuana.*

En realidad, son minoritarias las situaciones en que la mayor presencia económica femenina se considera como un logro para la autonomía personal. Esto sólo ocurre entre algunas mujeres universitarias que nos dicen:

Mi autonomía pasaba y sigue pasando definitivamente por mi independencia económica. *Marisol, 37 años, 2 hijos; vive en Tijuana.*

El hecho de sentir que yo decido sobre mis ingresos me [hace] sentirme una persona importante. *Alma, 34 años, 2 hijos; vive en Tijuana.*

Entre *las mujeres de sectores populares,* la situación imperante es cualitativamente distinta. Entre ellas está más claramente delineada la idea de que el varón es el principal responsable por la manutención básica (entendida esencialmente como la alimentación) y que él debe aportar para *el gasto.* Dentro de este contexto general, la contribución femenina adquiere matices específicos aún en el caso de que sea esencial para el presupuesto de la unidad doméstica.

Existen, por un lado, las jefas económicas que hemos considerado en un capítulo aparte (ver capítulo VI) por ser las principales responsables de la manutención de sus familias, aun estando el marido presente. En estas situaciones la contribución mayoritaria femenina es una necesidad que las mismas mujeres consideran como impuesta por diversas circunstancias. Por el otro, tenemos a los hogares con mujeres que trabajan y con contribución estable de los cónyuges, en donde se presentan dos situaciones distintas. Una primera mitad de las entrevistadas considera explícitamente que lo que gana es marginal, extra, para gastos específicos o para imprevistos, aunque no necesariamente lo sea, como lo podemos observar en los siguientes testimonios:

> Mi esposo es el que hace el sostenimiento, como dicen ahora. En los gustos, que para el arreglo de la casa o la ropa de los muchachos, ahí es donde entra mi contribución [...] ahora [...] los gustos superfluos..., eso ya pues él no podría, entonces, yo lo estoy ayudando. *María del Rosario, 47 años, 5 hijos; vive en Mérida.*

> El dinero que yo gano no lo meto a la despensa, sino que lo que hago es comprarle ropa a las niñas, o si María necesita algo, como ahora de los uniformes, pues ahí es donde se va el dinero. *María de Jésus, 33 años, 5 hijos; vive en el D.F.*

La otra mitad de entrevistadas de sectores populares declara que su contribución al ingreso familiar sí es indispensable. Se trata de mujeres que, al igual que en los sectores medios, asumen un compromiso individual o familiar con el trabajo extradoméstico. Sin embargo, esto no les impide seguir considerando al marido como el principal responsable del *gasto* y se aclara que el trabajo femenino, lo que permite, es "completar" esa aportación, y de esa manera "ayudar" de manera relevante a los cónyuges. Es menos frecuente la verbalización destacada para los sectores medios de "estar a la par" que los maridos en los gastos familiares o de "unir" ambas contribuciones; es decir, que se está más lejos de aspirar a una situación igualitaria.

A pesar de las asimetrías reales o esperadas en los aportes al presupuesto familiar, es importante destacar que una dimensión muy importante en el horizonte femenino en los sectores populares es la administración de dicho presupuesto. Con mucha frecuencia (72% de los casos analizados) las mujeres declaran que administran solas o de manera conjunta el dinero que reciben, además del suyo propio. Administrar dinero escaso es una tarea difícil, como se ha puntualizado en muchas ocasiones; pero también es importante señalar en este contexto la dimensión de orgullo presente en algunas entrevistas:

> Él me ha dicho: "yo te doy el dinero porque sé que tú lo necesitas, que mis hijos lo necesitan, y sé que no va a ser malgastado". *Laura, 24 años, 3 hijos; vive en el D.F.*

En síntesis, para las mujeres de sectores medios que trabajan es clara su importante contribución al presupuesto de la unidad doméstica, y derivan satisfacciones de sus aportaciones familiares. En cambio, las mujeres de sectores populares pueden considerar o no que su contribución es relevante y, por lo general, todavía esperan que el marido sea el proveedor básico de la manutención de la unidad doméstica.

Participación masculina en el trabajo doméstico

A finales de los años setenta y durante los ochenta, se realizaron distintos tipos de estudios de caso sobre el trabajo doméstico en el país, referidos tanto a sectores menos privilegiados, como a sectores medios. Sánchez Gómez (1989) en una sistematización de dichos estudios, nos indica que "en la mayoría de las investigaciones se concluye que la participación de los varones en actividades de trabajo doméstico es escasa, variable y en ocasiones nula" (p. 70).

Cuando la mujer desempeña actividades remuneradas, es posible esperar algunos cambios en cuanto al trabajo doméstico, según los resultados de una de las investigaciones pioneras sobre el tema. De Barbieri (1984) en su estudio para sectores medios y obreros en la ciudad de México en los años setenta[7] señala que se pueden presentar diferencias en el patrón general que asigna a las mujeres la responsabilidad del trabajo doméstico cuando ambos cónyuges tienen actividad remunerada, especialmente si trabajan en la misma unidad productiva (De Barbieri, 1984). Sin embargo, según Sánchez Gómez (1989), el resultado más común es que las mujeres con actividad remunerada reciben más apoyo de los integrantes de su hogar, pero sobre todo de las hijas mayores de 11 años. Esta autora, además, aclara que en algunas investigaciones se insinúa que las actividades esporádicas que desempeñan los hombres son las más relacionadas con el ámbito externo, es decir, las menos rutinarias y monótonas y las menos tipificadas como activi-

---

[7] Se entrevistaron 34 mujeres: 17 de sectores medios y 17 de sectores obreros, de las cuales, 18 tenían actividad remunerada y 16 eran amas de casa exclusivamente.

dades femeninas.[8] Muchos otros estudios para países desarrollados y en desarrollo dejan claro que la responsabilidad de las mujeres en la realización del trabajo doméstico se ha mantenido, y muy poco se ha logrado en cuanto a la participación sistemática de los cónyuges en dichas labores.[9]

Nuestros resultados apuntan en la misma dirección, pues no hay un patrón claro, ya sea en los sectores medios o en los populares urbanos, que permita afirmar que una parte importante de los maridos se *responsabiliza* del desempeño sistemático en algún rubro específico del trabajo doméstico, por lo tanto, todavía no es posible hablar de un cambio importante en la división intrafamiliar del trabajo doméstico. La participación masculina en estas actividades casi siempre asume la forma de "ayuda" o "colaboración". Se trata de una participación esporádica que los maridos llevan a cabo cuando tienen tiempo libre, durante los fines de semana o las vacaciones, o cuando las esposas están enfermas.

A pesar del carácter esporádico de la participación masculina en las actividades domésticas, nos importa destacar para ambos sectores sociales las diferencias encontradas entre las que no realizan actividades extradomésticas y las que sí. En los hogares de las primeras la participación de los cónyuges y de los hijos varones en las labores domésticas es escasa o nula, independientemente del sector social analizado; sin embargo, en el caso de las segundas especialmente cuando se asume un compromiso con el trabajo, por lo general se requiere de la participación de los esposos en alguna

---

[8] Benería y Roldán (1987) también reportan que, en ningún caso, las entrevistadas del sector popular que realizan trabajo a domicilio han sido capaces de disminuir, en forma apreciable, las labores domésticas logrando que el marido (u otro pariente masculino) *se encargue* de una parte de estas labores; más bien, son las hijas mayores en los hogares nucleares de ciclo avanzado y otras parientes en las unidades extendidas las que se responsabilizan de tareas específicas.

[9] Véase por ejemplo, Torres, 1989, para el caso de Uruguay. En un estudio en seis ciudades capitales de Centroamérica (ciudad de Guatemala, ciudad de Panamá, Managua, San José, San Salvador y Tegucigalpa) realizado en 1991 con propietarios y propietarias de microempresas, se reporta que las mujeres, además de atender su propio negocio, se encargan del trabajo doméstico de sus hogares en proporciones muy superiores a la contraparte masculina (Menjívar Larín y Pérez Sáinz, 1991). Para una revisión de los principales resultados encontrados en los países desarrollados, véase Blumberg, 1991.

actividad doméstica, aunque sea en forma esporádica. En nuestras entrevistas esto ocurre en cerca de 49% de los casos en los sectores medios y en 35% en los sectores populares.[10]

Es relevante destacar que las tareas domésticas desempeñadas por los cónyuges o hijos de nuestras entrevistadas, contrario a lo encontrado en otros trabajos, no necesariamente son las menos rutinarias o las menos "femeninas". Por ejemplo, las entrevistadas relatan que *en ocasiones* los maridos lavan, planchan, cocinan (en especial los fines de semana), barren, sacuden, trapean, bañan y cuidan a los hijos y los llevan a la escuela.

¿Qué piensan las mujeres sobre la participación masculina en el trabajo doméstico? De Barbieri (1984) constataba que mujeres de clase media y obreras a mediados de los setenta consideraban que el hombre tenía la obligación de mantener a la familia y la mujer la responsabilidad de las actividades domésticas. Estudios más recientes también indican que las mujeres de sectores populares consideran que el trabajo de la casa *debe de ser realizado por ellas mismas* (Benería y Roldán, 1987; Rubalcava y Salles, 1992).[11] Nosotras, de igual forma, encontramos que las entrevistadas de los sectores populares, a veces explícitamente, no esperan que la contribución del marido con el trabajo doméstico sea sistemática, es decir, que este aspecto de la división de funciones intrafamiliares también está claramente delineado en su discurso; por ejemplo, Natalia, cuyo esposo le ayudaba en las tareas domésticas, dice que ahora ya no porque "él todo el día está trabajando, desde las 6 de la mañana [...] sale a las 3; ocho horas trabaja, cuando llega está rendido". *Natalia, 47 años, 7 hijos; vive en Mérida.*

Las mujeres de los sectores medios, al contar con la ayuda de una empleada doméstica, se consideran responsables de la supervisión, pero no de la ejecución de las tareas domésticas. Asimismo,

---

[10] Los porcentajes correspondientes para los hijos varones que ayudan en forma esporádica son: 75% para los sectores medios y 60 para los populares.

[11] La investigación que reportan Rubalcava y Salles (1992) se llevó a cabo en Matamoros, Tamaulipas. En una submuestra de 91 hogares que incluía mujeres que participaban en el mercado de trabajo y amas de casa, se observó que 61% de aquellas mujeres que trabajaban y 67 de las que no lo hacían consideraban que el trabajo de la casa lo debían hacer las mujeres.

la presencia de la empleada aleja a los hombres aún más de las responsabilidades de la casa. Muchas mujeres afirman que los conflictos cotidianos que se enfrentan en este particular han sido solucionados con la contratación de la empleada.

> [Las tareas domésticas son] mi responsabilidad y él es totalmente ajeno. Él prefiere pagar. Tenemos dos muchachas de servicio [...] Él no puede ver ni un bicho; pero es incapaz de limpiar nada, bueno, ni de traerse un vaso de agua. Prefiere pagar. Si pudiera pagaría a veinte porque a él le gusta: "agua, servilleta..." En mi caso, no es que yo haga físicamente nada, porque tengo ayuda; pero soy la que controlo si se barre o se hace. *Evelyn, 34 años, 3 hijos; vive en Mérida.*

Dado que la empleada doméstica no está presente en los sectores populares, son otras mujeres o los hijos e hijas mayores quienes se encargan de algunas de las tareas requeridas. Como hemos señalado arriba, en algunas investigaciones se indica que, en los hechos o en las expectativas, son las hijas mujeres quienes principalmente ayudan a las madres o se espera que ayuden (Sánchez Gómez, 1989). En nuestra investigación encontramos un patrón más igualitario de ayuda doméstica entre hijos varones e hijas mujeres. Los resultados de Rubalcava y Salles (1992) también apuntan hacia un cambio a nivel de las expectativas, pues 81% de sus entrevistadas del sector popular, tanto trabajadoras, como amas de casa, opinaron que hijos e hijas deberían ayudar por igual en las tareas del hogar. Estos resultados son importantes como indicios de posibles transformaciones intergeneracionales que pudieran asumir contornos más precisos en los años por venir.

Los patrones de autoridad y poder imperantes en el hogar

Los patrones de autoridad y la toma de decisiones en las unidades domésticas han sido áreas tradicionales de interés en la sociología de la familia. Por su parte, los estudios sobre la mujer han contribuido a que la unidad doméstica sea visualizada como un espacio de relaciones jerárquicas entre géneros y generaciones. En el ámbito de lo doméstico, se ejerce la autoridad y el poder predominantemente por parte del varón; pero es preciso analizar los espacios de poder femeninos y los cambios que se están generando, ya que, aunque sean reducidos, denotan transformaciones en la condición de subordinación de la mujer. Los distintos estudios realizados en México mediante encuestas con grandes muestras, o los basados en reducidos números de casos, indican que hombres y mujeres tienen espacios diferenciados en lo que respecta a la toma de decisiones, aunque las dimensiones consideradas no son siempre las mismas (Elú de Leñero, 1969 y 1975; Leñero, 1983 y 1987; Ribeiro, 1989; De Barbieri, 1984; Benería y Roldán, 1987).

Elú de Leñero (1969), con base en una encuesta realizada en 1967, observó que la mujer tenía mayor poder de decisión en la elaboración del presupuesto mensual, la selección de la escuela para los hijos, y la determinación del castigo para ellos cuando cometían faltas. En cambio, la mujer tenía menos poder respecto de la decisión de trabajar y la selección del tipo de trabajo que mejor le convenía, así como sobre tener o no más hijos. De Barbieri (1984), en su análisis de sectores medios y obreros en la ciudad de México a principios de los ochenta, identifica como esferas nítidamente femeninas la organización cotidiana del hogar (decisiones sobre la comida diaria, el sueldo y características de las empleadas domésticas en los sectores medios, educación, ropa y alimentación de los hijos). El área predominantemente masculina la constituyen las erogaciones importantes de dinero, principalmente en los sectores populares. Esta autora también señala que la clara división entre géneros en la toma de decisiones puede variar entre las parejas más jóvenes y cuando la mujer trabaja. Ribeiro (1989), en su estudio sobre las áreas urbanas de Nuevo León hacia finales de los ochenta, observa cambios importantes en estos patrones, pues reporta que, en lo que respecta a tener o no más hijos las decisiones son más compartidas. En otros países, también se han registrado cambios, tanto en lo que atañe a las decisiones sobre el número de hijos, como en uso de anticonceptivos (véase, por ejemplo, el estudio de Safa, 1990, en la República Dominicana). Esta transformación seguramente ha sido propiciada por los programas de planificación familiar puestos en práctica en muchos países latinoamericanos (México incluido), los cuales han acelerado el descenso de la fecundidad.[12]

No obstante, conviene subrayar que, aunque existen espacios diferenciados en donde las mujeres tienen o comienzan a tener un papel más activo en la toma de decisiones, a veces se reporta que este proceso se realiza de acuerdo con el marido, o ellas le siguen otorgando a los cónyuges la máxima autoridad en los diversos ámbitos. Así, por ejemplo, Benería y Roldán (1987) documentan el papel importante que tiene la mujer de sectores populares en la socialización de los hijos y en la toma de decisiones sobre numerosos aspectos de la crianza. Sin embargo, en el caso de los estudios, se encuentra que las mujeres esperan que sean los maridos quienes los disciplinen. Nuestros resultados denotan que en el *sector popular* las entrevistadas participan en forma importante en la educación de sus hijos (en cerca de 70% de los casos); pero las decisiones sobre este particular tienden a ser tomadas mayormente junto con el cónyuge. En contraste, en los *sectores medios*, la participación de las entrevistadas en este ámbito de la vida familiar es más acentuada (en casi 80% de los casos) y asume en forma más marcada el carácter de decisión individual.

Respecto a las decisiones sobre número de hijos y uso de anticonceptivos, nuestros resultados ratifican la participación creciente de las mujeres mexicanas de diferentes sectores sociales en el control de su fecundidad. Después de más de tres lustros de programas públicos de planificación familiar, encontramos que, tanto las entrevistadas de sectores populares, como las de sectores medios (aunque en mayor medida estas últimas) participan de manera importante en algunas de las decisiones que atañen a su reproducción biológica. En el caso de *los sectores populares*, algunos aspectos de la reproducción biológica y de la crianza de los hijos constituyen los pocos ámbitos en los que las mujeres han logrado una participación activa en las decisiones familiares. Muchas de las entrevistadas (70% de los casos) expresan que tuvieron un papel activo, ellas solas o junto con el marido, en la decisión final de

---

[12] En la literatura reciente se plantea la hipótesis de que una mayor autonomía femenina facilita la transición demográfica hacia una fecundidad baja, en presencia de programas explícitos de planificación familiar (Oppenheim, 1988).

tener o no más hijos. Se trata principalmente de mujeres jóvenes (menores de 34 años) que trabajan en actividades asalariadas. En el caso de *los sectores medios* la participación en las decisiones sobre su fecundidad es todavía más marcada (78% de los casos). Se trata de mujeres que con frecuencia cuentan con una educación universitaria y, al igual que en los sectores populares, trabajan como asalariadas, pero, en este caso, en actividades no manuales. A partir de estos resultados no debe interpretarse que las mujeres entrevistadas hayan logrado un espacio indiscutible en cuanto al control de sus cuerpos, su sexualidad y su reproducción.[13] En muchos casos, las decisiones femeninas sobre el control de la fecundidad suscitan un buen número de conflictos en la vida familiar que las presionan a aceptar soluciones no deseadas, sobre todo, cuando los cónyuges quieren un mayor número de hijos. Asimismo, como hemos documentado en el capítulo VII, la planificación familiar en los sectores populares es un proceso lleno de ambigüedades, y el uso de anticonceptivos es bastante deficiente, sobre todo, porque las mujeres no cuentan con la información requerida para el uso adecuado de los métodos disponibles.

¿Qué relación guarda el mayor control femenino de la reproducción y la crianza de los hijos con los patrones de autoridad en otros ámbitos de la vida familiar? En *los sectores populares*, la participación de las entrevistadas en el control de su fecundidad no necesariamente lleva al cuestionamiento de la subordinación femenina frente a los cónyuges en otras dimensiones. De hecho, la gran mayoría (alrededor de 75%), percibe que el cónyuge es el jefe de la familia y el que tiene la última palabra en los asuntos importantes. Aquí están más representadas las mujeres de mayor edad (35 años o más), con baja escolaridad, que no trabajan en actividades extradomésticas, o que, cuando lo hacen, es sobre todo en actividades por cuenta propia. Como contraparte, las pocas mujeres de los sectores populares que consideran que ellas también participan en las decisiones importantes de la familia son las más jóvenes, con escolaridad superior a primaria, que trabajan especialmente

---

[13] Diferentes estudios llevan a concluir que la sexualidad es un ámbito de menores cambios. En el trabajo de Benería y Roldán (1987), se reporta que el hombre casi siempre decide y toma la iniciativa en este respecto.

en actividades asalariadas y asumen un compromiso individual o familiar con su trabajo. Esta diferencia entre cohortes apunta hacia posibles cambios futuros en las relaciones hombre-mujer en este sector social. La aceptación de la autoridad masculina puede ser expresada sin ambajes, de manera ambigua o con justificaciones; pero también con un cierto resentimiento:

Él es quien da más órdenes. *Matilde, 23 años, 1 hijo; vive en Tijuana.*

Pues los dos [tomamos decisiones importantes], pues si a mí me parece, pues bien, pues así estamos, lo que él diga, o sea que estamos de acuerdo en todo, lo que sea, lo que él diga, pues yo estoy de acuerdo. *Rosa, 25 años, 3 hijos; vive en Mérida.*

Entre los dos tomamos las decisiones, pero él un poco más pues ha tenido más experiencias. *Ana, 27 años, 4 hijos; vive en el D.F.*

Las decisiones las tomamos entre los dos, pero él es quien tiene la última palabra. *Guadalupe, 38 años, 4 hijos; vive en el D.F.*

Siempre [manda] él, y sigue mandando él. *Esperanza, 49 años, 13 hijos; vive en Tijuana.*

En *los sectores medios* se perfilan cambios más importantes en los patrones de autoridad. Estas mujeres cuestionan en mayor medida la imagen del marido como el jefe exclusivo del hogar. Ellas perciben que también tienen autoridad en la casa y que participan activamente junto con sus cónyuges en las decisiones importantes que atañen a sus familias. De hecho, más de la mitad de las entrevistadas de sectores medios (60% de los casos) considera que ambos cónyuges comparten las decisiones importantes y la autoridad en el hogar. En este caso, se trata de mujeres con elevados niveles de escolaridad que, por lo general, trabajan en actividades asalariadas.

El grado de autonomía femenina frente a los cónyuges

Algunas autoras se refieren a la individuación femenina para identificar el proceso mediante el cual las mujeres empiezan a cuestionar la "naturalidad" de las relaciones de subordinación y a defender sus derechos en diferentes ámbitos sociales. Además de las dimensiones económicas y de autoridad analizadas con anterioridad, en este trabajo consideramos como aspectos indicativos de una mayor individuación o autonomía de las esposas frente a sus cónyuges, la libertad de acción y movimiento, esto es, la posibilidad de elegir trabajar, participar políticamente, salir de la casa sin tener que solicitar permiso al cónyuge. Asimismo, es relevante identificar cuándo las mujeres no se someten fácilmente al dominio masculino y llevan a cabo diferentes formas de resistencias, negociaciones y eventuales enfrentamientos en la vida familiar para lograr una situación más igualitaria.

En la literatura se argumenta que ciertos procesos macroestructurales ocurridos en nuestros países, tales como la creciente urbanización, las intensas migraciones internas, la expansión del trabajo femenino y la proliferación de movilizaciones sociales diversas, han contribuido a una mayor individuación femenina en el ámbito público. Esto es, han llevado a algunas mujeres a dejar de ser identificadas solamente como esposas, madres o hijas y pasar a ser trabajadoras, líderes políticas, ciudadanas con derechos y obligaciones (Vargas, 1984; Arizpe, 1985; De Barbieri y Oliveira, 1987; Jelin, 1987; Oliveira, 1989). También se sostiene que el proceso de individuación en la esfera de lo privado ha sido reforzado, en parte, por la mayor disponibilidad de métodos de control natal y los cambios ideológicos introducidos por el feminismo, los cuales han propiciado mayor capacidad de decisión de las mujeres sobre sus propias vidas, en particular sobre su capacidad reproductiva como vimos con anterioridad (Arizpe, 1985; De Barbieri y Oliveira, 1987). Con base en la revisión de investigaciones y testimonios a sectores de mujeres muy diversos, en cuanto al país de residencia, al origen de clase y etapa del ciclo vital, se plantea que las mujeres al salir del confinamiento del ámbito privado, entrar en contacto con otras mujeres e intercambiar experiencias en el lugar de trabajo, o mediante la participación política o comunitaria, han iniciado un proceso de "darse cuenta" de la situación de subordinación femenina. Sin embargo, la participación económica y política y una mayor conciencia de la subordinación no siempre significa que las mujeres logren romper los patrones tradicionales de relación entre hombres y mujeres en el seno de la familia.

Estudios basados en entrevistas en profundidad a diferentes sectores sociales en México, sugieren que a mediados de los años setenta la individuación femenina todavía era débil, sobre todo entre mujeres de los sectores populares. Así por ejemplo, De Barbieri (1984) plantea que, en términos generales, las mujeres por ella entrevistadas en la ciudad de México durante ese periodo estimaban que debían obediencia al marido. No obstante, en los sectores medios, esta autora encontró que la obediencia estaba matizada, pues la mujer podía salir del hogar cuando lo necesitaba o lo deseaba. En cambio, en los sectores obreros, el marido fijaba el radio de acción femenino, de modo que la mujer sólo podía salir del hogar cuando él lo autorizaba. En investigaciones más recientes, también realizadas en la ciudad de México para mujeres de sectores populares (Benería y Roldán, 1987), se reporta que sólo una pequeña parte de las mujeres están dispuestas a exigir un trato diferente por parte de sus maridos cuando se les prohíbe visitar a sus parientes. Estos reclamos tienen mayor eficacia cuando se hacen en privado. Asimismo, las autoras observan que no son pocos los obstáculos que enfrentan las mujeres al querer salir, trabajar, participar políticamente o visitar amigos o parientes. Se generan conflictos en el ámbito doméstico: los maridos les niegan permisos, les exigen cumplir con todo el trabajo doméstico y, en ocasiones, las golpean. Estos hallazgos son indicativos del control que los cónyuges todavía ejercen sobre las mujeres en el ámbito familiar (Massolo y Díaz Ronner, 1985; De Barbieri, 1985; De Barbieri y Oliveira, 1987).

En nuestro estudio encontramos una vez más diferencias importantes entre sectores sociales en lo que se refiere al grado de autonomía femenina en el ámbito doméstico. Estas diferencias apuntan en la misma dirección de las señaladas al analizar la división del trabajo y los patrones de autoridad en el interior de las familias. A saber, son las entrevistadas de *los sectores medios* las que han logrado un mayor grado de autonomía relativa, aunque sólo en algunos aspectos, en la relación de pareja.

Acerca de la libertad de movimientos

En primer lugar, en concordancia con lo señalado por De Barbieri (1984), gran parte de nuestras entrevistadas de los *sectores medios* (85% de los casos) tiene garantizada su libertad de movimiento; sobre todo, las que cuentan con educación universitaria y trabajan en actividades asalariadas. En cambio, menos de la mitad de las de los *sectores populares* (44% de los casos) cuenta con libertad para salir, trabajar o participar políticamente. Es común la práctica de tener que pedir permiso al cónyuge o compañero, en especial entre las que no trabajan o lo hacen como actividad secundaria.

El caso de Juana ilustra muy bien este aspecto. Ella se rebeló para participar políticamente; pero tuvo que aceptar llevar a cabo sus obligaciones de ama de casa y perdir permiso al esposo:

> Yo me rebelé y le dije a él: los respeto, los quiero, los aprecio; pero yo también tengo que desarrollarme, tengo que alimentar mi espíritu... Terminando yo de hacer mis obligaciones yo puedo, si tú me das permiso, y ves que lo que estoy haciendo son cosas buenas para mí, para mi gente, para mis compañeros [participar en el trabajo comunitario]. *Juana, 29 años, 3 hijos; vive en Tijuana.*

Lourdes, por su parte, considera que se lleva bien en el matrimonio, pero no es libre de salir adonde quiera:

> De todas formas cambia un poquito de ser soltera, porque a veces quiere uno salir y tiene que dejar una notita que salió a tal lado. Quiere uno ir a tal lado y a veces al marido no le parece. *Lourdes, 26 años, 1 hija; vive en Mérida.*

Acerca de las fuentes de conflicto

Las entrevistadas de los *sectores populares* perciben como fuentes principales de conflicto en el interior del hogar el carácter fuerte y los celos del esposo, el alcoholismo, la infidelidad y, sobre todo, la prohibición del marido a que la mujer salga sola, trabaje o participe en actividades políticas.

Juana, una vez más, nos describe en forma clara la negativa del marido a que participara políticamente y cómo el suegro también la cuidaba:

> Especialmente, mi suegro tiene unas ideas muy especiales para una mujer, "la mujer es de casa y no sale". Hasta ahora, hace poco, que ya tengo 13 años de casada, yo me impuse y dije "voy a participar y voy a salir", porque antes ni a la esquina me dejaban salir. Si no era mi esposo era mi suegro el que me cuidaba. No más está vigilándome lo que hablo, lo que digo y es una presión muy fuerte [...] En un primer tiempo sí nos causó difíciles situaciones [...] Hace un año y medio, precisamente [mi marido] me abandonó por cuatro meses. Yo me tuve que salir de mi casa; me corrió, me golpeó y me tuve que ir a vivir a otra parte [...] Esto fue en agosto y en diciembre él volvió a buscarme y pedirme perdón y que regresara, asimiló que yo en realidad me gustaba y me apasionaba seguir mi trabajo; que no era por andar de vaga, como comúnmente se dice, sino que a mí me dan mucho coraje las injusticias. *Juana, 29 años, 3 hijos; vive en Tijuana.*

En los *sectores medios*, los conflictos que se enfrentan en la vida familiar asumen matices distintos y se refieren a una mayor diversidad de ámbitos de la vida cotidiana. Al igual que en los sectores populares, los celos y el carácter fuerte del esposo, el alcoholismo, la violencia y la infidelidad son mencionados; pero también aparecen como fuente de conflicto, en especial entre las mujeres que tienen un proyecto de desarrollo individual: la demanda de tiempo para dedicarse a sus actividades; el sentimiento de que los cónyuges subestiman sus capacidades intelectuales y no valoran su trabajo; los problemas económicos y la forma como la mujer administra el dinero; la no aceptación de hacerse cargo sola del trabajo doméstico y atender al esposo; la preocupación y la presión de los maridos para que no desatiendan a los hijos, y el papel más activo de las mujeres en el ámbito de la sexualidad.

La defensa del tiempo para dedicarse al desarrollo personal es un aspecto que está muy presente entre las profesionistas.

> La verdad es que siempre ha sido una pelea por conseguir yo un espacio en casa. Porque para mí el dejar de hacer trabajo doméstico significa tener tiempo para otras actividades. *Marisol, 37 años, 2 hijos; vive en Tijuana.*

> Hemos tenido problemas a nivel de ajustar nuestros tiempos de trabajo [...] Yo siento que él siente que ahorita está en su máximo potencial, que quiere estirar todo hasta donde sea posible, que quiere trabajar 24 horas [...] pero eso le quita tiempo a la familia, le quita tiempo a la relación y [...] le quita tiempo a mi trabajo [...] Éste es un punto de conflicto que estamos todavía tratando de solucionar. *Rosalinda, 37 años, 2 hijos; vive en Mérida.*

Acerca de las acciones concretas

En lo que se refiere al cuestionamiento del dominio masculino mediante acciones concretas, no encontramos diferencias tan polares entre los sectores sociales. Poco más de la mitad de las entrevistadas de *sectores medios* (60% de los casos) lleva a cabo acciones específicas para defender frente a los cónyuges los derechos considerados como legítimos. Esto se da sobre todo entre las mujeres con educación universitaria que trabajan, especialmente como asalariadas, y que asumen un compromiso con la actividad extradoméstica; ellas luchan por un proyecto de desarrollo personal o un proyecto familiar que permita garantizar sus niveles de vida. Estas mujeres defienden derechos de diversa índole: salir a trabajar, y estudiar, ser independientes económicamente, contribuir en forma importante a la manutención de la familia y no "servir" y "atender" a los maridos. En los *sectores populares,* las entrevistadas que defienden activamente sus derechos también están en la cercanía del 50% de los casos analizados. Al igual que en los sectores medios, solamente las que trabajan por un compromiso individual o familiar llevan a cabo en mayor medida acciones concretas para trabajar, participar políticamente, ser bien tratadas, salir solas, controlar su fecundidad y tener apoyo del marido en las labores del hogar.

Es importante destacar que las acciones llevadas a cabo por las entrevistadas para buscar relaciones igualitarias en el ámbito familiar, asumen modalidades similares en los sectores medios y populares. Éstas incluyen una amplia gama de posibilidades, algunas más efectivas que otras: diálogo, negociaciones y transacciones, quejas y reclamos, desobediencia, enfrentamiento y amenazas, indiferencia, separaciones temporales y hasta definitivas. El caso de Ángeles ilustra el intento de recurrir al Ministerio Público para obtener protección en el ámbito doméstico. Ángeles decidió trabajar como afanadora, su esposo se opuso y le dijo que juntara su ropa y se fuera, ella lo amenazó con denunciarlo:

> Si vengo en la tarde y mi ropa está juntada, me voy, ni modo. Pero, ¿sabes adónde me voy a ir?: a casa de mis hermanos y de ahí a la delegación, y seguramente me van a preguntar por qué me fui a trabajar y le voy a decir que porque no me das lo necesario. *Ángeles, 42 años, 2 hijos; vive en el D.F.*

Otras mujeres prefieren usar la manipulación porque la consideran como una forma más eficiente para lograr lo que quieren, aunque de esta manera contribuyan a reforzar el estereotipo de lo femenino.

> No es por presumirle, pero muchas mujeres me envidian y me lo han dicho "yo te envidio el marido que tienes", y yo me he hecho a su modo de él, porque siempre que platico de mi esposo digo que tiene uno que poner dos dedos de parte para poder llevarse bien. No nada más depende de una persona. Yo he llegado a la idea de que podemos manejarlos, por decirlo así, pero no con gritos, con decirle yo valgo más que tú o aquí se hace lo que yo digo. Bajita la mano, sí puede uno llegar a hacerlo [...] yo pienso que sí se puede manejar a un hombre. El que no lo [sepan] hacer es bien diferente. Yo se los digo a muchas mujeres. Es más, una muchacha se iba a casar y ella desde el momento en que se iba a casar me dijo que ella no se iba a dejar mandar ... "Tú vas a fracasar, porque a ningún hombre le gusta que lo manden. Tú puedes hacer lo que tú quieras, pero de otra manera: no con gritos ni sombrerazos." *Lucía, 41 años, 5 hijos; vive en el D.F.*

Acerca de las ambivalencias

El análisis de nuestras entrevistas en profundidad también deja claro las ambivalencias que están presentes en la búsqueda de relaciones de pareja más igualitarias. En los *sectores medios*, las mujeres entrevistadas son conscientes de que tratan de defender sus derechos, pero a la vez ceden y hacen concesiones; no quieren separarse aun en situaciones en que son devaluadas o maltratadas.

> Yo no quería divorciarme. La verdad es que yo no quería separarme, yo estaba muy aferrada a [...] a él; no. Pero sí me daba cuenta de cómo iba perdiendo, cómo iba haciendo concesiones, en aras de mantener esa unión... *Marisol, 37 años, 2 hijos; vive en Tijuana.*

En los *sectores populares* las ambivalencias son menos marcadas, o no se expresan como tales, lo cual se vincula con las concepciones más definidas sobre el matrimonio y el papel de la mujer en la familia. Además de percibir en mayor medida como "natural" la división tradicional del trabajo entre hombres y mujeres, ya hemos visto que se valora más la obediencia al esposo o se perfila con nitidez el papel de la mujer como aguantadora o como responsable de la unión familiar.

> [...] uno tiene que obedecer al esposo [...] porque los quiere uno ¿verdad? *Alicia, 27 años, 2 hijos; vive en Tijuana.*

> La mayoría de las mujeres somos aguantadoras, como quien dice, porque aguantamos a los hombres las cosas que nos hacen. *Elena, 31 años, 3 hijos; vive en Mérida.*

CONSIDERACIONES FINALES

Hemos explorado en este capítulo las relaciones entre géneros en el interior de las unidades domésticas en lo que respecta a la división intrafamiliar del trabajo, los patrones de autoridad y de poder y el grado de autonomía de las mujeres frente a los cónyuges. Nuestro propósito ha sido ubicar cambios en una serie de dimensiones que podrían apuntar hacia nuevos patrones de relación entre hombres y mujeres en el interior de los hogares. Dado el carácter intencional o no probabilístico de nuestra muestra, los hallazgos deben ser considerados como puntos de partida o de llegada que corroboran o no los resultados de otros estudios y que deben ser a su vez retomados y enriquecidos en investigaciones futuras. Un eje diferenciador central de las transformaciones encontradas es *el sector social de pertenencia*; sin embargo, también hemos podido ubicar patrones de cambio o permanencia que, al contrario, cruzan el espectro social analizado.

Las mujeres de sectores medios que trabajan consideran en una importante medida que su contribución monetaria es central para la reproducción de la unidad doméstica, participan de manera relevante en la toma de decisiones y en el control de su reproducción, y casi todas tienen garantizada su libertad de movimientos. No obstante, sólo un poco más de la mitad de las entrevistadas ha puesto en marcha acciones concretas que a veces son vacilantes, para enfrentar el dominio masculino.

Por el contrario, *las mujeres de sectores populares* consideran, en menor medida que las de sectores medios, que su contribución monetaria es de relevancia para el hogar en que viven; el marido es la autoridad, el jefe de la casa y el responsable del gasto. Asimismo, en la mayoría de los casos tienen que pedir permiso para salir de la casa. Sin embargo, estas mujeres han comenzado a participar en las decisiones que atañen a su reproducción en importante medida, y la mitad de ellas ha tomado, al menos, alguna iniciativa para defender los derechos que considera relevantes.

Un aspecto de permanencia en la división de funciones intrafamiliares, que a su vez no se diferencia por sector social, es la responsabilidad femenina por el trabajo doméstico. Sin embargo, la presencia de una empleada introduce matices importantes en el entendimiento de esta dimensión en los sectores medios por oposición a los populares. La responsabilidad totalmente femenina del trabajo doméstico es un hallazgo también señalado en múltiples investigaciones y constituye tal vez el aspecto que ha experimentado menos cambios en las relaciones tradicionales entre hombres y mujeres en los diferentes sectores de la sociedad.

También resulta relevante destacar el papel de factores tales como *la edad y la escolaridad* en los cambios que están ocurriendo en las relaciones entre los géneros. En este contexto hay que resaltar el caso de las *cohortes jóvenes* en los sectores populares. Las mujeres jóvenes ya han logrado cierta participación, aunque esporádica, de los esposos en las labores de la casa, participan en la toma de decisiones y han cuestionado el papel del hombre como jefe exclusivo del hogar. Entre los sectores medios, los cambios encontrados se han dado entre mujeres con diferentes edades, sobre todo, debido al acceso a *la educación universitaria*.

Además de los aspectos anteriores, una de las conclusiones importantes de este análisis es que el *trabajo extradoméstico* introduce cambios en una serie de dimensiones en la vida familiar, tanto para los sectores populares, como para los medios. Como hemos mencionado, se argumenta de manera frecuente que no es el trabajo el que propicia transformaciones, sino el control de recursos que de allí puede derivarse (Blumberg, 1990 y 1991). Nosotras podemos añadir que el *compromiso* con el trabajo, el significado del mismo para la mujer, es otra arista importante a considerar. Asimismo, sobre todo en los sectores medios, es relevante tomar en cuenta el *carácter asalariado* o no de la actividad extradoméstica.

Con unas pocas excepciones, los hogares de las mujeres que participan en el mercado de trabajo y establecen compromisos personales o familiares con la actividad extradoméstica son aquellos en donde: *a)* la contribución de la mujer es central en la manutención de la unidad doméstica; *b)* existe más ayuda esporádica masculina en el trabajo doméstico; *c)* se cuestionan más los patrones de autoridad masculinos; *d)* se llevan a cabo mayor número de acciones concretas para negociar, o intentar modificar el dominio de los varones, y *e)* las mujeres tienen más libertad de movimientos.

CONCLUSIONES

En este libro hemos caracterizado al trabajo femenino extradoméstico desde distintas perspectivas. Recibieron en primer lugar atención los cambios observados a lo largo de la historia reciente del país, los múltiples factores que llevan a las mujeres a trabajar en años de expansión y crisis económica y el significado que las propias mujeres de diferentes sectores sociales atribuyen a su actividad extradoméstica. En un segundo momento, estudiamos las conexiones entre la actividad económica, la maternidad y la reproducción doméstica. Por último, analizamos los cambios en la posición relativa de las mujeres frente a los hombres, haciendo hincapié en la división del trabajo intrafamiliar, los patrones de autoridad y la autonomía femenina en relación con los cónyuges. En estas consideraciones finales retomamos nuestros hallazgos a la luz de otras investigaciones en torno a tres importantes problemáticas: el impacto de la recesión de los años ochenta sobre el mercado de trabajo femenino, el significado del trabajo extradoméstico y la maternidad en la vida de las mujeres, y la diferenciación social en conexión con las relaciones de género.

El impacto de la recesión económica
sobre el mercado de trabajo femenino

La primera parte de esta investigación estuvo dedicada al estudio del mercado de trabajo femenino en el nivel agregado (periodo 1976-1987) con base en algunas de las principales encuestas de fecundidad realizadas en el país. La selección de las encuestas de fecundidad se fundamenta en el hecho de que no existían fuentes alternativas en el momento de llevar a cabo el análisis que permitieran un estudio del mercado de trabajo femenino a nivel nacional, especialmente en la década de los ochenta.[1] Aunque nuestro estudio cubre un periodo de crecimiento a finales de los años setenta, y la recesión que le siguió en los ochenta, consideramos de más actualidad y alcance reflexionar en estas consideraciones finales en torno al impacto de la crisis de la década pasada sobre el mercado de trabajo femenino. Durante los ochenta, la participación económica femenina continuó incrementándose de la manera en que lo venía haciendo en los últimos lustros. En 1950, 13% de las mujeres de 12 años y más se declararon como económicamente activas; esta cifra fue de 16% en 1970; 21% en 1979; 25% en 1982 y 32% en 1987 (véase Oliveira y García, 1990; Pedrero, 1990; y nuestro capítulo II). Según la *Encuesta nacional de empleo* (ENE) de 1991, el porcentaje de mujeres activas se mantuvo alrededor del 32% en ese año.

El incremento en la participación económica femenina es un fenómeno que México comparte con muchos otros países. Infante y Klein (1991), en un diagnóstico reciente del mercado de trabajo de América Latina, indican que la tasa de participación femenina para un conjunto de países que abarcan el 71% de la población de la región, se incrementó de 32 a 38% en el último decenio; asimismo, estos autores señalan que se elevó la proporción de mujeres en la fuerza de trabajo, pues las tasas masculinas no muestran una variación de magnitud. En conjunto, la contribución de las mujeres al aumento de la PEA en los ochenta fue de 42 por ciento.[2]

Desde su inicio, el reciente aumento de la actividad económica femenina fue vinculado en México con el deterioro en los niveles de vida, consecuencia de la recesión de la década de los ochenta. Se hizo de esa manera necesaria la incorporación de integrantes adicionales de los hogares a la actividad económica (Selva, 1985; Cortés, 1988; Gónzalez de la Rocha, 1989). Sin embargo, algunos autores también han señalado que la incorporación femenina en la actividad económica venía dándose desde décadas atrás, tanto en México como en toda Latinoamérica, y que en su explicación

---

[1] Los resultados definitivos del censo de población de 1990 se pusieron en circulación en 1992; asimismo, los primeros resultados de la ENE de 1988 vieron la luz pública también hacia finales de 1992.

[2] Estos datos se basan en encuestas de hogares realizadas en Brasil, Colombia, Costa Rica, Chile, México, Uruguay y Venezuela.

también hay que tener en cuenta las tendencias seculares de mayores incrementos en la educación y en el proceso de urbanización, las cuales crean mayores oportunidades para la población femenina (véase Rendón, 1990). El estudio que hemos llevado a cabo sobre los factores condicionantes de la participación económica, y las ocupaciones que se desempeñan en diferentes periodos, ha permitido establecer con mayor precisión la naturaleza de los cambios observados durante la crisis.

Hasta principios de los años setenta, la mayoría de las mujeres que trabajaban fuera de su casa eran jóvenes y solteras o sin hijos. Conforme a nuestros análisis, durante las dos décadas siguientes esta situación se ha visto sustancialmente modificada: entre 1976 y 1987 se registra con claridad un importante incremento en la participación económica de las mujeres de mayor edad, unidas y con hijos.

El incremento en la presencia económica de las mujeres mayores de 25 años es particularmente notorio en el periodo 1982-1987. Esta alza apunta hacia una transformación social importante en el país, pues indica que las mujeres mexicanas no están abandonando el mercado de trabajo después de unirse o tener sus primeros hijos, de la manera en que lo hacían décadas atrás. Es posible esperar que la organización de la vida cotidiana de muchos hogares en el país se haya visto modificada en los últimos años.

Los aumentos en la actividad femenina por estado civil y número de hijos apuntan en el mismo sentido que las transformaciones por edad. Las tasas de actividad de mujeres unidas de 20-49 años para el total del país aumentan 22% en el periodo 1976-1982 y 32% en el 1982-1987; las de mujeres con más de tres hijos se mantienen constantes en el primer periodo y aumentan 60% en el segundo. Las encuestas de ocupación para diferentes ciudades del país también indican un aumento de las tasas para mujeres casadas entre 1978 y 1987. Éste es de 43% para la ciudad de México, 44% para Guadalajara y 30% para Monterrey (Pedrero, 1990).

Nuestros resultados dejan claro que la recesión económica ha llevado a la movilización de una oferta potencial de mano de obra constituida principalmente por mujeres con responsabilidades familiares. Desde esta perspectiva, cuando analizamos el cambio en los condicionantes de la participación económica en el interior de los diferentes grupos sociales, corroboramos que las necesidades económicas apremiantes han contribuido a modificar la influencia que ejercen los hijos sobre el trabajo femenino extradoméstico.

Entre los grupos que enfrentan mayores carencias, nuestros modelos estadísticos señalan que los hijos perdieron su papel "inhibidor" del trabajo extradoméstico de las mujeres, que exhibían con anterioridad a los años de recesión. Vistas las cosas desde otro ángulo, es la presencia de los hijos y sus necesidades la que lleva a las mujeres a poner en marcha estrategias generadoras de ingreso, principalmente por cuenta propia, como veremos más adelante.

Entre los sectores medios encontramos que, a diferencia de lo que ocurre en los sectores más pobres, las mujeres unidas y con hijos pequeños mostraban menores niveles de participación económica en los años de recesión. Esta tendencia seguramente se deba a las crecientes dificultades que enfrentan estas mujeres para mantener sus empleos asalariados más calificados, o para entrar a trabajar en un contexto de crisis. Tampoco hay que descartar que, en épocas difíciles, las familias de sectores medios hayan tenido que recortar los gastos, no recurrir a las empleadas domésticas y, como consecuencia, las madres hayan tenido que dedicarse mayormente al cuidado de sus hijos (De Barbieri y Oliveira, 1986; González de la Rocha, 1992).

Los cambios en la participación económica según niveles de escolaridad nos permiten observar otros aspectos de las repercusiones de la recesión sobre el mercado de trabajo. Hemos encontrado que, a diferencia de lo que venía ocurriendo hasta 1982, la participación de mujeres sin escolaridad o con primaria incompleta aumenta entre 1982 y 1987. Esta tendencia se da entre mujeres de diferentes edades y apunta en el mismo sentido que las señaladas con anterioridad. El deterioro en los niveles de vida en los años ochenta hizo cada vez más necesario para la población de bajos ingresos la búsqueda y diversificación de las estrategias para sobrevivir.

Las mujeres más jóvenes (20-34 años) con mediana y alta escolaridad han enfrentado mayores dificultades para incrementar su presencia en el mercado de trabajo en un contexto de contracción del empleo no manual. Éste es un dato que nos aparta notoriamente de otras realidades donde se ha observado que un nivel de escolaridad mayor se asocia a un nivel de participación elevado y creciente a lo largo del tiempo.

Para las mujeres adultas (35 años y más) con mediana y alta escolaridad, se observa un crecimiento sostenido de su participación económica entre 1976 y 1987. Es probable que esto se deba a un conjunto amplio de factores, entre los cuales podemos mencionar: mayor necesidad económica y por lo tanto disponibilidad para trabajar a edades mayores; prevalencia del autoempleo aun entre mujeres más educadas; preferencia de las empresas o establecimientos por la contratación de mujeres con experiencia laboral previa sin ofrecer mayores salarios, y mayor disponibilidad de tiempo por encontrarse los hijos en edad escolar.

¿Qué tipo de actividades han desempeñado las mujeres en los años ochenta? Nuestros datos para la población femenina de 20 a 49 años a nivel nacional en 1982 y 1987 ofrecen un panorama general de la inserción laboral en los años de crisis. Se observa, en primer lugar, que las *ocupaciones no manuales* (profesionales, técnicas, de oficina) perdieron importancia en los ochenta, aunque el nivel de 1987 es superior al alcanzado a mediados de la década anterior. Una tendencia hacia el descenso de las ocupaciones no manuales durante 1984-1987 también ha sido reportada por Oliveira (1989), para un conjunto de 16 áreas metropolitanas en el país, con base en los datos de la ENEU (*Encuesta nacional de empleo urbano*).

Nuestros datos también muestran una declinación durante 1982-1987 en las *actividades asalariadas manuales vinculadas a la producción y en el empleo doméstico*. Las únicas actividades manuales que mantienen su presencia son aquellas vinculadas a los *servicios no domésticos*. Hay que recordar en este contexto que el proceso de terciarización de la economía se aceleró en los años ochenta, y que las inversiones que se hicieron en esos años fueron principalmente canalizadas al comercio establecido y a distintos tipos de servicios (véase Rendón y Salas, 1992).

La tendencia descendente en el empleo doméstico también ha sido reportada con base en datos de la ENEU para el caso de México, Guadalajara y Monterrey (Pedrero, 1990). Sin embargo, la baja en la actividad femenina en la producción cuenta con menos respaldo de otras fuentes de información.

Se han reportado aumentos del empleo femenino en la industria manufacturera en los ochenta para algunas ciudades del país: Chihuahua, Tampico y Torreón en el norte; Guadalajara y León en la región centro; y Tijuana, Matamoros, Ciudad Juárez y Nuevo Laredo, áreas urbanas fronterizas con los Estados Unidos (véase Cruz y Zenteno, 1987; Oliveira, 1989; Pedrero, 1990). En un análisis realizado por Rendón (1990) con base en censos económicos, también se observa que la participación femenina en el sector manufacturero establecido se elevó de 1980 a 1985, sobre todo en el renglón de los obreros, lo cual se explica por la expansión de las empresas maquiladoras.

La discrepancia entre las distintas fuentes en torno a la actividad femenina en la producción puede deberse a diferentes causas. La industria establecida orientada a la exportación se ha concentrado regionalmente y, por lo tanto, los cambios pueden no ser de suficiente envergadura como para establecer una tendencia nacional. Tampoco habría que descartar diferencias en las edades de las poblaciones analizadas —nuestras fuentes sólo cubren a las mujeres de 20 a 49 años— y también en los marcos muestrales. Esto sólo podría dilucidarse mediante un análisis de bases de datos poblacionales que cubran el espectro nacional en su totalidad.[3]

A diferencia de las tendencias señaladas, las *ocupaciones manuales por cuenta propia* se incrementan notoriamente en los ochenta. Conforme a nuestra información, la casi totalidad del aumento en la actividad económica femenina observado en esa década tiene lugar en este tipo de ocupaciones (pequeñas comerciantes, vendedoras de alimentos, prestadoras de distintos tipos de servicios en pequeña escala). Éstas tienden a estar mal remuneradas o a ejercerse de manera no permanente. Las actividades *manuales por cuenta propia* ascienden de 7.6 a 18.5% para la población femenina de 20 a 49 años de edad en el periodo 1982-1987. Esta tendencia la apoyan otras fuentes de información y estudios parciales. Hacia

---

[3] Desafortunadamente, el censo de población de 1990 presenta importantes deficiencias para el estudio de la actividad económica femenina. Dicha fuente captó sólo 19% de mujeres activas, una cifra similar a la reportada por los datos censales en 1970. Véase García, 1993.

finales de los años ochenta, una tercera parte de la fuerza de trabajo del país desempeñaba trabajos no asalariados (véase la información que proporciona la ENE, de 1988 y la *Encuesta nacional de ingreso y gasto de los hogares de 1989*; García, 1993). La expansión relativa de las trabajadoras por cuenta propia se registra en algunas regiones del país desde los años setenta, y también se manifiesta en años recientes en algunas de las principales ciudades ubicadas en el centro y en el sureste mexicanos, donde se levanta la ENEU (Oliveira, 1989). Si se toma en cuenta el peso cuantitativo de estas ciudades, también es posible afirmar con base en esta fuente que, en los ochenta, el aumento de la actividad de las mujeres se debe, en importante medida, al incremento del trabajo por cuenta propia.

Con anterioridad a los años ochenta, ha sido suficientemente reiterada la heterogeneidad del trabajo por cuenta propia o del sector de unidades económicas de pequeña escala y la diversidad de fenómenos que le dan origen. Por un lado, tenemos la expansión del sector de trabajadores no asalariados vinculada a la propia naturaleza de la expansión capitalista en nuestras economías, mediante procesos como la subcontratación industrial, comercial o de servicios; por el otro, está el aumento en la importancia de este sector debido a la permanencia del pequeño comercio tradicional, las unidades artesanales de producción, los pequeños establecimientos de preparación y venta de alimentos y otros servicios. En etapas de crisis y restructuración, ambos aspectos arriba mencionados pueden haber dado origen al incremento de los sectores no asalariados y a las microempresas.

Según nuestra información, el aumento en el trabajo por cuenta propia se ha dado, no sólo en el terciario —contexto económico donde tienen mayor peso—, sino en la industria. La presencia del trabajo no asalariado en la industria se interpreta a menudo como indicador de procesos de subcontratación, o por lo menos de la presencia de pequeñas empresas que mantienen diversos tipos de vínculos con las grandes, aunque también puede tratarse de unidades artesanales con espacios propios (véase, por ejemplo, Portes y Benton, 1984). Nuestro desglose de las actividades manuales por cuenta propia apunta a que, durante los años de recesión, se ampliaron las actividades por cuenta propia que probablemente respondan a estrategias del capital, pero también las vinculadas directamente con la mayor pobreza relativa de los hogares. Hay que destacar en este contexto que también las vendedoras ambulantes prácticamente duplicaron su peso relativo de 1982 a 1987, y constituyen uno de los efectos más visibles de la crisis de los años ochenta.

En síntesis, es relevante señalar que las mujeres mayores, unidas y con hijos, tienen ahora un lugar destacado en la fuerza de trabajo femenina. Asimismo, los datos con los que hasta ahora contamos indican que los cambios de la década de los ochenta fueron motivados en importante medida por el incremento en las ocupaciones por cuenta propia; también es relevante señalar para algunas ciudades, y en el caso de las empresas establecidas, el aumento del trabajo femenino en actividades manuales asalariadas.

Vivencias femeninas en torno al trabajo extradoméstico, la maternidad y la relación entre los géneros

En este libro se buscó complementar el estudio del mercado de trabajo femenino a nivel agregado con las vivencias concretas de las mujeres en torno a la actividad económica extradoméstica, la maternidad y la relación entre los géneros. Se llevó a cabo un grupo amplio de entrevistas en profundidad a mujeres de sectores medios y populares urbanos en tres centros urbanos muy diversos: Tijuana, Mérida y la ciudad de México. Se intentó maximizar la heterogeneidad de las mujeres entrevistadas en cuanto a su edad, inserción o no en el mercado de trabajo y lugar de residencia habitual, así como diversificar la manera en que nos aproximamos a ellas. El análisis cualitativo que realizamos con base en 93 entrevistas permitió incorporar en nuestro estudio el punto de vista de las mujeres involucradas, las experiencias de vida y el significado atribuido a los diferentes fenómenos. Se establecieron de esa manera diferencias y matices, así como nuevas dimensiones relevantes que permiten comprender mejor el posible alcance de las transformaciones observadas en el mercado de trabajo y en otros ámbitos de la sociedad mexicana.

El significado del trabajo y la maternidad en la vida de las mujeres

Los diversos estudios que se han realizado en décadas pasadas en México, en particular, y América Latina, en general, sobre el significado del trabajo y la maternidad en la vida femenina, generalmente llegan a la conclusión de que el trabajo remunerado no constituía una actividad apropiada para gran parte de las entrevistadas en esos años; esto es, las mujeres con responsabilidades familiares consideraban que no les correspondía el desempeño del trabajo extradoméstico, excepto en circunstancias de excepción, como serían la muerte o el abandono del cónyuge, o un descenso importante en los niveles de vida. En cambio, la maternidad y la reproducción cotidiana (cuidado de los hijos y trabajo doméstico, especialmente) seguían constituyendo los rasgos definitorios de la identidad femenina. Esta aseveración general a veces se encuentra matizada en algunos estudios por haberse encontrado también mujeres o tipos de mujeres con proyectos de vida que iban más allá de la maternidad. Se señala asimismo que las mujeres casadas percibían en ocasiones las diversas ventajas que les traía la participación laboral (cierta independencia económica, algún espacio de control familiar), a pesar de que las responsabilidades familiares seguían ocupando el lugar central en sus vidas (De Barbieri, 1984; Valdés, 1989; Benería y Roldán, 1987; Bilac, 1990).

Los resultados de nuestro estudio, realizado en ciudades mexicanas a principios de los noventa, permiten plantear que existen distintos significados y grados de compromiso establecidos con el trabajo extradoméstico en la vida de las mujeres casadas. Este grado de compromiso con la actividad económica puede vincularse con concepciones más o menos tradicionales sobre la maternidad y con cambios en las experiencias cotidianas en torno al cuidado de los hijos. La maternidad es un aspecto primordial que hay que tomar en cuenta para la definición de la identidad femenina y en la organización de la vida cotidiana de las mujeres; sin embargo, las que trabajan pueden plantear otros factores de realización personal y vivir la maternidad con ambivalencias, sobre todo en los sectores medios. En los grupos populares, para todas las mujeres entrevistadas, la maternidad es en mayor medida el eje orientador de la vida femenina.

El análisis que llevamos a cabo permitió diferenciar entre una dimensión simbólica sobre concepciones de la maternidad, y una dimensión de la vida cotidiana que hace referencia al cuidado de los hijos. Al tratar ambos aspectos, hicimos hincapié en el tipo de realización que proporcionan a la mujer y en las ambivalencias presentes en las concepciones y en el ejercicio de la maternidad. También nos detuvimos en el papel central o secundario atribuido a la madre en el cuidado de los hijos, en las percepciones en torno al número de hijos que se quieren o que se aceptan, en las expectativas existentes sobre la calidad de vida deseada para ellos y, por último, en las actitudes y prácticas en torno al control de la fecundidad.

Entre *las mujeres de sectores medios que trabajan*, se da en muchos casos la diferenciación entre ser mujer y ser madre. Se exterioriza claramente que el desempeño de una ocupación también puede traer satisfacción personal, o que la maternidad es una etapa importante en la vida femenina; pero no necesariamente la principal. Pueden también mencionarse explícitamente los problemas que traen los hijos, en especial las demandas que imponen sobre el tiempo de las madres. En cambio, para la mujer que no trabaja, los hijos son considerados el principal factor de realización, son una bendición, evitan la soledad y complementan la felicidad de la pareja. La madre de tiempo completo considera que los hijos necesitan protección constante y no se quejan de las atenciones que requieren. El sacrificio se justifica porque los hijos son más importantes que ellas mismas y el marido.

Las concepciones señaladas no se traducen en diferencias significativas en el número de hijos tenidos, aunque pueden existir divergencias en el número deseado o más fácilmente aceptado. La norma de pocos y mejores hijos está muy extendida entre nuestras entrevistadas de sectores medios, tanto entre las que tienen un trabajo extradoméstico, como entre las que no; estos resultados sugieren que el *número* de hijos no necesariamente se relaciona con el *papel* que éstos juegan en la vida de las madres. Nuestra investigación permite plantear que puede darse un descenso importante de la fecundidad, como ha sucedido en el caso mexicano, sin que necesariamente se transforme el significado de la maternidad para algunos grupos importantes de mujeres. Investigaciones recientes también apoyan la idea de que una alta valoración de la maternidad puede coexistir con niveles bajos de fecundidad (véase Palma, Jácome y Palma, 1992).

En los *sectores populares*, los hijos tienen un valor económico y moral aún más pronunciado que en los sectores medios, pues son la razón de vivir. Asimismo, la maternidad es, aun en mayor medida, el eje que estructura la vida de estas mujeres, independientemente de que trabajen o no. Gran parte de las mujeres de los sectores populares trabaja por los hijos; éstos son la razón y la satisfacción del matrimonio, o son la recompensa frente a relaciones matrimoniales difíciles. En la situación de pobreza en que se vive, las madres sienten que tienen algo que es de ellas, que les proporciona compañía y posiblemente ayuda en la vejez. Dado el significado de los hijos en este sector social, se busca la planificación familiar; pero con pocos resultados concretos para las cohortes de mayor edad. No obstante, es importante destacar que, entre las cohortes más jóvenes, existe mayor conocimiento y un ejercicio más efectivo del control de la fecundidad.

Grados de compromiso establecidos con el trabajo extradoméstico: su impacto sobre la vida familiar

Nuestros hallazgos indican que la actividad extradoméstica se desempeña con diferentes grados de compromiso, ya sea en función de un proyecto familiar o a veces de uno individual. Esta dimensión es central para entender la organización de la vida cotidiana, el cuidado de los hijos y las relaciones que se establecen entre géneros y generaciones en el interior de las unidades domésticas.

Al analizar la relación entre trabajo extradoméstico y diferentes dimensiones de la vida cotidiana, nuestro análisis buscó incorporar diversas concepciones sobre el tiempo necesario para el cuidado de los hijos, el papel de la presencia de la madre o la aceptación de sustitutos en la crianza de los niños; también hicimos hincapié en las diferentes estrategias puestas en marcha y en las ambivalencias y conflictos que trae la combinación de ser madre y trabajadora, aun cuando esté presente un proyecto de desarrollo personal o cuando se trabaje en función de los hijos. Respecto a la relación entre los géneros, se incorporaron distintas dimensiones en torno a la contribución femenina al presupuesto familiar, la participación del esposo e hijos en el trabajo doméstico y la lucha de las mujeres por lograr dicha participación. Asimismo, analizamos distintas modalidades en el ejercicio de la autoridad y diferentes patrones de toma de decisiones. También mereció atención especial la existencia de mayor autonomía femenina frente al cónyuge en lo que respecta a la libertad para realizar distintos tipos de actividades, y los enfrentamientos concretos del dominio masculino; desde esta perspectiva, nuestro esfuerzo se centró en la identificación de las fuentes de conflicto entre los géneros y en el señalamiento del tipo de acciones (quejas, indiferencia, negociaciones, manipulaciones, amenazas, separaciones), efectivamente puestas en marcha por las mujeres para mejorar su posición en el interior de los hogares.

Entre *las mujeres de sectores medios* encontramos situaciones que implican compromiso con el trabajo visto como carrera o como parte de un proyecto familiar para mantener el *status* social. En ambos casos, para muchas mujeres el trabajo extradoméstico es asumido con dedicación, como algo que importa en la vida, y se busca su combinación con el ejercicio de la maternidad. A pesar de las ambivalencias, en estas ocasiones las mujeres consideran en mayor medida como central su contribución monetaria a la unidad doméstica; tratan activamente de incorporar al marido en las tareas de la casa; intensifican las estrategias para el cuidado de los hijos; cuestionan la autoridad del cónyuge como el jefe único del hogar y llevan a cabo mayor número de acciones concretas para intentar cambiar el dominio masculino. No obstante, conviene ser explícitas en las diferencias entre ambas formas de compromiso. Elegir el trabajo como carrera significa tener una vida propia, un interés y una vocación individual; esta opción requiere continuidad y puede proporcionar autonomía. El proyecto para mantener el *status* social implica que el trabajo femenino se justifica en función de la familia y la mujer asume que no tiene un proyecto propio. Sin embargo, en ambas situaciones, la existencia del compromiso implica vivencias distintas del matrimonio y la maternidad frente a las mujeres que no trabajan o para las cuales el trabajo extradoméstico ocupa un lugar secundario en sus vidas.

Las mujeres que definen el trabajo como suplementario consideran que éste deberá desempeñarse cuando los hijos crezcan o cuando haya buenas condiciones para su cuidado. A su vez, las madres de tiempo completo consideran casi imposible conciliar alguna actividad extradoméstica con el cuidado de los hijos. En ambos casos no se plantean cambios fundamentales en la división del trabajo por géneros en el seno de la familia. Más bien se asume y no se cuestiona que el hombre es el proveedor fundamental y la madre es la responsable del cuidado de los hijos. Pero, también las diferencias entre trabajar, aunque sea en forma secundaria, y no trabajar son importantes. Son las mujeres que optan por estar en la casa de tiempo completo las que se sienten más realizadas con su papel de madres y esposas; su marido mantiene a la familia y toma las decisiones importantes, mientras ellas los atienden, obedecen y aceptan la situación como natural.

El compromiso con una actividad extradoméstica también puede estar presente entre *las mujeres de los sectores populares*; no obstante, asume diferentes formas y tiene distintas repercusiones sobre sus vidas. Por un lado, están las mujeres que perciben el trabajo como una actividad útil y satisfactoria; por el otro, están aquellas que se comprometen con él como parte de un proyecto familiar centrado en la educación de los hijos. En ambos casos se perciben menos conflictos para combinar maternidad y trabajo y se multiplican las estrategias que se ponen en marcha para el cuidado de los hijos. Asimismo, se cuenta con mayor libertad de movimiento y se llevan a cabo en mayor medida acciones concretas para lograr trabajar, participar políticamente e incorporar de vez en cuando al marido en las tareas domésticas. Pero, a diferencia de los sectores medios, no se cuenta aún con elementos para cuestionar la autoridad exclusiva del varón, o para intentar replantear la tradicional división del trabajo por género, donde el hombre debe proveer el gasto y la mujer ser la responsable de la reproducción doméstica.

Un caso especial son las mujeres jefas económicas, que trabajan para mantener sus hogares aun en presencia de los cónyuges.

Muchas de ellas preferirían no trabajar, pero no tienen alternativa. En la mayoría de los casos son mujeres con concepciones tradicionales sobre el matrimonio y el papel del padre en la familia. Sobre todo las de mayor edad ejemplifican formas límites de aceptación de la subordinación femenina. Se asume que las mujeres casadas con hijos deben soportar malos tratos antes de separar a los hijos del padre; no importa si éste es delincuente o drogadicto. La violencia familiar es muy frecuente en estas familias debido a los celos del cónyuge y a que la mujer defiende su derecho a trabajar para dar de comer a los hijos.

Por último, las mujeres de sectores populares que conciben el trabajo como secundario en sus vidas o que permanecen en sus casas perciben, al igual que en los sectores medios, más problemas para combinar maternidad y trabajo, actitud que se refuerza, a veces, con la de los maridos que no las dejan trabajar para que no cuestionen su autoridad. Estas mujeres no encuentran ayuda para cuidar a sus hijos, o los arreglos posibles no las satisfacen fácilmente. La situación económica tampoco las favorece, pues aquí se tienen menos recursos económicos para contratar empleadas domésticas o guarderías privadas; asimismo, también juegan en su contra aspectos tales como la inseguridad física de las colonias populares y los bajos niveles de escolaridad que las mantienen alejadas de las mejores oportunidades en el mercado de trabajo. Dadas estas condiciones sociales y económicas, es en este conjunto de hogares donde menos se avizora algún cambio en la relación entre los géneros en el interior de las unidades domésticas.

Relaciones de género y diferenciación social

A lo largo de esta investigación hemos estudiado el trabajo femenino extradoméstico y su significado, así como el de la maternidad en la vida de las mujeres, y las relaciones de género en el interior de las familias en sectores medios y populares urbanos en México. Este objeto de estudio comparativo entre diferentes sectores sociales trae implícita una postura teórica y metodológica que quisiéramos explicitar en esta última parte de las consideraciones finales, a la vez que mostrar sus potencialidades analíticas.

Durante las últimas décadas, distintas corrientes de pensamiento feminista han nutrido de diferentes maneras el estudio de la condición femenina. Son conocidas las posiciones extremas de las feministas radicales y las liberales que tendían a minimizar las desigualdades de clase para entender la opresión de las mujeres. Para ellas, la subordinación femenina está basada en la ideología y el control masculino de la sexualidad y la capacidad reproductiva de las mujeres. Por el contrario, el pensamiento marxista más tradicional sobre la cuestión femenina sólo consideraba a las clases sociales y, por lo tanto, a la base material de la existencia humana para comprender esta opresión tradicional del género femenino (véase Benería y Roldán, 1987).

Hoy, gran parte de los especialistas abogaría por una postura integrada que intentara superar los dualismos tradicionales de patriarcado y capitalismo. Muchas corrientes plantean que las desigualdades entre hombres y mujeres tienen una dinámica propia que no puede ser reducida a las desigualdades de clase, pero que tampoco pueden ser plenamente entendidas haciendo caso omiso de dichas desigualdades. Hay que buscar, entonces, las vinculaciones y articulaciones entre las diferencias genéricas y de clase (Benería y Roldán, 1987; Cervantes Carson, 1993).

Siguiendo la perspectiva anterior, coincidimos con Barrett (1980), cuando nos dice que, en el análisis de situaciones históricas concretas, lo importante es identificar en qué medida las relaciones de género son distintas de, o conectadas con, los procesos de producción y reproducción de las condiciones materiales de vida. Puesto este planteamiento en el contexto de nuestra investigación, lo relevante para nosotras ha sido identificar las características particulares que presentan las relaciones de género en cada sector social, es decir, la manera en que estas relaciones se conectan de manera específica con la situación socioeconómica prevaleciente; no obstante, también nos ha interesado documentar los aspectos de las relaciones de género que son comunes a las mujeres de todos los espectros sociales, que parecen operar de manera relativamente independiente de las condiciones materiales de existencia. Concordamos con Cervantes Carson (1993) cuando afirma que las experiencias que supone la opresión genérica no pueden ser las mismas para todas las mujeres, porque la clase a la que pertenecen las distingue en lo material e imaginario. Sin embargo, nosotras consideramos que es importante deslindar mediante la investigación concreta las dimensiones de la subordinación que son compartidas por todas las mujeres y aquellas que son reinterpretadas y modificadas por las vivencias concretas en las diferentes clases sociales.

La última parte de nuestro análisis de datos cualitativos permite ilustrar estas conexiones que se establecen entre género y diferenciación social en situaciones concretas. Como antecedente, es preciso recordar que, en la primera parte de este libro, documentamos las mejores condiciones de vida a que se enfrentan las familias de sectores medios en comparación con los populares urbanos en el país, especialmente en lo referente a niveles de escolaridad y al desempeño de ocupaciones con mejores niveles de remuneración. Los hombres y mujeres de sectores medios tienen garantizado un mínimo estándar de vida que les puede permitir planear el futuro, y evaluar distintas maneras de pensar y actuar.

Los distintos fenómenos analizados (impacto de la recesión económica sobre el mercado de trabajo femenino; significado de la maternidad y del trabajo extradoméstico en la vida de las mujeres; estrategias puestas en marcha para el cuidado de los hijos, y la planificación familiar) han mostrado diferentes facetas para las mujeres pertenecientes a estos grandes sectores de la población. Para los fines de este apartado es relevante recordar que son las mujeres de sectores medios las que perciben con más claridad otras opciones de realización personal además de la maternidad, y las que exteriorizan las demandas que imponen los hijos sobre el tiempo de las madres.

El análisis de las relaciones de género entre sectores más y menos privilegiados permite apoyar la idea de que existen importantes puntos de diferenciación entre sectores, a la vez que algunos aspectos de permanencia comunes a todas las mujeres entrevistadas. Como ya se mencionó, se consideraron aspectos vinculados a la división del trabajo por género en el interior de los hogares, haciendo hincapié en las contribuciones económicas femeninas y el desempeño del trabajo doméstico; se analizaron los patrones de autoridad y toma de decisiones, con especial referencia a la reproducción biológica, y se exploraron detenidamente distintas dimensiones que apuntan a la presencia o no de un proceso de individuación femenina (libertad de movimientos y de acción en general, acciones concretas para enfrentar la supremacía masculina, y también la presencia de ambivalencias y pasos inciertos).

La dimensión más importante que permanece sin mayores cambios es la responsabilidad femenina por el trabajo doméstico. Tanto entre los sectores medios, como entre los populares urbanos, los cónyuges se involucran apenas de manera esporádica en las labores de la casa, y esto se logra sólo mediante la presión de las cónyuges. Éstas pueden compartir el trabajo doméstico principalmente con otras mujeres (parientes o hijas), o contratar empleadas domésticas en los sectores medios.

La distribución del trabajo doméstico entre hombres y mujeres ha experimentado pocas transformaciones. En este sentido, nuestro estudio apoya los hallazgos de múltiples investigaciones. En cambio, si el desempeño del trabajo doméstico se analiza desde la perspectiva de las generaciones, nuestra investigación sugiere algunos indicios de cambio, pues el patrón de ayuda entre hijos e hijas es más igualitario que el esperado.

En lo que respecta a las diferencias entre sectores, en términos específicos podemos señalar que *las mujeres de grupos medios* que trabajan consideran en una importante medida que su contribución monetaria es importante para la reproducción de la unidad doméstica y perciben que participan en un esfuerzo compartido. Las entrevistadas de este sector también se involucran activamente en la toma de decisiones en el hogar; de forma mayoritaria han tenido un papel destacado en el control de su reproducción y tienen garantizada su libertad de movimientos. No obstante, tal vez por haber obtenido logros importantes hacia una mayor igualdad, las medidas con las que enfrentan el dominio masculino son vacilantes y apenas son llevadas a cabo por un poco más de la mitad de las entrevistadas.

Por el contrario, *las mujeres de sectores populares* consideran en menor medida que su contribución monetaria es de relevancia primaria para el hogar en que viven, aunque sus testimonios, a veces, demuestren lo contrario. Para ellas, el marido es el responsable del gasto, y además señalan de manera abrumadora que él es la autoridad y el jefe de la casa. Un dato relevante es que estas mujeres, pertenecientes al México urbano de los noventa, tienen que pedir permiso para dejar la casa en un importante número de situaciones. A pesar de lo anterior, conviene subrayar que las mujeres de sectores populares que hemos entrevistado participan, en importante medida, en algunas decisiones que atañen a su comportamiento reproductivo, y que la mitad de ellas ha tomado, al menos, alguna iniciativa para defender los derechos que considera centrales.

El resumen anterior ofrece un panorama más cambiante sobre las relaciones de pareja en las unidades domésticas de sectores medios que en las de sectores populares. Esta visión ya se apuntaba en la investigación de De Barbieri (1984), y en otras a nivel internacional (Boulton, 1983; Wearing, 1984). Dentro de este contexto, nuestro estudio buscó profundizar en la identificación de espacios y en la documentación de acciones concretas. También señalamos las ambigüedades y las contradicciones para enfrentar una serie de situaciones domésticas, aun para las mujeres más privilegiadas en términos de escolaridad e ingreso. En los sectores populares intentamos documentar cuán arraigada está la percepción sobre la división de roles y sobre los patrones de autoridad. No obstante, pudimos localizar algunos espacios como el comportamiento reproductivo, donde se comienza a participar activamente en las decisiones; asimismo, reportamos las diversas maneras en que una buena parte de estas mujeres de sectores menos privilegiados enfrentan el dominio masculino y luchan por defender su derecho a trabajar, participar en la vida comunitaria, recibir buen trato y tener ayuda esporádica del esposo en las labores del hogar.

Nuestros hallazgos sobre las relaciones de género en el interior de los hogares, así como aquellos referidos al significado de la maternidad y el trabajo en la vida de las mujeres, pueden ser considerados como puntos de partida para otras investigaciones de más amplio espectro o que incorporen mayor número de situaciones referidas al trabajo extradoméstico y la vida familiar. Sin embargo, la contribución del análisis cualitativo debe también ser evaluada desde otras perspectivas; en nuestro caso, éste ha permitido identificar dimensiones relevantes de los fenómenos estudiados, y conocer de manera detallada puntos de vista y respuestas significativas de los sujetos sociales ante condiciones socioeconómicas y culturales cambiantes.

APÉNDICES

APÉNDICE I

Aspectos metodológicos y ajustes realizados

Las tres encuestas de fecundidad en las cuales se apoya este trabajo —*Encuesta mexicana de fecundidad* (EMF); *Encuesta nacional demográfica* (END) y *Encuesta nacional de fecundidad y salud* (ENFES)— están basadas en un muestreo de hogares multietápico y estratificado, del cual se obtuvo, a su vez, una muestra representativa de mujeres en edades reproductivas. Todas incluyeron entrevistas en hogares e individuales.[1]

La EMF formó parte del programa *World Fertility Survey*, y fue realizada en México por la Dirección General de Estadística, de la entonces Secretaría de Industria y Comercio. El trabajo de campo fue llevado a cabo entre julio de 1976 y marzo de 1977. Se basó en una muestra autoponderada, y las mujeres elegibles para la muestra individual fueron definidas como aquellas de 20 a 49 años, además de las de 15 a 19 alguna vez casadas o unidas, o con al menos un hijo nacido vivo. Hemos utilizado la información disponible para 7 310 mujeres, de las cuales, 48.1% se ubicaban en las áreas rurales que tenían menos de 20 000 habitantes; 22.7% en las áreas urbanas de 20 000 a 499 999, y por último, 29.2% en las áreas urbanas y metropolitanas mayores de 500 000 habitantes. La información de esta encuesta ha sido utilizada en numerosos análisis sociodemográficos realizados en el país y ha sido sometida a procesos de evaluación específicos (véase Ordorica y Potter, 1981). La conclusión principal de estos autores, avalada por los análisis llevados a cabo, es que "la EMF sin duda constituye una contribución mayor al conjunto de datos disponibles sobre la demografía de México. Todo parece indicar que la encuesta fue llevada a cabo con cuidado y los resultados parecen estar tan libres

---

[1] Información adicional sobre las diversas etapas cubiertas por estas encuestas se pueden encontrar en: EMF, 1978; END, 1982 y ENFES, 1988.

de errores de respuesta como uno podría razonablemente esperar" (p. 28).

La END fue llevada a cabo por el Consejo Nacional de Población en febrero y marzo de 1982. Las mujeres elegibles fueron todas aquellas de 15 a 49 años sin las restricciones impuestas por la EMF. Hemos utilizado la información disponible para 10 204 mujeres, de las cuales, en la muestra sin ponderar, 20.2% se ubicaban en las áreas rurales menores de 20 000 habitantes; 47.4% en las áreas urbanas, y 32.4% en las metropolitanas. Después de la ponderación, esta distribución se modifica sustancialmente de la manera siguiente: 48.7% de las mujeres se ubican en áreas rurales; 23.9% en áreas urbanas, y 27.4% en las metropolitanas. Hasta donde sabemos, esta encuesta no ha sido sometida a procesos de evaluación específicos, por lo que en el texto sometemos su información y la de las otras encuestas, a análisis de congruencia con respecto a otras fuentes disponibles en el país.

Por último, la ENFES fue llevada a cabo por la Dirección General de Planificación Familiar de la Secretaría de Salud, entre febrero y mayo de 1987. De la misma manera que en la END fueron consideradas como elegibles todas las mujeres de 15 a 49 años. Hemos trabajado con información disponible para 9 310 mujeres, las cuales se distribuían como sigue en la muestra sin ponderar: 37.3% en las áreas rurales que tenían menos de 20 000 habitantes; 37.1% en las áreas urbanas mayores de 20 000, y 25.5% en las áreas metropolitanas. Con la ponderación, esta distribución se modifica como sigue: 42.9% en las áreas rurales; 27.6% en las urbanas, y 29.5% en las metropolitanas (para una evaluación de la información de la ENFES, véase Echarri, 1989).

Las principales limitaciones que presentan las tres encuestas para los fines de nuestro análisis se refieren al uso de la ponderación y a los límites de edad en las mujeres elegibles en cada caso. Las ponderaciones, sobre todo las utilizadas para la END, cambian la distribución de la población según lugar de residencia de manera apreciable; sin embargo, después de realizados diversos intentos de análisis de *tendencias* entre 1982 y 1987, consideramos que éstas no difieren de manera sustantiva siempre que *se utilicen en ambos casos* las muestras ponderadas o sin ponderar.

Por lo que se refiere al límite de edad, el procedimiento utilizado en 1976 nos impide considerar los cambios en el grupo de edad 15-19 años en el tiempo, el cual representaba 22% de la fuerza de trabajo femenina en 1970 y 17% en 1980, según los censos de población respectivos. No obstante, para fines de los capítulos II y III consideramos más importante el establecimiento de tendencias entre 1976 y 1987, y por esto hemos sacrificado a ese grupo de edad. En el capítulo IV recuperamos el grupo de 15-19 años para el único periodo en que es posible hacerlo, esto es, entre 1982 y 1987.

En lo que respecta a la información más específica de las distintas variables empleadas, ofrecemos a continuación una comparación sistemática entre las tres encuestas, así como una elaboración detallada de los ajustes llevados a cabo para hacer básicamente comparable la información. En cada caso, retomamos en el texto las implicaciones de los problemas de comparabilidad persistentes y de sus implicaciones para las conclusiones a las que llegamos.

Cuadro AI-1
Concepto de trabajo femenino y periodo de referencia para cada encuesta de fecundidad

EMF 1976 Pregunta:	END 1982 Pregunta:	ENFES 1987 Pregunta:
Ahora, quisiera saber algo sobre su trabajo. ¿Trabaja actualmente? ¿Ya sea por un pago en dinero o en otras cosas; o vende algo o tiene un pequeño negocio; o trabaja en el rancho (las tierras) (la milpa) (la huerta) de la familia?	¿En el último año su principal trabajo fue? –En tareas del campo. –En otras actividades. –No trabajó en el último año. –Nunca ha trabajado. –Sin respuesta.	Ahora me gustaría que habláramos de sus actividades. ¿Usted trabaja actualmente? –Sí –No –Sin respuesta
– Sí –No –No responde		

Cuadro AI-2
Construcción de la variable inserción económica en cada encuesta de fecundidad

EMF 1976 *Agrícolas*	END 1982 *Agrícolas*	ENFES 1987 *Agrícolas*
Ocupación: Agricultores, ganaderos, madereros, pescadores, cazadores y personas de ocupaciones afines.	*Ocupación*: Inspectores, capataces y mayorales en el proceso de producción agropecuario. Trabajadores directos en el proceso de producción agropecuario. Operadores de maquinaria y personal de apoyo en el proceso de producción agropecuario.	*Ocupación*: Inspectores, capataces y mayorales en el proceso de producción agropecuario. Trabajadores directos en el proceso de producción agropecuario. Operadores de maquinaria y personal de apoyo en el proceso de producción agropecuario.
No manuales	*No manuales*	*No manuales*
Ocupación: Profesionales y técnicos afines. Funcionarios públicos, superiores y de categoría directiva, gerentes, personal directivo, administradores y propietarios de la iniciativa privada. Personal administrativo y personas en ocupaciones afines. Comerciantes, vendedores y similares.	*Ocupación:* Profesionales. Técnicos y personal especializado. Trabajadores de la enseñanza. Trabajadores del arte, los espectáculos y los deportes. Funcionarios superiores y de la categoría directiva en la administración pública. Funcionarios superiores, administradores y propietarios del sector privado excepto del sector agropecuario. Administradores, gerentes y propietarios del sector agropecuario Oficinistas y trabajadores administrativos de nivel intermedio e inferior. Vendedores, dependientes y agentes de ventas.	*Ocupación:* Profesionales. Técnicos y personal especializado. Trabajadores de la enseñanza. Trabajadores del arte, los espectáculos y los deportes. Funcionarios superiores y de la categoría directiva en la administración pública. Funcionarios superiores, administradores y propietarios del sector privado excepto del sector agropecuario. Administradores, gerentes y propietarios del sector agropecuario. Oficinistas y trabajadores administrativos de nivel intermedio e inferior. Vendedores, dependientes y agentes de ventas.

Manuales no asalariados	Manuales no asalariados	Manuales no asalariados
Ocupación: Trabajadores en servicios personales, conductores de medios de transporte y personas en ocupaciones afines. Obreros no agrícolas, operadores de máquinas y trabajadores afines. *Posición en la ocupación:* Dueño(a). Trabaja por su cuenta. Trabajador(a) familiar no remunerado(a).	*Ocupación:* Supervisores, capataces y personal de control en el proceso de producción industrial. Trabajadores directos (operadores, obreros y artesanos) en el proceso de producción industrial. Ayudantes, auxiliares y peones en el proceso de producción industrial. Vendedores sin establecimiento fijo, y servicios personales excepto domésticos. Operadores de equipos de transporte, excepto choferes particulares. Trabajadores de las fuerzas armadas y de servicios de protección y vigilancia. *Posición en la ocupación:* Patrón(a) o empresario(a). Miembro de una cooperativa de producción. Trabajador(a) en la vía pública, en un establecimiento dentro de la vivienda y en un establecimiento fuera de la vivienda. Trabajador(a) no remunerado(a). Otras situaciones.	*Ocupación:* Supervisores, capataces y personal de control en el proceso de producción industrial. Trabajadores directos (operadores, obreros y artesanos) en el proceso de producción industrial. Ayudantes, auxiliares y peones en el proceso de producción industrial. Vendedores sin establecimiento fijo, y servicios personales excepto domésticos. Operadores de equipos de transporte, excepto choferes particulares. Trabajadores de las fuerzas armadas y de servicios de protección y vigilancia. *Posición en la ocupación para las entrevistadas:* Patrona o empresaria. Subcontratista. Profesional independiente. Trabajadora por cuenta propia. Trabajadora cooperativista. Trabajadora a comisión, propina o porcentaje. Propietaria de tierra que contrata mano de obra. Propietaria de tierra que no contrata mano de obra. Trabajadora no familiar no remunerada. Otras situaciones. *Posición en la ocupación para la persona de la cual dependen económicamente las entrevistadas:* Patrón o empresario. Profesional independiente. Miembro

de una cooperativa de producción. Trabajador por cuenta propia en la vía pública, en un establecimiento fuera de la vivienda o dentro de la vivienda. Trabajador no remunerado. Otras situaciones.

Manuales asalariados	*Manuales asalariados*	*Manuales asalariados*
Ocupación: Trabajadores en servicios personales, conductores de medios de transporte y personas en ocupaciones afines. Obreros no agrícolas, operadores de máquinas y trabajadores afines. *Posición en la ocupación*: Dueño(a). Trabaja por su cuenta. Trabajador(a) familiar no remunerado(a).	*Ocupación*: Supervisores, capataces y personal de control en el proceso de producción industrial. Trabajadores directos (operadores, obreros y artesanos) en el proceso de producción industrial. Ayudantes, auxiliares y peones en el proceso de producción industrial. Vendedores sin establecimiento fijo. Trabajadores en servicios al público y servicios personales excepto domésticos. Trabajadores en servicios domésticos. Operadores de equipo de transporte, excepto choferes particulares. Trabajadores de las fuerzas armadas y de servicios de protección y vigilancia. *Posición en la ocupación*: Empleada(o) sin personal a su cargo. Obrero, peón o jornalero.	*Ocupación*: Supervisores, capataces y personal de control en el proceso de producción industrial. Trabajadores directos (operadores, obreros y artesanos) en el proceso de producción industrial. Ayudantes, auxiliares y peones en el proceso de producción industrial. Vendedores sin establecimiento fijo. Trabajadores en servicios al público y servicios personales excepto domésticos. Trabajadores en servicios domésticos. Operadores de equipo de transporte, excepto choferes particulares. Trabajadores de las fuerzas armadas y de servicios de protección y vigilancia. *Posición en la ocupación de las entrevistadas*: Trabajadora a sueldo fijo, salario o jornal. Empleada doméstica. *Posición en la ocupación de las personas de las cuales dependen económicamente las entrevistadas*: Empleado. Obrero, peón o jornalero. Empleado doméstico.

Cuadro AI-3
Construcción de la variable escolaridad femenina en cada encuesta de fecundidad

EMF 1976	END 1982	ENFES 1987[***]
Sin escolaridad y primaria incompleta No fue a la escuela y hasta 5 años de primaria.	*Sin escolaridad y primaria incompleta* No fue a la escuela y hasta 5 años de primaria.	*Sin escolaridad y primaria incompleta* No fue a la escuela y hasta 5 años de primaria.
Cuando menos primaria completa 6 años de primaria, hasta 2 de secundaria o prevocacional y "otros estudios"[*] formales que correspondan al nivel de primaria.	*Cuando menos primaria completa* 6 años de primaria y hasta 2 de secundaria o prevocacional. Cuando menos secundaria completa, 3 años de secundaria o prevocacional, hasta 2 de preparatoria o vocacional y "otros estudios"[**]	*Cuando menos primaria completa* 6 años de primaria y hasta 2 de secundaria. Cuando menos secundaria completa, 3 años de secundaria y hasta 2 de preparatoria.
Cuando menos secundaria completa 3 años de secundaria o prevocacional, hasta 2 años de preparatoria o vocacional y "otros estudios"[*] formales que correspondan al nivel de secundaria.	*Cuando menos secundaria completa* 3 años de secundaria o prevocacional, hasta 2 de preparatoria o vocacional y "otros estudios"[**]	*Cuando menos secundaria completa* 3 años de secundaria y hasta 2 de preparatoria.
Preparatoria y más 3 años de preparatoria o vocacional, "otros estudios"[*] formales que correspondan al nivel de preparatoria, y educación superior.	*Preparatoria y más* 3 años de preparatoria o vocacional y educación superior.	*Preparatoria y más* 3 años de preparatoria y educación superior.

[*] El nivel correspondiente a los "otros estudios" fue atribuido en el proceso de codificación.
[**] Se hizo el supuesto de que gran parte de los "otros estudios" requerían en 1982 del nivel de secundaria completa.
[***] En la ENFES se codificó por separado la escolaridad formal institucionalizada (primaria, secundaria, etc.) de los "otros estudios".

APÉNDICE II

Criterios de selección para las entrevistas en profundidad y características generales de las ciudades elegidas

Los criterios seguidos para la elección de las mujeres estuvieron orientados en alguna medida por los resultados del análisis agregado (capítulos II, III y IV). La fecundidad y el trabajo femenino en México se han visto grandemente transformados en las últimas décadas; ha ocurrido un descenso importante en la magnitud del primer fenómeno y un aumento de las mujeres que trabajan, especialmente de aquellas unidas y con hijos. Estas transformaciones han sido de diferente índole para las distintas cohortes y grupos sociales y han ocurrido con intensidad variable en las regiones del país: las mujeres mayores son las que más han aumentado su participación económica en los años de recesión, y, entre los sectores populares urbanos, los hijos han dejado de ser una limitante para la participación económica femenina como lo fueron en décadas pasadas. Asimismo, hay que puntualizar que el trabajo femenino urbano que aquí interesa es importante en ciudades del país que presentan muy distintas estructuras productivas, pues está vinculado, tanto a la expansión de las actividades asalariadas en servicios no domésticos, como a la permanencia y ampliación de los trabajos por cuenta propia en el comercio y en algunos tipos de industrias.

De esta suerte, se buscó que en las entrevistas en profundidad estuvieran presentes mujeres: *a*) que procedieran de diferentes ciudades mexicanas; *b*) que pertenecieran a distintos sectores sociales, y c) que formaran parte de diferentes cohortes. Dado que el análisis microsocial busca establecer las relaciones entre diferentes vivencias de la maternidad, el trabajo y las relaciones entre hombres y mujeres, se buscó que todas las entrevistadas tuvieran hijos y pareja, pero que presentaran distintas vinculaciones con el mercado de trabajo: asalariadas no manuales y manuales de tiempo completo y parcial; trabajadoras por cuenta propia de tiempo completo y parcial, y mujeres que alguna vez hubieran trabajado o que nunca lo hubieran hecho después de unirse o casarse.

Con base en consideraciones de factibilidad y costo de la investigación, se estableció un número deseable y posible cercano a las cien entrevistas (el análisis en la segunda parte del libro se basa finalmente en 93 entrevistas). A partir de ahí, se conformaron cuotas según los criterios básicos de edad y tipo de trabajo en tres ciudades mexicanas: Tijuana, Mérida y la ciudad de México (Delegación Iztapalapa). Los grupos de edad considerados fueron 20-34 y 35-49 años por ser el interés de la investigación las mujeres en edades reproductivas. Se consideraron sólo estos dos grupos para no fragmentar innecesariamente el número de entrevistas.

El tipo de trabajo femenino es el que básicamente establece la pertenencia de la mujer a los sectores medios o populares, los dos sectores objeto de análisis en la segunda parte de la investigación. Fueron considerados dentro de los sectores medios las mujeres con ocupaciones no manuales, siempre que poseyeran algún grado de escolaridad superior a la secundaria. Por su parte, fueron ubicadas dentro de los sectores populares las mujeres con ocupaciones manuales, las cuales generalmente se hallan vinculadas a una escolaridad menor que la preparatoria. En el caso de las mujeres que no trabajaban en el momento de la entrevista, su sector de pertenencia se estableció a partir de la ocupación y escolaridad del esposo o compañero, persona de la cual usualmente dependen económicamente.

En cuanto a las ciudades elegidas, se buscó heterogeneidad en cuanto a estructura productiva, patrones sociales y culturales y la constitución misma de las áreas urbanas en cuanto tales.

Tijuana es una dinámica ciudad fronteriza con Estados Unidos con aproximadamente 800 000 habitantes en 1990.[1] La migración es en gran parte responsable del crecimiento de la ciudad; hacia finales de la década de los ochenta, alrededor de la mitad de su población y 70% de la fuerza de trabajo había nacido fuera del

---

[1] Los párrafos que siguen sobre las principales tendencias económicas y sociodemográficas de Tijuana están basados en López (1990). Se trata de una monografía elaborada dentro de la investigación.

estado de Baja California. Como todas las ciudades seleccionadas, se trata de un área urbana de elevada participación económica de mujeres, alcanzando una tasa de actividad femenina de 30% en 1987. Los niveles de fecundidad de la población tijuanense son menores que los del promedio nacional, situación que se atribuye, en parte, al dinamismo económico y la constante interacción cultural con las ciudades fronterizas del sur de Estados Unidos. La mayor cantidad de uniones sólo por lo civil y de uniones disueltas en todo el norte del país también se atribuye a razones similares.

La estructura productiva de Tijuana es ampliamente conocida por la presencia de la industria maquiladora, la cual representa una importante fuente de empleo para la fuerza de trabajo femenina; hacia finales de la década pasada, alrededor de 20% de dicha fuerza de trabajo se ubicaba en esta industria. Sin embargo, hay que puntualizar que, para esa misma fecha, 70% de la fuerza de trabajo de la ciudad se ocupaba en el sector terciario de la economía, lo cual demuestra la importancia del comercio y los servicios en este particular.

La ciudad presenta una topografía muy irregular caracterizada por numerosas e importantes pendientes; ha crecido en gran parte de su historia con base en asentamientos urbanos irregulares, y sólo a partir de 1970 se advierte la intervención del Estado en la planeación de su desarrollo. Hacia finales de los ochenta, el déficit de vivienda es elevado y 32% de las casas habitación carece de agua entubada. Asimismo, sólo 42% de las calles está pavimentada.

El clima político y cultural de Tijuana se encuentra en permanente transformación. El partido oficial ha ido perdiendo legitimidad en una importante medida y, en 1990, la ciudad tenía un gobierno del Partido Acción Nacional (PAN). Se especula a menudo que la migración y la cercanía con Estados Unidos propician la ruptura de valores culturales tradicionales. Sin embargo, estudios realizados indican que la virginidad y la fidelidad tienen aún un fuerte peso entre la población fronteriza, sobre todo entre las capas populares.

Mérida,[2] por su parte, contaba con más de 600 000 habitantes en 1990. Se trata del principal centro urbano de la península de

---

[2] Los datos que se ofrecen a continuación sobre las principales tendencias económicas y sociodemográficas de Mérida están basados en Ramírez, 1990, monografía elaborada dentro de nuestra investigación.

Yucatán, el cual siempre ha jugado un papel estratégico en el sureste mexicano en cuanto a proveedor de servicios y comercio de diversa índole. Hasta mediados de los años setenta la ciudad expulsó población; pero a partir de ahí se tornó en una área urbana de atracción moderada. El crecimiento urbano ha sido mucho más paulatino y ordenado que en el caso de Tijuana y la ciudad se encuentra mucho más consolidada desde numerosos puntos de vista.

En la ciudad, y en Yucatán en general, no existe un despegue industrial en la última década. El peso de la industria en el producto ha ido decreciendo, en gran parte, debido a la crisis de la industria cordelera. Sin embargo, ha existido un importante proceso de diversificación en las inversiones durante la última década, sobre todo en lo que respecta al capital privado. La fuerza de trabajo está mayoritariamente empleada en los sectores de servicios y el comercio, y dicha tendencia es más significativa que en el nivel nacional, lo cual puede ser reflejo de la existencia de un importante contingente de trabajadores con niveles muy bajos de retribución.

La participación económica de las mujeres se ubicaba en los ochenta en alrededor de 30% de la población femenina en edad de trabajar. Las mujeres activas se hallaban mayormente ubicadas en el sector servicios —oficinistas, secretarias y trabajadoras domésticas, principalmente—, aunque el auge del turismo, de la hotelería y los restaurantes hacia finales de los años setenta también atrajo a numerosas mujeres a estas actividades.

Yucatán ha sido plaza del PAN desde los sesenta y, en 1990, ganó la presidencia municipal de Mérida una candidata de ese partido. Se asegura que en la ciudad de Mérida tiene lugar un acentuado proceso de cambio cultural, debido a la urbanización y a la influencia de los medios de comunicación masivos. Sin embargo, lo viejo, lo maya o lo yucateco aún está presente en la cultura popular, aunque se oculte y sea más difícil de percibir en un primer acercamiento. El lenguaje y la cocina son los bastiones más fuertes de los valores tradicionales. Por lo que respecta a los grupos medios, se afirma que en gran parte tienen afinidad con los de otras ciudades de los estados del interior del país: son conservadores y católicos por costumbre; poco abiertos a las transformaciones en las relaciones de género; están dedicados a la búsqueda de *status* y movilidad social mediante la educación de los hijos, y se hallan caracterizados por patrones elevados de consumo (Ramírez Carrillo, 1993, p. 172).

Por último, seleccionamos a la *ciudad de México*, área urbana que concentra cerca de la quinta parte de la población del país, entre 35 y 40% del PIB y donde tradicionalmente se ha observado uno de los mayores niveles de participación económica femenina. Dada la gran heterogeneidad de la ciudad, se decidió concentrar las entrevistas en la Delegación Iztapalapa con el fin de garantizar un ambiente urbano con ciertas características comunes.[3] En la Delegación Iztapalapa, en el centro-este del Distrito Federal, predominan las zonas habitacionales de carácter medio o bajo, aunque también existen pequeñas zonas de actividad industrial. La delegación ocupa el quinto lugar de marginación social entre las delegaciones del Distrito Federal, tan sólo superada por Milpa Alta, Tláhuac, Cuajimalpa y Xochimilco.

Según los datos preliminares del último censo, se trata de la delegación de mayor volumen en el Distrito Federal: 1 490 981 habitantes, los cuales representan 18% de la población capitalina. El crecimiento social ha tenido un importante papel en el crecimiento de esta delegación, aunque éste tiende a disminuir con el paso de las décadas. Asimismo, su natalidad es de las más altas, sólo superada por Contreras y Milpa Alta.

Iztapalapa es una delegación dormitorio, pero la población residente se dedica a la actividad industrial en una importante medida, sólo superada por las delegaciones de Contreras y Tlalpan en la capital del país. Por su parte, el sector que mantiene mayor número de establecimientos dentro de la delegación es el comercial, dentro del cual, adquieren un lugar importante aquellos dedicados a la venta de productos al por menor de alimentos y otras mercancías. En lo que respecta a la participación económica femenina, ésta ha presentando en Iztapalapa un nivel un poco menor al promedio del Distrito Federal en las últimas décadas; en 1980, la tasa de participación respectiva fue cercana al 32 por ciento.

---

[3] Los párrafos que siguen sobre las tendencias económicas y sociodemográficas de la Delegación Iztapalapa están basados en Gutiérrez, 1990, monografía elaborada dentro de la presente investigación.

Las condiciones de vida y la infraestructura urbana en la delegación son más precarias que en otras áreas de la capital. En 1980, alrededor de 18% de las casas no contaban con agua potable, y muchas calles se encontraban sin pavimentar. A menudo, los diarios capitalinos se refieren a Iztapalapa como una de las delegaciones en donde impera uno de los mayores niveles de delincuencia. La oposición política de centro-izquierda, el movimiento opositor de maestros y las organizaciones vecinales y urbano-populares, en general, tienen una fuerte presencia en esta delegación.

Cuadro AII-1
Entrevistadas en el Distrito Federal (Delegación Iztapalapa) según ocupación y edad

Asalariadas no manuales	*Asalariadas manuales*
Asist. educativa estancia inf. (28 años)	Cocinera estancia infantil (24 años)
Investigadora en historia (29 años)	Despachadora de taquería (24 años)
Empleada pública (35 años)	Despachadora tienda de abarrotes (33 años)
Secretaria (37 años)	Niñera estancia infantil (37 años)
Maestra de educación física (38 años)	Afanadora de oficina (42 años)
Economista en el gobierno (39 años)	Empleada doméstica (47 años)
Secretaria en el gobierno (39 años)	
Maestra de inglés (39 años)	

Por cuenta propia *(manuales y no manuales)*	*De tiempo parcial* *(manuales y no manuales)*
Propietaria fábrica muñecos (27 años)	Servicio de papelería (25 años)
Vendedora de productos diversos (29 años)	Vendedora de artículos diversos (27 años)
Vendedora puesto de periódicos (34 años)	Vendedora de productos de belleza (38 años)
Propietaria de puesto de ropa (54 años)	Vendedora de ropa usada (39 años)
Vendedora dulces (56 años)	Vendedora de productos belleza (41 años)

Alguna vez trabajaron *(ocupación del marido y edad de la entrevistada)*	*Nunca trabajaron* *(ocupación del marido y edad de la entrevistada)*
Sectores populares	*Sectores populares*
Obrero fábrica chamarras/Asal. (24 años)	Comerciante/PCP (44 años)
Policía/Asal. (25 años)	
Coordinador de obra/Asal. (30 años)	
Sectores medios	*Sectores medios*
Promotor de ventas/PCP (35 años)	Maestro de secundaria/Asal. (34 años)
Supervisor de cobranzas/Asal. (46 años)	

Cuadro AII-2
Entrevistadas en Tijuana según ocupación y edad

Asalariadas no manuales	Asalariadas manuales
Secretaria universidad (25 años)	Empleada doméstica (30 años)
Secretaria gobierno estatal (29 años)	Obrera embobinadora en maquila (30 años)
Nutrióloga (29 años)	Obrera dispositivos eléctricos (34 años)
Encargada publicaciones (31 años)	Recamarera de hotel (37 años)
Directora editorial (36 años)	Empleada doméstica (40 años)
Profesora universitaria (37 años)	Afanadora de laboratorio (44 años)

Por cuenta propia (manuales y no manuales)	A tiempo parcial (manuales y no manuales)
Propietaria de comercio (27 años)	Artesana de la madera (23 años)
Vendedora de joyas (31 años)	Comerciante (24 años)
Propietaria de comercio (33 años)	Vendedora joyas (34 años)
Propietaria tienda de abarrotes (38 años)	Manualidades (41 años)
Agente de seguros (42 años)	
Niñera (49 años)	

Alguna vez trabajaron (ocupación del marido y edad de la entrevistada)	Nunca trabajaron (ocupación del marido y edad de la entrevistada)
Sectores populares	*Sectores populares*
Herrero (30 años)	Chofer (29 años)
Mecánico automotriz/PCP (46 años)	Albañil/PCP (47 años)
Obrero fábrica de chamarras/Asal. (48 años)	
Sectores medios	*Sectores medios*
Jefe de seguridad comercio/Asal. (33 años)	Obrero de la construcción/Asal. (26 años)
Gerente administrativo/Asal. (34 años)	Gerente de banco/Asal. (37 años)

Cuadro AII-3
Entrevistadas en Mérida según ocupación y edad

Asalariadas no manuales	*Asalariadas manuales*
Trabajadora social (25 años)	Obrera en fábrica textil (28 años)
Capturista (27 años)	Obrera en fábrica textil (31 años)
Profesora (34 años)	Cocinera y mesera (32 años)
Médico forense (35 años)	Obrera en fábrica textil (40 años)
Enfermera (36 años)	Lavandera y planchadora (49 años)
Odontóloga (39 años)	Empleada doméstica (64 años)
Por cuenta propia (manuales y no manuales)	*A tiempo parcial* (manuales y no manuales)
Modista (28 años)	Modista (24 años)
Propietaria de una farmacia (30 años)	Maestra de costura (33 años)
Propietaria de una clínica (34 años)	Vendedora de joyas (34 años)
Maestra (36 años)	Vendedora de ropa (35 años)
Psicóloga terapeuta (37 años)	Vendedora de pollos (47 años)
Propietaria de tienda de bolsas (39 años)	Vendedora de productos hogar (25 años)
Ayudante en negocio familiar de abarrotes (47 años)	
Alguna vez trabajaron (ocupación del marido y edad de la entrevistada)	*Nunca trabajaron* (ocupación del marido y edad de la entrevistada)
Sectores populares	*Sectores populares*
Albañil/Asal. (30 años)	Chofer de camiones/Asal. (50 años)
Sectores medios	*Sectores medios*
Ingeniero/Asal. (28 años)	Reportero/Asal. (32 años)
Propietario de comercio/PCP (40 años)	Vendedor de material para construcción/PCP (34 años)

CUESTIONARIO Y GUÍA DE ENTREVISTA

Cuestionario

Entrevista núm: _____

Nombre de la entrevistada: _____

Dirección: _____
        Calle   núm. exterior   núm. interior
      _____
        Colonia   Deleg. para el D.F.   Ciudad

Ocupación actual de la entrevistada: _____

Nombre de la entrevistadora: _____

Núm. de visitas realizadas: _____

Fecha de la entrevista: _____

Duración de la entrevista: _____ _____ _____

I. DATOS BÁSICOS

1. Nombre: _____
2. Edad en años cumplidos: _____
3. Lugar de nacimiento: _____
4. Estado civil: _____

   Soltera 1
   Unida 2
   Casada 3
   Separada 4
   Divorciada 5
   Viuda 6

5. Escolaridad: (Último año o grado aprobado)

   Sin estudios 1
   Primaria 2
   Secundaria 3
   Preparatoria 4
   Universidad 5
   Posgrado 6

6. Carrera corta cursada y años de duración en caso de que se aplique:
   _____

7. Carrera universitaria cursada en caso de que se aplique:
   _____

8. ¿Trabaja actualmente? ¿Hace algo para ganar dinero?

   Sí _____ No _____ (pase a I.13)

9. ¿Qué hace usted en su trabajo? ¿Cuáles son los oficios, puestos cargos que desempeña?
   _____

10. ¿Cuántas horas trabaja a la semana?
    _____

11. Situación en el trabajo:

CUESTIONARIO Y GUÍA DE ENTREVISTA

    Patrona 1
    Empleada 2
    Obrera 3
    Trabajadora por cuenta propia 4
    Trabajadora familiar sin remuneración 5
    Trabajadora familiar con remuneración 6

12. Rama de actividad del lugar donde trabaja. ¿A qué se dedica el negocio, institución, empresa o lugar donde trabaja?

13. ¿Trabajó alguna vez?

    Sí ____ (pase a I.14)   No ____ (pase a I.15)

14. ¿Durante cuánto tiempo trabajó?
    Antes de casarse 1
    Después de casarse 2
    Ambos 3
    Es soltera 4

15. ¿Ha tenido usted hijos nacidos vivos?

    Sí ____ ¿Cuántos? ____
    No ____ (pase a I.17)

16. ¿Cuántos de sus hijos viven con usted? ____

17. ¿Vive usted con su esposo (compañero):

    Sí ____ No ____

Nota: seguir la entrevista sólo si la entrevistada es casada o unida, con hijos que viven con ella y si cumple con los criterios en cuanto a edad y tipo de ocupación.

II. Información sobre las personas que viven normalmente en el hogar de la entrevistada.

	Para todas las personas			Para personas de 3 años o más		Para personas de 12 años o más	
Nombre	Parentesco con la entrevistada	Sexo	Edad	Lugar de nacimiento	Escolaridad	Asistencia escolar	Estado civil
	Es el esposo o compañero 1 Es hijo o hija 2 Otro parentesco 3 Sin parentesco 4 Es la entrevistada 5	Mujer 1 Hombre 2	(Años completos) Si tiene menos de un año, anote los meses o días	(Municipio) (Entidad federativa)	(Último año o grado aprobado) Sin estudios 1 Primaria 2 Secundaria 3 Preparatoria 4 Universidad 5 Posgrado 6	¿Va a la escuela? Sí No ¿En qué año va? de primaria de secundaria de preparatoria de universidad de carrera corta	Soltero(a) 1 Unido(a) 2 Casado(a) 3 Separado(a) 4 Divorciado(a) 5 Viudo(a) 6

Para personas de 12 años o más

Actividad durante la semana pasada		Ingresos	Ocupación principal	Situación en el trabajo		Horas	Rama de actividad económica
Trabajó, realizó alguna actividad por la que percibió algún ingreso	1	¿Cuánto percibe esta persona en total por su trabajo, o proveniente de otras fuentes (rentas, jubilación, etc.,)?	¿Cuál es el oficio, puesto o cargo que tiene en su trabajo principal?	Esta persona en su trabajo: Patrón(a)	1	¿Cuántas horas trabajó en total la semana pasada?	¿A qué se dedica el negocio, institución, empresa o lugar donde trabaja?
Ayudó en el negocio familiar	2			Empleado(a)	2		
Tenía trabajo, pero no trabajó (por vacaciones enfermedad u otras razones)	3			Obrero(a)	3		
				Jornalero(a) o peón	4		
Está desocupado	4	(semana)		Trabajador(a) por su cuenta en la calle	5		
Es estudiante	5						
Se dedica a las tareas del hogar	6	o (quincena)		Trabajador(a) por su cuenta en su domicilio	6		
Está jubilado	7						
Está incapacitado para trabajar	8	o (mensual)		Trabajador(a) por su cuenta con establecimiento propio	7		
No trabaja por otras razones	9			Trabajador(a) sin pago en el negocio familiar	8		

Guía de entrevista

Los temas que se enlistan a continuación, señalados en versales y versalitas, deben ser cubiertos obligatoriamente en la entrevista. Indague primero de manera abierta sobre cada uno de ellos, utilizando los textos que ofrecemos al comienzo de cada tema. Deje hablar a la entrevistada.

Después de un tiempo razonable (de cinco a diez minutos), asegúrese de que se han cubierto las áreas previstas en los subtemas, que se identifican con títulos en negritas. Si éste no es el caso, haga textualmente las preguntas que se indican. Las primeras preguntas son las más importantes; en algunos casos se ofrecen también preguntas opcionales para las entrevistadas más reservadas después de la palabra "pruebe".

III. Historia de vida y transiciones. Percepciones acerca de lo ocurrido

Vamos a preguntarle sobre los acontecimientos y los cambios que a usted le parezcan más importantes en su vida. Hábleme de ellos y dígame qué edad tenía usted cuando ocurrieron. Pausa. Por ejemplo, su matrimonio (o unión), su trabajo, el nacimiento de sus hijos.

III.A. Familia de origen y acontecimientos ocurridos antes de unirse o casarse

Comencemos por lo que sucedía en su niñez y adolescencia, antes de casarse (unirse). ¿Con quién vivía? ¿Estudiaba? ¿Su padre y su madre trabajaban? ¿Cómo se llevaban sus padres?

1. Personas con quienes vivía

¿Con quiénes vivía cuando era chica y durante la adolescencia (como a los quince años)? ¿Qué lugar ocupaba entre sus hermanos? *Pruebe:* ¿Vivía con sus padres? ¿Hermanos, hermanas? ¿Parientes?

2. Migraciones

¿Vivió siempre en el mismo lugar cuando era chica o durante la adolescencia? Si no, ¿para dónde se cambió? Razones.
Importa saber la dirección de las migraciones (del campo a ciudades pequeñas o grandes o viceversa) así como la duración aproximada.

3. Estudio y/o trabajo. Razones

¿Hasta a qué edad estudió? ¿Alguna vez trabajó? ¿Por qué?
Pruebe: ¿Era buena estudiante? ¿Dejó de estudiar? ¿Por qué? ¿Quién decidió? ¿Empezó a trabajar? ¿Por qué? ¿Quién decidió?

4. Trabajo del padre y de la madre: su significado

Hábleme sobre sus padres, ¿trabajaban?
Pruebe: ¿En qué trabajaba su padre cuando era chica y durante la adolescencia? ¿Su madre alguna vez trabajó? Cuénteme más al respecto.

4 (a). *Si la madre trabajaba* ¿usted qué pensaba de que su madre trabajara? ¿Cómo le hacía ella para trabajar y criar a sus hijos?

4 (b). *Si la madre no trabajaba,* ¿Por qué no trabajaba? ¿Usted qué pensaba de que su madre no trabajara?

5. Dinámica y ejercicio de autoridad en la familia de origen

¿Cómo se llevaban sus padres, o las personas con quienes vivía? ¿Pasaban mucho tiempo juntos? ¿Quién tomaba las decisiones importantes?
Pruebe: ¿Quién era el (la) jefe (a) de la familia? ¿Quién decidía qué? ¿Su padre tomaba en cuenta la opinión de su madre para las decisiones importantes? ¿Se respetaban? ¿Salían a pasear juntos?

III.B. Primera unión

Cuénteme sobre su matrimonio (unión) ¿Por qué se casó? ¿Qué cambios tuvo que hacer en su vida? ¿El matrimonio (la unión) le ha traído satisfacciones, problemas? ¿Qué hacía su marido (compañero) cuando se casaron (unieron)? ¿Y después? ¿Qué hace ahora? ¿Qué piensa usted del matrimonio (la unión)?

1. Cuándo y cómo ocurrió

¿Con quién se unió (casó)? ¿Cuándo y cómo ocurrió?
Pruebe: ¿Qué edad tenía usted cuando se casó (unió)? ¿Cómo conoció a su marido (o compañero)?

2. Razones para casarse (unirse)

¿Por qué se casó (unió)?
Pruebe: ¿Quién decidió? ¿Fue por amor, obligación, respeto? ¿Sus padres qué pensaron al respecto? ¿Y los de él? ¿Sus amigos o amigas? ¿Cómo esperaba que fuera su vida de casada?

3. Cambios en la vida de la entrevistada al unirse (casarse). Presencia de conflictos

¿Qué cambios tuvo que hacer en su vida con el matrimonio (la unión)? ¿Mudarse? ¿Transformar su vida de trabajo? ¿Cambiar su vida de estudio? ¿Ha tenido algún problema? ¿Cómo lo ha enfrentado?
Pruebe: ¿Cuando se unió (casó), adónde se fue a vivir? ¿Dejó de estudiar? ¿Comenzó a trabajar? ¿Dejó de trabajar? ¿Cambió de trabajo? ¿Qué piensa su marido (o compañero) de estos cambios?
¿Sus padres? ¿Sus suegros? ¿Sus amigas o amigos? ¿Tuvo algún desacuerdo? ¿Cómo lo solucionó?

4. Trabajo del marido (compañero)

¿Qué hacía su marido (compañero) cuando se casaron (unieron)? ¿Y después?
Pruebe: ¿Trabajaba? ¿Ha tenido buenos o malos trabajos su marido (compañero) durante su vida juntos?

5. Significado del matrimonio (o unión).
   Puntos de vista de diferentes personas

¿Por qué sigue casada (unida)? ¿Qué ha significado el matrimonio (la unión) en su vida?
Pruebe: ¿Usted piensa que el suyo ha sido un buen matrimonio (unión)? ¿Qué cree usted que piensa su marido (compañero)? ¿Sus padres? ¿Sus suegros? ¿Sus amigas o amigos?

5(a). *En general*, ¿Qué piensa usted del matrimonio? ¿Usted cree que todas las mujeres deben unirse (casarse)? ¿Por qué?

III.C. DIVORCIOS O SEPARACIONES (SI NO ES DIVORCIADA O SEPARADA PREGUNTE SÓLO EL SIGNIFICADO GENERAL DEL DIVORCIO O SEPARACIÓN-PUNTO 4a.

Cuénteme un poco más acerca de su divorcio (separación). ¿Cuándo y cómo ocurrió? ¿Por qué se divorció (separó) y qué cambios trajo a su vida? ¿Qué piensa del divorcio (separación)?

1. Cuándo y cómo ocurrió

¿Cuándo y cómo ocurrió?
Pruebe: ¿Qué edad tenía usted cuando se divorció (separó)? ¿Cómo sucedió?

2. Razones para divorciarse (separarse)

¿Por qué se divorció (separó)?
Pruebe: ¿Usted lo dejó, o él la dejó? ¿Ambos decidieron? ¿Sus padres qué pensaron al respecto? ¿Sus suegros? ¿Sus amigas o amigos?

3. Cambios en la vida de la entrevistada al divorciarse (separarse). Presencia de conflictos

¿Qué cambios tuvo que hacer en su vida con el divorcio (la separación?) ¿Mudarse? ¿Transformar su vida de trabajo? ¿Cambiar su vida de estudio? ¿Tuvo algún problema? ¿Cómo lo enfrentó? ¿Cómo resolvió su vida material?
Pruebe: ¿Cuando se divorció (separó), adónde se fue a vivir? ¿Comenzó a estudiar? ¿Comenzó a trabajar? ¿Cambió de trabajo? ¿Tuvo algún desacuerdo con sus hijos? ¿Con sus padres? ¿Con amigas o amigos? ¿Cómo lo solucionó?

4. Significado del divorcio (la separación). Puntos de vista de diferentes personas

¿Qué ha significado el divorcio (la separación) en su vida?
Pruebe: ¿Cómo fue su experiencia de divorcio (separación)? ¿Qué cree usted que piensa su exmarido (excompañero) al respecto? ¿Sus padres? ¿Sus suegros? ¿Sus amigas o amigos?
   4(a). *En general* ¿Qué piensa usted del divorcio (la separación)? ¿Usted cree que todas las mujeres deben divorciarse (separarse) si así lo desean? ¿Por qué?

III.D. Uniones subsecuentes (si no tiene uniones subsecuentes preguntar sólo sobre el significado de las uniones subsecuentes-punto 5a

Hábleme sobre su otro matrimonio (o unión). ¿Por qué se casó otra vez? ¿Qué cambios trajo a su vida? ¿Le trajo satisfacciones, problemas? ¿Qué hacía y hace su otro marido (o compañero)? ¿Qué piensa de volverse a casar (unir)?

1. Cuándo y cómo ocurrió

¿Con quién se casó? ¿Cuándo y cómo ocurrió?
Pruebe: ¿Qué edad tenía usted cuando se volvió a casar (unir)? ¿Cómo conoció a este otro marido (compañero)?

2. Razones para volver a casarse (unirse)

¿Por qué se volvió a casar (unir)?
Pruebe: ¿Quién decidió? ¿Fue por amor, obligación, respeto? ¿Fue por sus hijos? ¿Sus padres qué pensaron al respecto? ¿Y los de él? ¿Sus amigos o amigas?

3. Cambios en la vida de la entrevistada al volver a unirse (casarse). Presencia de conflictos

¿Qué cambios tuvo que hacer en su vida con este otro matrimonio (unión)? ¿Mudarse? ¿Transformar su vida de trabajo? ¿Cambiar su vida de estudio? ¿Tuvo algún problema? ¿Cómo lo enfrentó? ¿Cómo resolvió su vida material?
Pruebe: ¿Cuando se unió (casó) otra vez, adónde se fue a vivir? ¿Dejó de estudiar? ¿Comenzó a trabajar? ¿Dejó de trabajar? ¿Cambió de trabajo? ¿Qué piensa su marido (compañero) sobre estos cambios? ¿Sus padres? ¿Sus suegros? ¿Sus amigas o amigos? ¿Tuvo algún desacuerdo? ¿Cómo lo solucionó?

4. Trabajo del marido (compañero)

¿Qué hacía su otro marido (compañero) cuando se casaron (unieron)? ¿Y después?

Pruebe: ¿Trabajaba? ¿Ha tenido buenos o malos trabajos su otro marido (compañero) durante su vida juntos?

5. Significado de volverse a casar (o unir). Puntos de vista de diferentes personas

¿Por qué sigue casada (unida)? ¿Qué ha significado este otro matrimonio (unión) en su vida? ¿Y en la de su compañero?
Pruebe: ¿Usted qué piensa de este otro matrimonio (unión)? ¿Qué cree usted que piensa su marido (compañero)? ¿Sus padres? ¿Sus suegros? ¿Sus amigas o amigos?
5(a). *En general* ¿Qué piensa usted acerca de volverse a casar (unir)? ¿Usted cree que todas las mujeres deben volverse a casar (unir) si así lo desean? ¿Por qué?

III.E. Nacimiento y crianza de los hijos

Ahora quisiera que me platicara sobre el nacimiento de sus hijos; si decidió tenerlos; sus razones para tener hijos; los cambios que tuvo que hacer en su vida cuando ellos nacieron. ¿Los hijos le han traído satisfacciones, problemas? ¿Qué piensa usted de la maternidad?

1. Historia de nacimientos

¿Cuántos hijos nacidos vivos ha tenido y cuándo?
Pruebe: ¿Qué edad tenía cuando tuvo a sus hijos? ¿Algún nacido muerto?

2. Planificación de los hijos y uso de anticonceptivos

¿Usted tuvo a sus hijos cuando quiso? ¿Quiere usted tener otros hijos, o no quiere tener más? ¿Por qué?

Pruebe: ¿Sus hijos fueron planeados? ¿Usted sabe lo que son los anticonceptivos? ¿Usa o ha usado alguno(s)? ¿Ha tenido que terminar algún embarazo? ¿Qué piensa su marido o compañero del número de hijos que han tenido? ¿Qué piensa su médico? ¿Familiares y amigos?

3. Razones para tener hijos

Cuénteme acerca de sus hijos. ¿A usted le ha gustado tener hijos? ¿Por qué? ¿Preferiría no haber tenido hijos? ¿Le gusta más tener hijas o hijos?
Pruebe: ¿Se ha preguntado alguna vez si quería tener hijos? ¿Quién decidió tener los hijos?

4. Cambios en la vida de la entrevistada con el nacimiento de los hijos. Presencia de conflictos

¿Qué cambios tuvo que hacer en su vida con el nacimiento de los hijos? ¿Transformar su vida de trabajo? ¿Transformar su vida de pareja? ¿El nacimiento de sus hijos le ha traído problemas con su pareja u otras personas? ¿Cómo los ha enfrentado?
Pruebe: ¿Usted dejó de trabajar cuando tuvo a sus hijos? ¿Cambió de trabajo? ¿Dejó de estudiar? ¿Tuvo que vivir en otro lado? ¿Qué piensa su marido (compañero) de estos cambios? ¿Sus padres? ¿Y sus suegros? ¿Sus amigas o amigos? ¿Otras personas? ¿Ha tenido desacuerdos? ¿Cómo los ha solucionado?

5. Diferentes puntos de vista sobre los hijos. Puntos de vista de diferentes personas

¿Qué han significado los hijos para usted? ¿Y para su esposo o compañero?
Pruebe: ¿Qué han traído los hijos a su vida? ¿Le gusta estar con ellos, jugar juntos? ¿Le han dado mucho trabajo? ¿Qué piensa su

marido al respecto? ¿Sus padres? ¿Sus suegros? ¿Sus amigas o amigos?

5(a). *En general* ¿Qué piensa usted acerca de la maternidad? ¿Usted cree que todas las mujeres deben ser madres? ¿Por qué? ¿Cree usted que las mujeres pueden sacar a sus hijos adelante solas?

III.F. Historia laboral (si nunca trabajó, haga *la pregunta* 3 y la pregunta 6(a) sobre el significado del trabajo)

Hábleme ahora un poco más acerca de su vida de trabajo, de lo que ha hecho a lo largo de su vida para ganar dinero. ¿Siempre ha trabajado? ¿Ha dejado de hacerlo por algún tiempo? También nos gustaría que nos platicara de sus razones para trabajar y sobre qué piensa en general sobre el trabajo.

1. Entradas y salidas del mercado de trabajo

Cuénteme a qué edad comenzó a trabajar; las veces que ha cambiado de trabajo y cuánto tiempo permaneció en cada uno de manera aproximada. ¿Qué hacía? ¿Era empleada, obrera, trabajadora por cuenta propia o ayudante familiar? ¿Ha desempeñado estos trabajos dentro o fuera de su vivienda? ¿Han sido temporales o fijos? ¿Cómo los consiguió? ¿Le exigieron algún requisito especial? ¿Cuál de sus trabajos considera más importante? ¿Por qué?

2. Ingresos

¿Ha tenido buenos o malos ingresos? ¿Han ido éstos en aumento o en descenso?

3. Razones para trabajar, dejar de trabajar, o nunca trabajar

¿Por qué quiso trabajar? ¿Cuando dejó de trabajar, por qué lo hizo? En caso de que no trabaje, ¿no le gustaría trabajar?

Pruebe: ¿A usted le gusta trabajar? ¿Por qué eligió estos trabajos? ¿Quién decidió que usted trabajara? ¿Quién le ayudó a conseguir trabajo? ¿Le gusta o le disgusta el tipo de trabajo que realiza? ¿Preferiría no trabajar y ser ama de casa de tiempo completo? Si no trabaja, ¿le gustaría ejercer algún tipo de actividad por la que obtuviera algún dinero?

4. Cambios en la vida de la entrevistada con el trabajo. Presencia de conflictos

¿Ha tenido que cambiar algunas cosas en su vida con el trabajo? ¿Pedirle a otras personas que le ayuden con su casa y sus hijos? ¿Ha tenido problemas? ¿Cómo los ha enfrentado? ¿Su marido está de acuerdo con que usted trabaje?
Pruebe: Cuando trabaja, ¿cómo le hace con sus hijos y con las tareas domésticas en su casa? ¿Le ayuda su madre, algún pariente? ¿Le ayuda su marido (compañero)? ¿Tiene empleada doméstica? ¿Él está de acuerdo? ¿Cómo han solucionado los desacuerdos al respecto?

5. ¿Qué busca con su trabajo?

¿Qué espera lograr con su trabajo? ¿Independencia, dinero, prestigio, realización?
Pruebe: ¿Que le da su trabajo? ¿Le permite comprarse las cosas que usted necesita o quiere? ¿Le permite ser independiente de su marido (compañero)? ¿Trabaja porque le satisface, porque le permite ser útil?

6. Significado del trabajo.
  Puntos de vista de diferentes personas

¿Qué ha significado el trabajo en su vida? ¿Qué piensan otras personas de su trabajo?
Pruebe: ¿Qué ha traído el trabajo a su vida? ¿Ha sido buena o mala su experiencia de trabajo? ¿Qué piensa su marido (compañero) al respecto? ¿Sus padres? ¿Sus suegros? ¿Sus amigos o amigas?

6(a). *En general* ¿qué piensa usted sobre el trabajo? ¿Usted cree que todas las mujeres deben trabajar?, ¿o sólo deben hacerlo en algún momento de sus vidas? ¿Por qué?

IV. Contexto laboral y familiar

El propósito de esta parte es captar para cada área lo que ocurre en el presente e indagar en cada caso si en otros momentos de la vida laboral y familiar ha habido cambios importantes.

IV.A. Contexto laboral (para mujeres que alguna vez han trabajado)

Ahora nos interesa que usted nos hable más sobre su lugar de trabajo: cómo se lleva con sus compañeros y compañeras, las tareas que realizan, qué le gusta y le disgusta y si siempre ha sido así en otros trabajos.

1. Composición por sexo y edad de los compañeros de trabajo

Cuéntenos sobre sus compañeros(as) de trabajo. ¿Son de su misma edad?
Pruebe: ¿Trabajan mujeres y hombres en el mismo lugar? ¿Son más hombres o más mujeres? ¿Son más jóvenes o mayores que usted?

2. División de tareas por género

¿En el lugar de trabajo, las tareas que hacen los hombres son iguales a las que hacen las mujeres? ¿Los jefes y supervisores, son mayoritariamente mujeres u hombres? ¿Le parece bien esta división de tareas? ¿Por qué?

3. Presencia de discriminación salarial

¿En su lugar de trabajo, hombres y mujeres ganan lo mismo? ¿Está usted de acuerdo? ¿Por qué?
Pruebe: ¿Los hombres que hacen las mismas actividades que las mujeres reciben el mismo salario? ¿Mayor? ¿Menor?

4. Relaciones hombre-mujer en el lugar de trabajo

¿Cómo se lleva usted con sus compañeras y compañeros de trabajo? *Pruebe:* ¿Se apoyan, hay conflictos? ¿Los compañeros varones respetan su trabajo? ¿La apoyan? ¿Cómo son? ¿Cómo la tratan? ¿Ha tenido conflictos? ¿Cómo los ha enfrentado?

5. Hostigamiento sexual

¿Alguna vez le han faltado al respeto en el lugar de trabajo?

IV.B. CONTEXTO FAMILIAR

Ahora nos gustaría que nos hablara de las actividades que usted hace diariamente en su casa, de lo que hacen los demás, de las personas que le dan más trabajo, de cómo se reparten las tareas y el dinero, sobre quién toma las decisiones.

1. Distribución de los ingresos

Dígame cuál es su contribución a la manutención de su casa. También hábleme si su esposo (compañero) le da para el gasto. ¿Es suficiente? ¿Usted sabe cuánto gana él? ¿Cómo utiliza usted sus ingresos? ¿Quién decide cómo gastarlo o ahorrarlo? ¿El manejo del dinero en la casa le ha traído dificultades?
Pruebe: ¿Qué necesidades suyas o de su familia cubre usted con el dinero que le da su esposo (compañero)? ¿Y con sus ingresos?

¿Quién decide cómo utilizarlo? ¿Usted sabe qué hace él con el dinero que gana? ¿Cada cuándo le da para el gasto? Si ha tenido dificultades, ¿cómo las ha resuelto?

2. Distribución del trabajo doméstico

¿Quién se hace cargo de las tareas domésticas en su casa? Cuénteme más al respecto.
Pruebe: ¿Quién le ayuda? ¿Qué hace? ¿Cada cuándo?

3. Estrategias para combinar trabajo y familia

Hábleme de cómo le hace para trabajar y cuidar de sus hijos, de su casa. ¿Siempre ha sido así?
Pruebe: ¿Le ha traído problemas trabajar fuera y al mismo tiempo realizar las tareas domésticas? ¿Cómo los ha resuelto? ¿Qué piensa su esposo (compañero) al respecto? ¿Sus padres? ¿Sus suegros? ¿Sus amigas o amigos?

4. Socialización de los hijos

Pruebe: ¿Quién se encarga de la educación de sus hijos? ¿Quién les regaña cuando es necesario? ¿Quién les da permiso?

5. Relaciones de pareja

¿Cómo se lleva usted con su compañero (o esposo)? ¿Se tratan como iguales? ¿La deja salir, trabajar, ver a sus amigas? ¿Pasan mucho tiempo juntos? ¿Salen a pasear? ¿Su relación ha cambiado con el tiempo?
Pruebe: ¿Su compañero la trata bien? ¿Usted se considera una buena esposa? ¿Por qué? ¿Qué piensa usted de la vida en pareja? ¿Qué esperaba usted del matrimonio cuando se casó? ¿Sigue esperando lo mismo? ¿Qué cree usted que él esperaba del matri-

monio? ¿Lo sigue esperando? ¿Considera que le ha ido bien o mal en su matrimonio o unión? ¿Por qué? ¿Han tenido muchos problemas? ¿Cómo los han resuelto?

6. Ejercicio de autoridad en la familia

Háblenos sobre quién toma las decisiones importantes en su familia. ¿Quién decide qué? ¿Su esposo (compañero) toma en cuenta su opinión?
Pruebe: ¿Quién es el (la) jefe(a) de la familia? ¿Sobre qué aspectos decide usted?

7. Sexualidad

Sabemos que hay aspectos de la vida que son muy íntimos; si usted está de acuerdo, nos gustaría que nos hablara un poco sobre su vida sexual.
Pruebe: ¿Cómo son sus relaciones sexuales? ¿Le satisfacen? ¿Quién decide cuándo y cómo tener relaciones? ¿Usted se siente bien con este arreglo?

V. Evaluación de la vida y planes futuros

Existencia de planes futuros

Antes de terminar la entrevista, me gustaría que usted me hablara acerca del futuro. ¿Qué piensa hacer? ¿Trabajar, dedicarse a la familia, hacer ambas actividades? ¿Qué beneficios le traerá esa decisión? ¿Le ve algunas desventajas?
Pruebe: ¿Piensa dedicarse (o seguirse dedicando) sólo a la familia? ¿Piensa dedicarse (o seguirse dedicando) al trabajo y a la familia?

VI. Percepción de cambios sociales

Por último, nos gustaría que usted nos diera su opinión sobre la situación económica y social del país, sobre la ciudad en que vive, y que nos dijera si usted cree que estos aspectos le han afectado a usted, a su familia y a las mujeres en general.

1. Situación económica

¿Usted cree que el país atraviesa por una situación económica difícil? ¿Por qué? ¿Qué nos puede decir acerca de la situación económica de su familia?
Pruebe: ¿Usted cree que su trabajo o tipo de trabajo ha sido afectado por los cambios en el país? ¿Por qué? ¿Su familia está mejor o peor económicamente que antes? ¿Su familia ha sido afectada por el aumento de los precios? ¿Desde cuándo?

2. La vida urbana

Hábleme sobre la ciudad de México (Mérida o Tijuana según el caso). ¿Le gusta vivir aquí?
Pruebe: ¿Qué beneficios le trae vivir aquí? ¿Ve usted alguna desventaja? ¿Cómo le afecta a usted y a su familia?

3. Cambios en el número de hijos y en el uso de anticonceptivos

¿Piensa usted que las mujeres mexicanas tienen ahora menos hijos? ¿Considera usted que hay ahora más maneras de planificar la familia?

4. Condición de la mujer

¿Considera usted que la situación de la mujer en México ha cambiado en los últimos años? ¿En qué aspectos? ¿Por qué? ¿Considera usted que las mujeres trabajan más que antes fuera de sus tareas domésticas?

BIBLIOGRAFÍA

Acosta, Mariclaire (1985), "Prácticas represivas y sus efectos en la cultura política: algunas reflexiones", documento presentado en el *Taller de Investigación Social sobre la Mujer,* México, Programa Interdisciplinario de Estudios de la Mujer de El Colegio de México (mimeografiado).

Acosta, Mariclaire *et al.* (1985), "La respuesta de las mujeres frente al militarismo y la represión en América Latina", documento presentado en el *Taller de Investigación Social sobre la Mujer,* México, Programa Interdisciplinario de Estudios de la Mujer de El Colegio de México (mimeografiado).

Acosta Díaz, Félix (1991), "Estructura familiar, mujeres jefes de hogar y bienestar en México", propuesta de investigación a *The Population Council/International Center for Research on Women,* mayo (mimeografiado).

Aldunate, Adolfo (1982), "Reproducción de la población en diez ciudades de América Latina (un ensayo de interpretación sociológica)" en *Reproducción de la población y desarrollo,* São Paulo, Consejo Latino Americano de Ciencias Sociales, pp. 43-168.

Alonso, José A. (1984), "Mujer y trabajo en México" en *El obrero mexicano,* vol. 2, México, Siglo XXI e Instituto de Investigaciones Sociales de la UNAM, pp. 214-274.

Anker, Richard y Catherine Hein (1987), "Empleo de la mujer fuera de la agricultura en países del Tercer Mundo: panorama general de las estadísticas ocupacionales" en *Desigualdades entre hombres y mujeres en los mercados de trabajo urbano del Tercer Mundo,* Ginebra, Oficina Internacional de Trabajo, pp. 11-36.

Arias, Patricia (1988), "La pequeña empresa en el occidente rural", *Estudios Sociológicos,* vol. VI, núm. 17, mayo-agosto, México, El Colegio de México, pp. 405-436.

Arizpe, Lourdes (1985), "El nuevo pacto social, una democracia de todos los días", *Nexos,* año VIII, vol. 8, núm. 90.

Arriagada, Irma (1990), "La participación desigual de la mujer en el mundo del trabajo", *Revista de la CEPAL,* núm. 40, abril, pp. 87-104.

Barajas, Rocío y Carmen Rodríguez (1989), *Mujer y trabajo en la industria maquiladora de exportación,* Tijuana, El Colegio de la Frontera Norte y Fundación Fiedrich Ebert (Documentos de Trabajo, núm. 22).

Barrett, Michele (1980), *Women's Oppression Today,* Londres, Verso Editions.

Barroso, Carmen (1978), "Sozinhas ou mal acompanhadas, a situação das mulheres chefes de família" en *Anais Primeiro Encontro Nacional,*

Campos do Jordao, Brasil, Associação Brasileira de Estudos Populacionais, pp. 457-472.

Bell, Daniel (1988), "El predicamento del liberalismo: simposio", *Facetas*, núm. 80, vol. 2, pp. 2-8.

Benería, Lourdes y Gita Sen (1982), "Acumulación, reproducción y el papel de la mujer en el desarrollo económico: una revisión de Boserup" en Magdalena León *et al.*, *Las trabajadoras en el agro*, Bogotá, Asociación Colombiana para el Estudio de la Población, pp. 23-39.

Benería, Lourdes y Marta Roldán (1987), *The Crossroads of Class and Gender. Industrial Homework, Subcontracting and Household Dynamics in Mexico City*, Chicago, The University of Chicago Press. Traducción al español: Lourdes Benería y Marta Roldán (1992), *Las encrucijadas de clase y género. Trabajo a domicilio, subcontratación y dinámica de la unidad doméstica en la ciudad de México*, México, El Colegio de México y Fondo de Cultura Económica (Economía Latinoamericana).

Benites, Marcela (1990), "Hogares y fuerza de trabajo en época de crisis" en Fernando Cortés y Óscar Cuéllar (coords), *Crisis y reproducción social. Los comerciantes del sector informal*, Facultad Latino Americana de Ciencias Sociales y Porrúa, pp. 200-231.

Bilac, Elisabete Dória (1989-1990), "Trabalhos produtivos, trabalhos reprodutivos: as trajetórias femininas de trabalho e suas representações", *Perspectivas*, núms. 12-13, pp. 143-161.

Blanco Sánchez, Mercedes (1989), "Patrones de división del trabajo doméstico: un estudio comparativo entre dos grupos de mujeres de sectores medios" en Orlandina de Oliveira (coord.), *Trabajo, poder y sexualidad*, México, Programa Interdisciplinario de Estudios de la Mujer de El Colegio de México, pp. 133-150.

Blau, Francine D. y Marianne A. Ferber (1985), "Women in the Labor Market: the Last Twenty Years" en Laurie Larwood *et al.*, *Women and Work*, Beverly Hills, Sage Publications, pp. 19-49.

Blau, Peter y Otis Duncan (1967), *The american occupational structure*, Nueva York, John Wiley.

Blumberg, Rae Lesser (1991), "Introduction, the 'Triple Overlap' of Gender Stratification, Economy and the Family" en Rae Lesser Blumberg (ed.), *Gender, Family and Economy. The Triple Overlap*, Newbury Park, Sage Publications, The International Professional Publishers, pp. 7-34.

—— (1990), *Gender Matters: Involving Women in Development in Latin America and the Caribbean*, trabajo presentado para la Agency for International Development, Bureau for Latin America and the Caribbean, Washinton, D.C., enero.

Boulton, Mary Georgina (1983), *On Being a Mother. A Study of Women with Pre-School Children*, Londres y Nueva York, Tavistock Publications.

Bourdieu, Pierre (1985), "The Social Space and the Genesis of Groups", *Theory and Society*, núm. 14, noviembre, pp. 723-744.

—— (1980a), *Le Sens Practique*, París, Minuit.

—— (1980b), *Questions de Sociologie*, París, Minuit.
—— (1979), *La Distinction, Critique Sociale du Jugement*, París, Minuit.
Bronfman, Mario, Elsa López y Rodolfo Tuirán (1986), "Práctica anticonceptiva y clases sociales en México: la experiencia reciente", *Estudios Demográficos y Urbanos*, El Colegio de México, vol. 1, núm. 2, mayo-agosto, pp. 165-203.
Buvinic, Mayra (1990), "The Vulnerability of Women-Headed Households: Policy Questions and Options for Latin America and the Caribbean", documento presentado en la reunión *Vulnerable Women*, Viena, noviembre (mimeografiado).
Cain, Mead, Syeda Rokeya Khanam y Shamsun Nahar (1988), "Patriarchal Structure and Demographic Change" en *Conference on Women's Position and Demographic Change in the Course of Development*, Oslo, International Union for the Scientific Study of Population, pp. 19-41.
—— (1979), "Class, Patriarchy, and Women's Work in Bangladesh", *Population and Development Review*, vol. 5, núm. 3, Nueva York, pp. 405-438.
Caldwell, John C. (1988), "Micro Approaches: Similarities and Differences, Strengths and Weaknesses" en John Caldwell, Allan Hill y Valerie Hill, *Micro-Approaches to Demographic Research*, Londres, Kegan and Paul International, pp. 458-470.
—— (1982), *Theory of Fertility Decline*, Londres, Academic Press.
Carrillo Viveros, Jorge y Alberto Hernández (1985), *Mujeres fronterizas en la industria maquiladora*, México, Secretaría de Educación Pública.
Casar, José I. y Jaime Ros (1987), "Empleo, desempleo y distribución del ingreso" en Carlos Tello (coord.), *México: informe sobre la crisis 1982-1986*, México, UNAM, pp. 150-164.
Castro, Roberto, Mario Bronfman y Martha Loya (1991), "Embarazo y parto entre la tradición y la modernidad: el caso de Acuituco", *Estudios Sociológicos*, vol. IX, núm. 27, septiembre-diciembre, México, El Colegio de México, pp. 583-606.
CEPAL (1990), *Transformación productiva con equidad. La tarea prioritaria del desarrollo de América Latina y el Caribe en los años noventa*, Santiago de Chile, Comisión Económica para América Latina.
Cervantes Carson, Alejandro (1993), "Entretejiendo consensos: reflexiones sobre la dimensión social de la identidad de género de la mujer", *Estudios Sociológicos*, El Colegio de México, vol. XI, núm. 31, enero-abril, pp. 237-264.
—— y Germán Sandoval (1988), "Regulación de la fecundidad" en *Encuesta Nacional sobre Fecundidad y Salud: 1987*, Memoria de la reunión celebrada el 30 de septiembre de 1988, México, Secretaría de Salud, pp. 133-149.
Chant, Sylvia (1991), *Women and Survival in Mexican Cities. Perspectives on Gender, Labour Markets and Low-Income Households*, Manchester, Manchester University Press.

—— (1988), "Mitos y realidades de la formación de las familias encabezadas por mujeres: el caso de Querétaro, México" en Luisa Gabayet Ortega, Patricia García, Mercedes González de la Rocha, Silvia Laison y Agustín Escobar (comps.), *Mujeres y sociedad. Salarios, hogar y acción social en el occidente de México*, Guadalajara, El Colegio de Jalisco y Centro de Investigaciones y Estudios Superiores en Antropología Social, pp. 181-203.

Chodorow, Nancy (1978), *The Reproduction of Mothering*, Berkeley, University of California Press.

Christenson, Bruce (1990), "Family Structure of Households and Labor Force Participation of Married Women in Mexico", documento presentado en la *IV Reunión Nacional sobre Investigación Demográfica en México*, México, Sociedad Mexicana de Demografía y El Colegio de México, 23-27 de abril (mimeografiado).

Christenson, Bruce, Brígida García y Orlandina de Oliveira (1989), "Los múltiples condicionantes del trabajo femenino en México", *Estudios Sociológicos*, vol. VII, núm. 20, mayo-julio, México, El Colegio de México, pp. 251-280.

Cooper, Jennifer, Teresita de Barbieri, Teresa Rendón, Estela Suárez y Esperanza Tuñón (comps.) (1989), *Fuerza de trabajo femenina urbana en México*, vol. II, México, Coordinación de Humanidades de la UNAM y Porrúa (Las Ciencias Sociales).

Cortés, Fernando (coord.) (1992), *El impacto social de la industria maquiladora en tres regiones de México. Primera etapa (Matamoros)*, informe final de circulación restringida, México, Centro de Estudios Sociológicos de El Colegio de México.

—— (1988), "El mercado de trabajo urbano y la sociodemografía mexicana en la mitad de la década de los ochenta: algunas consideraciones metodológicas", ponencia presentada en la *III Reunión Nacional sobre Investigación Demográfica en México*, México, UNAM y Sociedad Mexicana de Demografía (mimeografiado).

Cortina, Regina (1989), "Poder y cultura sindical: la mujer en el Sindicato de Trabajadores de la Educación en el Distrito Federal" en Orlandina de Oliveira (coord.), *Trabajo, poder y sexualidad*, México, Programa Interdisciplinario de Estudios de la Mujer de El Colegio de México, pp. 241-268.

Covarrubias, Paz y Mónica Muñoz (1978), "Algunos factores que inciden en la participación laboral de las mujeres de estratos bajos" en Paz Covarrubias y Rolando Franco (comps.), *Chile, mujer y sociedad*, Santiago de Chile, UNICEF.

Cromptom, Rosemary y Michael Mann (1989), *Gender and stratification*. Cambridge, Great Britain, Polity.

Cruz Piñeiro, Rodolfo y René Zenteno Quintero (1987), "La participación femenina en la actividad económica de la frontera norte: Tijuana, Ciudad Juárez, Nuevo Laredo y Matamoros" en *Memoria de la III*

Reunión Nacional sobre Investigación Demográfica, México, UNAM y Sociedad Mexicana de Demografía, pp. 587-595.

Dávila Ibáñez, Hilda (1990), "Condiciones de trabajo de la población femenina. El caso de la Delegación Xochimilco", en Elia Ramírez e Hilda R. Dávila Ibáñez, *Trabajo femenino y crisis en México*, México, Universidad Autónoma Metropolitana, pp. 79-116.

Davis, Kingsley (1984), "Wives and Work: Consequences of the Sex Role Revolution", *Population and Development Review*, vol. 3, núm. 3, pp. 397-417.

De Barbieri, Teresita (1992), "Sobre la categoría género. Una introducción teórico-metodológica", *Revista Interamericana de Sociología*, año VI, vol. 2, núm. 2, mayo-agosto.

—— (1985), "Las mujeres menos madres", *Nueva Sociedad*, núm. 75, San José de Costa Rica, Editorial Nueva Sociedad, pp. 105-113.

—— (1984), *Mujeres y vida cotidiana*, México, Fondo de Cultura Económica (FCE) e Instituto de Investigaciones Sociales-UNAM.

—— y Orlandina de Oliveira (1987), *La presencia de las mujeres en América Latina en una década de crisis*, Santo Domingo, Centro de Investigación para la Acción Femenina, Editora Búho.

—— (1986), "Nuevos sujetos sociales: la presencia política de las mujeres en América Latina", *Nueva Antropología*, núm. 30, México, pp. 5-29.

De la Peña, Guillermo et al. (comps.) (1990), *Crisis, conflicto y sobrevivencia. Estudios sobre la sociedad urbana en México*, Guadalajara, Universidad de Guadalajara y CIESAS.

De Riz, Liliana (1986), "El problema de la condición femenina en América Latina: la participación de la mujer en los mercados de trabajo. El caso de México" en *La mujer y el trabajo en México*, México, Secretaría del Trabajo y Previsión Social (Cuadernos Laborales, núm. 31), pp. 13-64.

Dinnerstein, Dorothy (1977), *The Mermaid and the Minotaur: Sexual Arrangements and Human Malaise*, Nueva York, Harper Colophon Books.

Dworkin, Andrea (1983), *Right-Wing Women*, Nueva York, Coward-McCann.

Echarri Cánovas, Carlos Javier (1989), *Encuesta nacional sobre fecundidad y salud 1987: una evaluación de la calidad de la información*, tesis de maestría en demografía, Centro de Estudios Demográficos y de Desarrollo Urbano de El Colegio de México, septiembre.

—— (1988), "Nupcialidad y exposición al riesgo de concebir", en *Encuesta Nacional sobre Fecundidad y Salud: 1987*, memoria de la reunión celebrada el 30 de septiembre, Secretaría de Salud, 1988, pp. 49-77.

Elizaga, Juan C. (1976), "Participación de la mujer en la mano de obra en América Latina: fecundidad y otros determinantes" en *Las trabajadoras y la sociedad*, Ginebra, International Labor Office, pp. 147-166.

Elú de Leñero, Ma. del Carmen (1986), "Trabajo de la mujer y fecundidad: especial referencia a México" en *La mujer y el trabajo en México*, México,

Secretaría del Trabajo y Previsión Social (Cuadernos Laborales, núm. 31), pp. 87-108.

—— (1975), *El trabajo de la mujer en México: alternativas para el cambio*, México, Instituto Mexicano de Estudios Sociales.

—— (1969), *¿Hacia dónde va la mujer mexicana? Proyecciones a partir de los datos de una encuesta nacional*, México, Instituto Mexicano de Estudios Sociales.

Encuesta continua de ocupación (ECSO) (1979), México, Dirección General de Estadística, 1er. trimestre.

Encuesta mexicana de fecundidad (EMF) 1976 (1978), México, Primer Informe Nacional, Secretaría de Programación y Presupuesto e Instituto de Investigaciones Sociales de la UNAM.

Encuesta nacional demográfica (END) 1982 (1982), México, Consejo Nacional de Población.

Encuesta nacional de empleo (ENE) 1991 (1993), México, Instituto Nacional de Estadística, Geografía e Informática y Secretaría del Trabajo y Previsión Social.

Encuesta nacional de empleo (ENE) 1988 (1991), México, Instituto Nacional de Estadística, Geografía e Informática y Secretaría del Trabajo y Previsión Social, Dirección General de Empleo.

Encuesta nacional de empleo urbano (ENEU) (1987), México, Instituto Nacional de Estadística, Geografía e Informática (diversos trimestres).

Encuesta nacional de fecundidad y salud (ENFES) 1987 (1988), *Memoria de la reunión celebrada el 30 de septiembre de 1988*, Dirección General de Planificación Familiar, Secretaría de Salud.

Encuesta nacional de ingreso-gasto de los hogares 1983 (1988), México, Instituto Nacional de Estadística, Geografía e Informática, cuarto trimestre.

Escalante, Juan Antonio (1981), "Restauración y transición en el modelo de desarrollo. Apuntes para una interpretación del periodo 1977-1979" en Rolando Cordera (ed.), *Desarrollo y crisis de la economía mexicana*, México, Fondo de Cultura Económica (Lecturas de El Trimestre Económico, núm. 39), pp. 707-722.

Escobar Latapí, Agustín (1986), *Con el sudor de tu frente. Mercado de trabajo y clase obrera en Guadalajara*, Guadalajara, El Colegio de Jalisco y CIESAS.

Fernández Kelly, Patricia (1982), "Las maquiladoras y las mujeres de Ciudad Juárez (México): paradojas de la industrialización bajo el capitalismo integral" en Magdalena León, *Sociedad, subordinación y feminismo*, Bogotá, Asociación Colombiana para el Estudio de la Población, pp. 141-165.

Figueroa, Beatriz (comp.) (1989), *La fecundidad en México. Cambios y perspectivas*, México, El Colegio de México.

Firestone, Shulamith (1970), *The Dialectic of Sex*, Nueva York, Bantam Books, pp. 41-71.

Folbre, Nancy (1991), "Women on Their Own: Global Patterns of Female Headship" en *The Women and International Development Annual*, vol. 2, mayo, Boulder, Westview Press.

Fox, Mary Frank y Sharlene Hesse-Biber (1984), *Women at Work*, Boston, Mayfield Publishing Company.

Gabayet Ortega, Luisa (1988), "Antes éramos mayoría... Las mujeres en la industria textil de Guadalajara" en Luisa Gabayet Ortega, Patricia García, Mercedes González de la Rocha, Silvia Laison y Agustín Escobar (comps.), *Mujeres y sociedad. Salarios, hogar y acción social en el occidente de México*, Guadalajara, El Colegio de Jalisco y CIESAS, pp. 91-105

García, Brígida (1993), "La ocupación en México en los años ochenta: hechos y datos", *Revista Mexicana de Sociología*, México, Instituto de Investigaciones Sociales-UNAM (en prensa).

—— (1988), *Desarrollo económico y absorción de fuerza de trabajo en México: 1950-1980*, México, El Colegio de México.

—— (1984), "Dinámica ocupacional rural y urbana en el sureste de México: 1970-1980", *Demografía y Economía*, El Colegio de México, vol. XVIII, núm. 1 (59), pp. 445-488.

—— (1975), "La participación de la población en la actividad económica", *Demografía y Economía*, El Colegio de México, vol. IX, núm. 1, pp. 1-31.

García, Brígida, Humberto Muñoz y Orlandina de Oliveira (1983), *Familia y mercado de trabajo, un estudio de dos ciudades brasileñas*, México, El Colegio de México e Instituto de Investigaciones Sociales de la UNAM.

—— (1982), *Hogares y trabajadores en la ciudad de México*, México, El Colegio de México e Instituto de Investigaciones Sociales de la UNAM.

García, Brígida y Orlandina de Oliveira (1994), "Trabajo y familia en la investigación sociodemográfica de México" en Francisco Alba y Gustavo Cabrera (comps.), *La población en el desarrollo contemporáneo de México*, México, El Colegio de México, pp. 251-279.

—— (1989), "The Effects of Variation and Change in Female Economic Roles Upon Fertility Change in Developing Countries" en International Union for the Scientific Study of Population, *International Population Conference*, vol. 1, Nueva Delhi, pp. 171-180.

Garza, Gustavo (1992), "Crisis del sector servicios de la ciudad de México 1960-1988", documento presentado en la conferencia *Socio-Demographic Effects of the 1980's Economic Crisis in Mexico*, Austin, University of Texas at Austin, Population Research Center y Mexican Center, 22-25 de abril (mimeografiado).

Gerson, Kathleen (1985), *Hard Choices. How Women Decide about Work, Career, and Motherhood*, Berkeley, University of California Press.

Giddens, Anthony (1981), "Agency, Institutions and Time Space Analysis", en Knorr-Cetina y A.V. Cicourel *Advances in Social Theory and Metho-*

dology Toward an Integration of Micro and Macro Sociologies, Boston, Londres y Hensley, Rutledge and Kegan Paul, pp. 161-174.

Giddens, Anthony (1973), The Class Structure of the Advanced Societies, Londres, Hutchinson.

González de la Rocha, Mercedes (1992), "Los matices de la diferencia. Patrones de organización doméstica en sectores medios y populares urbanos", ponencia presentada en la conferencia Sociodemographic Effects of the 1980's, Economic Crisis in Mexico, Austin, University of Texas at Austin, Population Research Center y Mexican Center, 23-25 de abril (mimeografiado).

—— (1991), "Violence and Gender in the Context of Urban Working Class Households", ponencia presentada en la conferencia Gender, Violence and Society in Mexico and Latin America, Austin, Universidad de Texas, 11 y 12 de abril (mimeografiado).

—— (1989), "Crisis, economía doméstica y trabajo femenino en Guadalajara" en Orlandina de Oliveira (coord.), Trabajo, poder y sexualidad, México, Programa Interdisciplinario de Estudios de la Mujer de El Colegio de México, pp. 159-175.

—— (1988), "De por qué las mujeres aguantan golpes y cuernos: un análisis de hogares sin varón en Guadalajara" en Luisa Gabayet et al. (comps.), Mujeres y sociedad. Salarios, hogar y acción social en el occidente de México, Guadalajara, El Colegio de Jalisco y CIESAS, pp. 205-227.

—— (1986), Los recursos de la pobreza. Familias de bajos ingresos en Guadalajara, México, El Colegio de Jalisco, CIESAS y Secretaría de Programación y Presupuesto.

—— y Agustín Escobar Latapí (eds.) (1991), Social Responses to Mexico's Economic Crisis of the 1980s, San Diego, Center for U.S.-Mexican Studies, University of California.

González Montes, Soledad (1991), "Los ingresos no agropecuarios, el trabajo remunerado femenino y la transformación de las relaciones intergenéricas e intergeneracionales de las familias campesinas" en Vania Salles y Elsie Mc. Phail (coords.), Textos y pre-textos, once estudios sobre la mujer, México, Programa Interdisciplinario de Estudios de la Mujer de El Colegio de México.

—— y Pilar Iracheta (1987), "La violencia en la vida de las mujeres campesinas: el distrito de Tenango, 1880-1910" en Carmen Ramos et al., Presencia y transparencia: la mujer en la historia de México, México, El Colegio de México, pp. 111-141.

Grosman, Cecilia P., Silvia Mesterman y María T. Adamo (1989), Violencia en la familia: la relación de pareja, Buenos Aires, Editorial Universidad.

Gutiérrez, Rodolfo (1990), Iztapalapa 1960-1990, México, Centro de Estudios Demográficos y de Desarrollo Urbano, El Colegio de México (mimeografiado).

Hanushek, Eric A. y John E. Jackson (1977), Statistical Methods for Social Scientists, Academic Press.

Harris, Olivia (1981), "Households as Natural Units" en Kate Young, Carol Wolkowitz y Rosalyn Mc Cullagh (comps.), *Of Marriage and the Market: Women's Subordination in Internactional Perspective*, Londres, CSE Books, pp. 75-107.

Iglesias Prieto, Norma (1985), *La flor más bella de la maquiladora*, México, Secretaría de Educación Pública y Centro de Estudios de la Frontera Norte de México.

Infante, Ricardo y Emilio Klein (1991), "Mercado latinoamericano del trabajo en 1950-1990", *Revista de la* CEPAL, núm. 45, diciembre, pp. 129-144.

Izazola Conde, Haydea (1991), *Aspectos sociodemográficos de la organización social del trabajo en el Tabasco petrolero*, tesis de doctorado en ciencias sociales con especialidad en población, Centro de Estudios Demográficos y de Desarrollo Urbano, El Colegio de México.

Jelin, Elizabeth (1987), *Ciudadanía e identidad. La mujer en los movimientos sociales en América Latina*, Buenos Aires, Centro de Estudios de Estado y Sociedad, junio.

—— (1984), *Familia y unidad doméstica: mundo público y vida privada*, Buenos Aires, Centro de Estudios de Estado y Sociedad (Estudios CEDES).

—— (1978), *La mujer y el mercado de trabajo urbano*, Buenos Aires, Centro de Estudios de Estado y Sociedad (CEDES). *Estudios CEDES*, vol. 1, núm. 6.

—— y Ma. del Carmen Feijoo (1980), *Trabajo y familia en el ciclo de vida femenino: el caso de los sectores populares de Buenos Aires*, Buenos Aires, Centro de Estudios de Estado y Sociedad, *Estudios CEDES*, vol. 3, núm. 8-9).

Jelin, Elizabeth, Juan José Llovet y Silvina Ramos (1986), "Un estilo de trabajo: la investigación microsocial" en *Problemas metodológicos en la investigación sociodemográfica*, México, Programa de Investigaciones Sociales sobre Población en América Latina (PISPAL) y El Colegio de México, pp. 109-126.

Katzman, Rubén (1984), "Notas sobre las transformaciones sectoriales del empleo en América Latina" en *Memorias del Congreso Latinoamericano de Población y Desarrollo*, tomo I, México, El Colegio de México, Programa de Investigaciones Sociales sobre Población en América Latina y UNAM, pp. 301-334.

Kupinsky, Stanley (1977), "The Fertility of Working Women in the United States: Historical Trends and Theoretical Perspectives" en Stanley Kupinsky (ed.), *The Fertility of Working Women. A Synthesis of International Research*, Nueva York, Praeger Publishers, pp. 188-249.

Lailson, Silvia (1990), "Las obreras en sus hogares" en Guillermo de la Peña *et al.* (comps.), *Crisis, conflicto y sobrevivencia*, Guadalajara, Universidad de Guadalajara y CIESAS, México.

Lamas, Marta (1986), "La antropología feminista y la categoría 'género'", en *Nueva Antropología*, vol. VIII, núm. 30, México, noviembre, pp. 173-198.

Larrain Meiremans, Soledad (1990), "Violencia familiar desde una perspectiva sistémica", ponencia presentada en el *Grupo de Trabajo sobre Metodología de Investigación en Violencia y Salud*, Montevideo, Organización Panamericana de la Salud, diciembre (mimeografiado).

Laslett, Barbara y Johanna Brenner (1989), "Gender and Social Reproduction: Historical Perspectives", *Annual Review of Sociology*, núm. 15, pp. 381-404.

Leñero, Luis (1987), *El teatro de la reproducción familiar*, México, Ed. Pax-México, MEXFAM.

—— (1983), *El fenómeno familiar en México*, México, Instituto Mexicano de Estudios Sociales.

Lira, Luis Felipe (1976), "Aspectos demográficos de la familia en una provincia de Chile según el censo de 1970" en Thomas Burch, Luis F. Lira y Valdecir Lopez (eds.), *La familia como unidad de estudio demográfico*; San José, Centro Latinoamericano de Demografía, pp. 261-293.

Lomnitz, Larissa (1975), *Cómo sobreviven los marginados*, México, Siglo XXI.

López, María de la Paz (1989), "Estructura y composición de los hogares en los censos de población" en *Memoria de la Tercera Reunión Nacional sobre Investigación Demográfica en México*, tomo 1, México, UNAM y Sociedad Mexicana de Demografía, pp. 683-696.

—— (1986), "La información de hogares en el censo de población de 1980" en *Taller Nacional de Evaluación del Censo General de Población y Vivienda, 1980. Memoria*, vol. 2, San Juan del Río, Querétaro, Instituto Nacional de Estadística Geografía e Informática, pp. 116-163.

López, Silvia (1990), "Cambio social y participación femenina en Tijuana", Tijuana, El Colegio de la Frontera Norte (mimeografiado).

Lopes, Valdecir (1976), "La familia en el Brasil según el censo de población de 1960" en Thomas Burch, Luis F. Lira y Valdecir Lopes (eds.), *La familia como unidad de estudio demográfico*, San José, Centro Latinoamericano de Demografía, pp. 141-168.

Lustig, Nora (1986), "Economic Crisis and Living Standards in Mexico: 1982-1985", documento preparado para el proyecto The Impact of Global Recession on Living Standards in Selected Developing Countries, organizado por Unuwider (mimeografiado).

—— (1992), *Mexico: the Remaking of an Economy*, Washington, D. C., The Brookings Institution.

Macías, María de la Luz (1989), "División del trabajo por sexos y salario en la industria de la transformación en el Distrito Federal, en Guadalajara y en Monterrey" en Jeniffer Cooper, Teresita de Barbieri, Teresa Rendón, Estela Suárez y Esperanza Tuñón (comps.), *Fuerza de trabajo femenina urbana en México*, vol. II, México, Coordinación de Humanidades de la UNAM y Porrúa (Las Ciencias Sociales), pp. 335-360.

Margulis, Mario, Teresa Rendón y Mercedes Pedrero (1981), "Fuerza de trabajo y estrategias de supervivencia en una población de origen migratorio: Colonias populares de Reynosa", *Demografía y Economía*, El Colegio de México, vol. XV, núm. (3) 47, pp. 265-311.

Margulis, Mario y Rodolfo Tuirán (1986), *Desarrollo y población en la frontera norte. El caso de Reynosa*, México, El Colegio de México.

Martínez Salgado, Carolina (1993), *Sobrevivir en Malinalco*, México, El Colegio de México y Universidad Autónoma Metropolitana-Xochimilco.

Massolo, Alejandra y Lucila Díaz Ronner (1985), "Consumo y lucha urbana en la ciudad de México: mujeres protagonistas" (mimeografiado).

McLanahan, Sara, Annette Sorensen y Lynne Casper (1992), "Women's Status in Family and Work Roles in Eight Industrialized Countries", ponencia presentada en el seminario *Gender and Family Change in Industrialized Countries*, Roma, Comité sobre Género y Población de la International Union for the Scientific Study of Population, enero (mimeografiado).

Menjívar Larín, Rafael y Juan Pablo Pérez Sáinz (1991), *Informalidad urbana en Centroamérica*, Caracas, Facultad Latinoamericana de Ciencias Sociales.

Merrick, Thomas y Marianne Schmink (1978), "Female Headed Households and Urban Poverty in Brazil", documento presentado en el taller *Women in Poverty: What do we Know?*, Belmont Conference Center, abril (mimeografiado).

Mertens, Walter *et al.* (1982), *Reflexiones teórico-metodológicas sobre investigaciones en población*, México, El Colegio de México y Consejo Latinoamericano de Ciencias Sociales.

Mier y Terán, Marta (1994), "The Implications of Mexico's Fertility Decline for Women's Participations in the Labor Force" en José Miguel Guzmán *et al.* (eds.), *The Fertility Transition in Latin America*, Londres, Oxford University Press.

Montali, Lidia T. y Neide Lopes Patarra (1982), "Introducción: Estudo da reprodução: anatoçoes criticas sobre sua evolução e encaminhamento de propostas alternativas" en *Reproducción de la población y desarrollo*, núm. 2, São Paulo, Brasil, Consejo Latino Americano de Ciencias Sociales (CLACSO), pp. 3-42.

Mummert, Gail (ed.) (1990), *Población y trabajo en contextos regionales*, Zamora, El Colegio de Michoacán.

—— (1987), *Cambios en la población económicamente activa de la región centro-occidente de México (1970-1980)*, México, El Colegio de México (Cuadernos del Centro de Estudios Demográficos y de Desarrollo Urbano).

Muñoz, Humberto, Orlandina de Oliveira y Claudio Stern (1981), *Migración y desigualdad social en la ciudad de México*, México, Instituto de Investigaciones Sociales de la UNAM y El Colegio de México.

Myung-Hye, Kim (1987), *Female Labor Force Participation and Household Reproduction in Urban Mexico*, tesis de doctorado, Austin, Universidad de Texas.

Naciones Unidas (1987), "Women's Employment and Fertility" en *Fertility Behavior in the Context of Development. Evidence from the World Fertility Survey*, Nueva York, pp. 255-280.

Negrete Salas, María Eugenia (1988), "Cambios en la estructura y distribución de la fuerza de trabajo en México: la dimensión regional, 1950-1980" en *Memorias de la III Reunión Nacional sobre Investigación Demográfica*, tomo I, México, Sociedad Mexicana de Demografía, pp. 621-641.

O'Brien, Mary (1981), *The Politics of Reproduction*, Boston, Routledge and Kegan Paul.

Oliveira, Orlandina de (1989), "Empleo femenino en México en tiempos de recesión económica: tendencias recientes" en Jennifer Cooper, Teresita de Barbieri, Teresa Rendón, Estela Suárez y Esperanza Tuñón (comps.), *Fuerza de trabajo femenina urbana en México*, México, Universidad Nacional Autónoma de México y Porrúa, pp. 29-66.

—— y Brígida García (1990), "Expansión del trabajo femenino y transformación social en México: 1950-1987" en *México en el umbral del milenio*, México, Centro de Estudios Sociológicos de El Colegio de México, pp. 345-374.

—— (1990a), "Trabajo, fecundidad y condición femenina en México" *Estudios Demográficos y Urbanos*, El Colegio de México, vol. V, núm. (3) 15, septiembre- diciembre, pp. 693-710.

—— (1986), "Encuestas. ¿Hasta dónde?" en *Problemas metodológicos en la investigación sociodemográfica*, México, Programa de Investigaciones Sociales sobre Población en América Latina (PISPAL) y El Colegio de México, pp. 65-80.

Oliveira, Orlandina de y Liliana Gómez Montes (1989), "Subordinación y resistencia femeninas: notas de lectura" en Orlandina de Oliveira (coord.), *Trabajo poder y sexualidad*, México, Programa Interdisciplinario de Estudios de la Mujer de El Colegio de México, pp. 33-50.

Oliveira, Orlandina de y Vania Salles (1989), "Acerca del estudio de los grupos domésticos: un enfoque sociodemográfico" en Orlandina de Oliveira, Marielle Pepin Lehalleur y Vania Salles (comps.), *Grupos domésticos y reproducción cotidiana*, México, UNAM, Miguel Ángel Porrúa y El Colegio de México, pp. 11-37.

Oppenheim Mason, Karen (1988), "The Impact of Women's Position on Demographic Change During the Course of Development: What Do We Know?", documento preparado para la conferencia *The Position of Women and Demographic Change in the Course of Development*, Asker (Oslo), International Union for the Scientific Study of Population, 15 al 18 de junio (mimeografiado).

Oppong, Christine (1983), "Women's Roles, Opportunity Costs, and Fertility" en Rodolfo Bulatao y Ronald D. Lee (eds.), *Determinants of Fertility in Developing Countries: A Summary of Knowledge*, Washington, D. C., National Academy Press, pp. 439-473.

Ordorica, Manuel y Joseph Potter (1981), "Evaluation of the Mexican Fertility Survey", en *Scientific Reports* International Statistical Institute y World Fertility Survey, septiembre.

Ortega, Adriana (1985), "La respuesta de las mujeres frente a la represión y el militarismo. El caso de México", documento presentado en el *Seminario La participación social de la mujer en México*, México, Programa Interdisciplinario de Estudios de la Mujer de El Colegio de México, diciembre (mimeografiado).

Pacheco Gómez Muñoz, María Edith (1988), *Población económicamente activa femenina en algunas áreas urbanas de México en 1986*, tesis de maestría en demografía, México, Centro de Estudios Demográficos y de Desarrollo Urbano de El Colegio de México.

Palma, Yolanda (1988), "Niveles de la fecundidad" en *Encuesta nacional sobre fecundidad y salud: 1987*, Memoria de la reunión celebrada el 30 de septiembre de 1988, Dirección General de Planificación Familiar de la Secretaría de Salud, pp. 79-92.

——, Teresa Jácome y José Luis Palma (1992), "Percepción valor de los hijos en tres regiones de México", ponencia presentada en la reunión sobre *El poblamiento de las Américas*, IUSSP, mayo (mimeografiado).

Pantelides, Edith A. (1976a), *Estudio de la población femenina económicamente activa en América Latina 1950-1970*, Santiago de Chile, CELADE (serie C, núm. 161).

—— (1976b), "El hogar como unidad de análisis de los datos censales: importancia y posibilidades" en Thomas Burch, Luis F. Lira y Valdecir Lopes (eds.), *La familia como unidad de estudio demográfico*, San José, Centro Latinoamericano de Demografía, pp. 47-102.

Pedrero Nieto, Mercedes (1990), "Evolución de la participación económica femenina en los ochenta", *Revista Mexicana de Sociología*, año LII, núm. 1, enero-marzo, pp. 133-149.

Pedrero Nieto, Mercedes y Teresa Rendón (1982), "El trabajo de la mujer en México en los setentas" en *Estudios sobre la mujer 1. Empleo y la mujer. Bases teóricas, metodología y evidencia empírica*, México, Instituto Nacional de Estadística, Geografía e Informática y Secretaría de Programación y Presupuesto (Serie Lecturas III), pp. 437-456.

Pepin-Lehalleur, Marielle y Teresa Rendón (1983), "Las unidades domésticas campesinas y sus estrategias de reproducción" en Kirsten de Appendini, Marielle Pepin-Lehalleur, Teresa Rendón y Vania A. de Salles, *El campesinado en México: dos perspectivas de análisis*, México, El Colegio de México, pp. 13-125.

Piercy, Marge (1976), *Woman on the Edge of Time*, Nueva York, Fawcett Crest Books.

Portes, Alejandro y Lauren Benton (1984), "Industrial Development and Labor Absorption: A Reinterpretation", *Population and Development Review*, vol. 10, núm. 4, diciembre, pp. 589-611. Traducción al español: Alejandro Portes y Lauren Benton (1987), "Desarrollo industrial y absorción laboral: una reinterpretación", *Estudios Sociológicos*, El Colegio de México, vol. 5, núm. 13, enero-abril, pp. 111-138.

———, Manuel Castells y Lauren A. Benton (comps.) (1989), *The Informal Economy. Studies in Advanced and Less Developed Countries*, Baltimore, The Johns Hopkins University Press.

Przeworski, Adam (1982), "Teoría sociológica y el estudio de la población: reflexiones sobre el trabajo de la Comisión de Población y Desarrollo de CLACSO" en *Reflexiones teórico-metodológicas sobre las investigaciones en población*, México, El Colegio de México, pp. 58-99.

Quesnel, André y Susana Lerner (1989), "El espacio familiar en la reproducción social: grupos domésticos residenciales y grupos de interacción" en Orlandina de Oliveira, Marielle Pepin Lehalleur y Vania Salles (comps.), *Grupos domésticos y reproducción cotidiana*, México, UNAM- Miguel Ángel Porrúa y El Colegio de México, pp. 39-79.

——— (1985), "La estructura familiar como expresión de condiciones de reproducción social y demográfica. El caso de la zona henequenera de Yucatan", *Reproducción de la población y desarrollo*, núm. 5, São Paulo, pp. 77-115.

Ramírez Carrillo, Luis Alfonso (1993), *Sociedad y población urbana en Yucatán 1950-1989*, México, Centro de Estudios Sociológicos, El Colegio de México (Cuadernos del CES, núm. 36).

Ramírez Bautista, Elia e Hilda R. Dávila Ibáñez (comps.) (1990), *Trabajo femenino y crisis en México. Tendencias y transformaciones actuales*, México, Universidad Autónoma Metropolitana-Xochimilco.

Recchini de Lattes, Zulma (1983), *Dinámica de la fuerza de trabajo femenina en la Argentina*, París, UNESCO.

——— (1979), "Dinámica familiar y participación femenina en la Argentina", trabajo presentado en la *Primera Reunión del Subgrupo de Participación Femenina en el Mercado de Trabajo del Grupo Ocupación-Desocupación*, Montevideo, Consejo Latinoamericano de Ciencias Sociales, diciembre (mimeografiado).

Rendón, Teresa (1990), "Trabajo femenino remunerado en el siglo XX. Cambios, tendencias y perspectivas" en Elia Ramírez Bautista, Elia e Hilda R. Dávila Ibáñez, *Trabajo femenino y crisis en México. Tendencias y transformaciones actuales*, México, Universidad Autónoma Metropolitana-Xochimilco, 1990, pp. 29-51.

——— y Mercedes Pedrero (1976), "Alternativas para la mujer en el mercado de trabajo en México", en *Mercados regionales de trabajo*, México, INET, pp. 205-239.

Rendón, Teresa y Carlos Salas (1992), "El mercado de trabajo no agrícola en México. Tendencias y cambios recientes" en *Ajuste estructural, mercados laborales y Tratado de Libre Comercio*, México, Centro de Estudios Sociológicos de El Colegio de México, Fundación Friedrich Ebert y El Colegio de la Frontera Norte, pp. 13-31.

——— (1990), "Sobre el llamado sector informal. Propuesta de redefinición y formas de medición de sus componentes", octubre (mimeografiado).

Reproducción de la población y desarrollo (1974-1985), México, Comisión de Población y Desarrollo de CLACSO.
Ribeiro, Manuel (1989), *Familia y fecundidad*, Monterrey, Universidad Autónoma de Nuevo León.
Rich, Adrienne (1976), *Of Woman Born: Motherhood as Experience and Institution*, Nueva York, W.W. Norton.
Riquer Fernández, Florinda (1990), "Identidad femenina, jefas de hogar y pobreza", México, Universidad Iberoamericana (mimeografiado).
—— y Charles, P. (1989), *Las mujeres del Movimiento Popular de Pueblos y Colonias del Sur (MPPCS): un discurso sobre sí mismas*, tesis de maestría en sociología, México, Universidad Iberoamericana.
Roberts, Bryan (1987), "Labor Market and Class Organization, Britain, Spain and Mexico", trabajo presentado en el *82º Annual Meeting of the American Sociological Association*, Chicago, agosto (mimeografiado).
Roberts, Bryan (1973), *Organizing Strangers: Poor Families in Guatemala City*, Austin, University of Texas Press.
Rodríguez, Germán y John Cleland (1980), "Socio-Economic Determinants of Marital Fertility in Twenty Countries: a Multivariate Analysis", en *World Fertility Survey Conference 1980. Record of Proceedings*, vol. 2, Londres, 7-11 de julio, pp. 337-422.
Roldán, Martha (1984), "Pautas de control del circuito monetario doméstico y formas de conciencia entre trabajadoras industriales domiciliarias en la ciudad de México", ponencia presentada en la reunión de *Investigación sobre la Mujer e Investigación Feminista: Balances y Perspectivas de la Década de la Mujer en América Latina*, Montevideo, GRECMU, 8 al 11 de diciembre (mimeografiado).
Roos, Patricia A. (1985), *Gender and Work: A Comparative Analysis of Industrial Societies*, Nueva York, State University of New York Press.
Rosenhouse, Sandra (1988), "Identifying the Poor: Is Headship a Useful Concept?", documento presentado en *Population Council/International Center for Research on Women, Seminar Series on the Determinants and Consequences of Female Headed Households*, diciembre (mimeografiado).
Rubalcava, Rosa María y Vania Salles (1992), "Percepciones femeninas en hogares de trabajadoras en Matamoros", en Fernando Cortés (coord.), *El impacto social de la industria de la maquiladora en tres regiones de México, primera parte: Matamoros*, informe final de circulación restringida, México, Centro de Estudios Sociológicos de El Colegio de México, México, pp. 336-359.
Rubin, Gayle (1975), "The Traffic of Women: Notes on the Political Economy of Sex" en Reyna Reiter (ed.), *Toward an Anthropology of Women*, Nueva York, Monthly Review Press, pp. 157-210.
Rubin-Kurtzman, Jane (1991a), *From Prosperity to Adversity: The Labor Force Participation of Women in Mexico City: 1970-1976*, tesis de doctorado, Universidad de California, Los Ángeles.

—— (1991b), "Los determinantes de la oferta de trabajo femenino en la ciudad de México", *Estudios Demográficos y Urbanos*, núm. 18, El Colegio de México, septiembre-diciembre, pp. 545-582.

Safa, Helen (1990), "Women and Industrialization in the Caribbean", en Sharon Stichter y Jane L. Parport (eds.), *Women, Employment and the Family in the International Division of Labour*, Londres, The Macmillan Press, pp. 72-97.

Safilios-Rothschild, Constantina (1988), "Women's Income Profile as a Key Indicator of the Status of Women for the Understanding of Changing Fertility Behaviour", documento presentado en la *Conference on Women's Position and Demographic Change in the Course of Development*, Asker (Oslo), 15-18 de junio (mimeografiado).

—— (1980), "A Class and Sex Stratification Theoretical Model and Its Relevance for Fertility Trends in the Developing World" en Charlotte Hohn y R. Machensen (eds.), *Determinants of Fertility Trends: Theories Re-Examined*, Lieja, Ordina Editors, pp. 189-202.

Salles, Vania (1991), "Cuando hablamos de familia, ¿de qué familia estamos hablando?", *Nueva Antropología*, vol. XI, núm. 39, junio, pp. 53-87.

Sánchez Gómez, Martha Judith (1989), "Consideraciones teórico-metodológicas en el estudio del trabajo doméstico en México" en Orlandina de Oliveira (coord.), *Trabajo, poder y sexualidad*, México, Programa Interdisciplinario de Estudios de la Mujer de El Colegio de México, pp. 59-79.

Schechter, Susan (1982), *Women and Male Violence. The Visions and Struggles of the Battered Women's Movement*, Boston, South End Press.

Secretaría del Trabajo y Previsión Social (STYPS), Programa Económico para América Latina y el Caribe (PREALC) y Programa de las Naciones Unidas para el Desarrollo (PNUD) (1975), *Bases para una política de empleo hacia el sector informal o marginal urbano*, México.

Selby, Henry A., Arthur D. Murphy y S. A. Lorenzer (1990a), *The Mexican Urban Household Organizing for Self-Defense*, Austin, University of Texas Press.

——, Earl Morris y Mary Winter (1990b), "La familia urbana mexicana frente a la crisis" en Guillermo de la Peña *et al.* (comps.), *Crisis, conflicto y sobrevivencia*, Guadalajara, Universidad de Guadalajara y Centro de Investigación y Estudios Superiores en Antropología Social, pp. 369-388.

Selva, Beatriz (1985), *Modalidades de trabajo femenino en San Felipe del Agua*, México, Facultad Latinoamericana de Ciencias Sociales (serie de tesis de maestría).

Sheahan, John (1991), *Conflict and Change in Mexican Economic Strategy*, San Diego, Center for U.S.-Mexican Studies, University of California.

Sheridan Prieto, Cecilia (1991), *Espacios domésticos. Los trabajos de la reproducción*, México, CIESAS (col. Miguel Othón de Mendizábal).

Simmons, Alan B. (1984), "Migration and Rural Development: Conceptual Approaches, Research Findings and Policy Issues" en *Population Distribution, Migration and Development*, International Conference on Population, Naciones Unidas, pp. 156-192.

Smith, Stanley K. (1981), "Determinants of Female Labor Force Participation and Family Size in Mexico City", *Economic Development and Cultural Change*, vol. 30, núm. 1, octubre, pp. 129-152.

Standing, Guy (1983), "Women's Work Activity and Fertility" en Rodolfo Bulatao y Ronald D. Lee, *Determinants of Fertility in Developing Contries: A Summary of Knowledge*, Washington, D. C., National Academy Press, pp. 416-438.

—— (1978), *Labor Force and Development*, Ginebra, Organización Internacional del Trabajo.

Statham, Anne, Eleanor M. Miller y Hans O. Mauksch (eds.) (1988), *The Worth of Women's Work. A Qualitative Synthesis*, Nueva York, State University of New York Press.

Szasz Pianta, Ivonne (1993), *Migración temporal en Malinalco. La agricultura de subsistencia de tiempos de crisis*, México, El Colegio de México y El Colegio Mexiquense.

Tarrés, María Luisa (1991), "Campos de acción social y política de la mujer de clase media" en Vania Salles y Elsie McPhail (coords.), *Textos y pre-textos, once estudios sobre la mujer*, México, Programa Interdisciplinario de Estudios de la Mujer de El Colegio de México, pp. 77-115.

—— (1989), "Más allá de lo público y lo privado. Reflexiones sobre la participación social y política de las mujeres de clase media en Ciudad Satélite" en Orlandina de Oliveira (coord.), *Trabajo, poder y sexualidad*, México, Programa Interdisciplinario de Estudios de la Mujer de El Colegio de México, pp. 197-218.

Tello, Carlos (1987), "Introducción" en Carlos Tello y Enrique González Tiburcio (coords.), *México: informe sobre la crisis 1982-1986*, México, UNAM, pp. 9-14.

—— (1981), "Las utilidades, los precios y los salarios: los años recientes. Una nota introductoria" en Rolando Cordera (ed.), *Desarrollo y crisis de la economía mexicana*, México, Fondo de Cultura Económica, Lecturas de El Trimestre Económico, núm. 39, pp. 748-769.

Terrazas Salinas, Rolando (1979), *La participación laboral en el mercado de trabajo: ciudad de La Paz*, La Paz, Bolivia, Instituto de Investigaciones Socioeconómicas de la Universidad Católica Boliviana (Documento de Trabajo núm. 2/79).

Tienda (1975), "Diferencias socioeconómicas regionales y tasa de participación de la fuerza de trabajo femenina: el caso de México", *Revista Mexicana de Sociología*, Instituto de Investigaciones Sociales de la UNAM, año XXXVII, vol. XXXVII, núm. 4, pp. 911-929.

Tockman, Víctor (1987), "El sector informal: quince años después", *El Trimestre Económico*, núm. 215, julio-septiembre, pp. 513-536.

Tolbert, Kathryn (1990), "Availability and Need for Day-Care Services in Mexico City", reporte final, The Population Council (mimeografiado).

Torres, Cristina (1989), "El trabajo doméstico y las amas de casa. El rostro invisible de las mujeres", *Sociológica*, mayo-agosto, pp. 145-176.

Tuñón, Esperanza, Florinda Riquer y Margarita Velázquez (1990), "Perfil de la mujer en México", septiembre (mimeografiado).

UNCTAD (1983), *Export Processing Free Zones in Developing Countries: Implications for Trade and Industrialization Policies*, Documento TD/B/C. 2/211.

Valdés, Teresa (1989), *Venid, benditas de mi padre*, Santiago de Chile, Facultad Latinoamericana de Ciencias Sociales, Flacso.

Van der Tak, Jean y Murray Gendell, (1973), "The Size and Structure of Residential Families, Guatemala City, 1964", *Population Studies*, vol. XXVII, núm. 1, pp. 305-322.

Vargas, Virginia (1984), "Movimiento feminista en el Perú: balance y perspectivas", ponencia presentada en el seminario de *Investigación sobre la mujer e investigación feminista: balance y perspectivas de la década de la mujer en América Latina*, Montevideo, GRECMU.

Wainerman, Catalina y Zulma Recchini de Lattes (1981), *El trabajo femenino en el banquillo de los acusados. La medición censal en América Latina*, México, Terranova y Population Council.

Walker, Leonore E. (1979), *The Battered Woman*, Harper and Row Publishers, traducido del inglés y publicado por el CEPLAES, Quito, en noviembre de 1986.

Wearing, Betsy (1984), *The Ideology of Motherhood*, Sydney, George Allen y Unwin Publishers.

Welti, Carlos (1989), "Participación económica femenina y fecundidad en el área metropolitana de la ciudad de México", en Jeniffer Cooper, Teresita de Barbieri, Teresa Rendón, Estela Suárez y Esperanza Tuñón (comps.), *Fuerza de trabajo femenina urbana en México*, México, UNAM y Porrúa, pp. 187-217.

Wong, Rebeca y Ruth Levine (1988), "Labor Force Participation and Reproductive Behaviour among Mothers in Urban Areas of Mexico", ponencia presentada en el *Annual Meeting of the Population Association of America*, 20-23 de abril (mimeografiado).

Yanagisako, Sylvia Junko (1979), "Family and Household: The Analysis of Domestic Groups", *Annual Review of Anthropology*, núm. 8, pp. 161-205.

Zazueta, César (1981), *La mujer y el mercado de trabajo en México*, México, Secretaría del Trabajo y Previsión Social, Centro Nacional de Información y Estadísticas del Trabajo (Serie Estudios, núm. 8).

Zemelman, Hugo (1982), "Problemas de la explicación del comportamiento reproductivo" en Walter Mertens, Adam Przeworsky, Hugo Zemelman y Manuel Mora, *Reflexiones teórico-metodológicas sobre investigaciones en población*, México, El Colegio de México y Consejo Latino Americano de Ciencias Sociales (Clacso), pp. 101-150.

Zúñiga Elena, Daniel Hernández, Catherine Menkes y Carlos Santos (1986), *Trabajo familiar, conducta reproductiva y estratificación social. Un estudio en las áreas rurales de México*, México, Instituto Mexicano del Seguro Social, Programa de Investigaciones Sociales sobre Población en América Latina y Academia Mexicana de Investigación en Demografía Médica, A.C.

Trabajo femenino y vida familiar en México
se terminó de imprimir en octubre de 1994
en Grupo Edición, S.A. de C.V.,
Xochicalco 619, Vértiz-Narvarte, 03600 México, D.F.
Se tiraron 1 000 ejemplares más sobrantes para reposición.
Cuidó la edición el Departamento de Publicaciones
de El Colegio de México.